JN214927

季刊 考古学 第15号

特集 日本海をめぐる環境と考古学

日本海と日本人

多雪地帯の遺跡

最近の発掘から

連載講座 日本旧石器時代史

表紙デザイン／目次構成／カット
／サンクリエイト

日本海と生活用具
—福井県鳥浜貝塚—

鳥浜貝塚（縄文時代前期主体）の縄文人の"第2の足"としての丸木舟は，うみでさかんに使用された。1981年出土の第1号丸木舟は杉の木のスリムなタイプである。恐らく湖の航行型で別に外海用の吃水の深い型の舟を製作したと推測している。大量の骨製ヤスが出土し，木の柄の判明する例もある。千点以上検出した大型石錘は網漁を示している。

構　成／森川昌和
写真提供／若狭歴史民俗資料館

鳥浜貝塚遠景

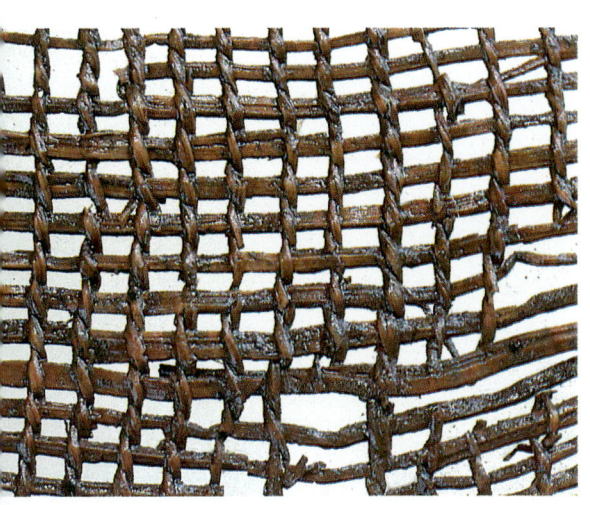
アミモノ

石　錘

櫂

第1号丸木舟の舟首

ヤ　ス

日本海の食料資源
—福井県鳥浜貝塚—

鳥浜貝塚の縄文人にとって，"母なるうみ"がもたらしたものは大であった。三方湖は淡水でコイやフナ，マツカサガイ，ヌマガイ，そしてヒシの実が豊富にとれた。少しはなれた日本海に出かけて，マグロ，カツオなどの回遊魚，タイ類，フグ，サザエなども大いにとった。日本海は，交易の場でもあり，栽培植物も渡来してきた。

構　成／森川昌和
写真提供／若狭歴史民俗資料館

ココヤシの実

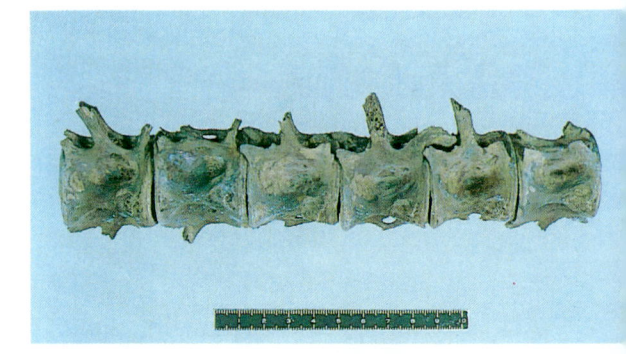
サワラの椎骨

貝類（マツカサガイ，ヤマトシジミなど）

イルカ類の椎骨

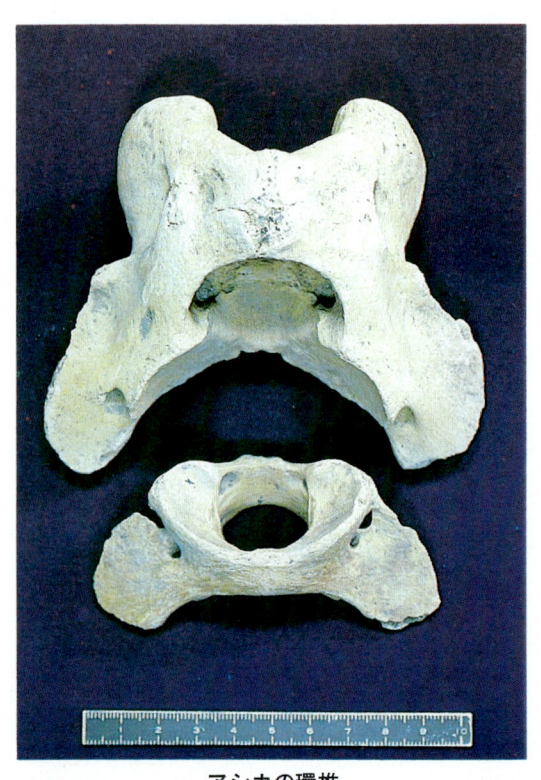
アシカの環椎

北陸地方の遺跡——チカモリ遺跡・小竹貝塚

金沢市チカモリ遺跡（縄文時代後晩期）から巨大な木柱が出土した。径が60cm以上もあるクリ材をほぼ半截した木柱が真円に配置されている。しかもその真円は5〜8回重複していることが読みとれる。真円配置の構造物には最大92cmを測る板状材が線対称にとり付けられている。一体何だったのだろうか。

富山市小竹貝塚は縄文時代前期の淡水産の貝塚で，豊富な貝種がみとめられる。

　構　成／南　久和
　写真提供／金沢市教育委員会・藤田富士夫

チカモリ遺跡の巨大な木柱根群の全景（金沢市新保本町）

出入口部からの近景（チカモリ遺跡）

Ａ環出入口部の板状材（チカモリ遺跡）

小竹貝塚の全景（富山市呉羽）
鉄塔のある一帯が遺跡。積雪は通常１mを越す。

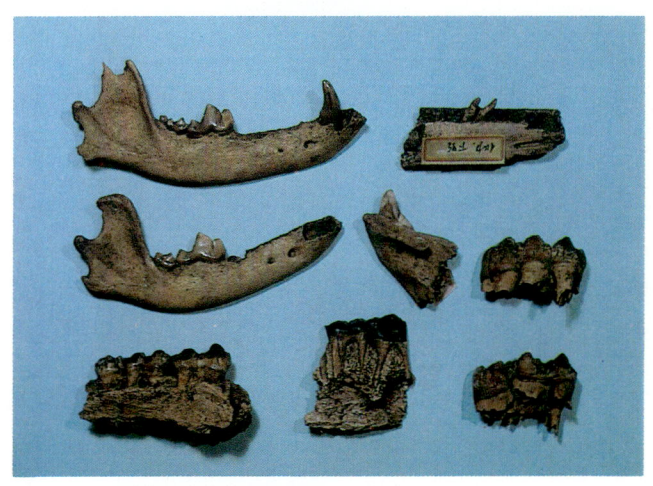

小竹貝塚出土の獣骨類（イノシシ・イルカなど）
（吉久登・本江洋蔵）

北陸地方の遺跡——吉河・寺家・朝倉氏遺跡

吉河遺跡は，方形周溝墓や墓道，大溝，竪穴住居跡などからなる北陸地方屈指の弥生時代の集落跡。

寺家遺跡は，日本海側の奈良，平安時代に盛時をもつ大規模な祭祀遺跡。祭祀用の建物跡や遺物が多数みられる。

朝倉氏遺跡は，日本有数の戦国時代の遺跡。山城や館，武家屋敷，寺院，町屋，街路などの跡がよく遺存する。

構　成／藤原武二
写真提供／福井県埋蔵文化財調査センター・石川県立埋蔵文化財センター・朝倉氏遺跡資料館

西方よりみた吉河遺跡中央部
（福井県敦賀市吉河）

平安時代前期の祭祀土器群
（寺家遺跡）

南側上空からみた寺家遺跡
（石川県羽咋市寺家町）

朝倉氏遺跡の武家屋敷跡（福井市城戸ノ内町）

日本海海底コアの有孔虫

日本海南部隠岐堆で採集された海底コアには多数の有孔虫遺骸が含まれている。この群集の変化や有孔虫殻の酸素・炭素同位体比の測定などから，過去8万5千年の日本海の表層環境および海底環境の変遷史が明らかにされた。

構成・写真提供／加藤道雄

1・2 この種は，現在の日本海北部で4月の表面海水温4℃を境として，南に右巻き個体が，北に左巻き個体が多く生息する浮遊性有孔虫である。このコアでは，氷期に左巻き個体が，後氷期に右巻き個体が優勢である。

3・4 この2種は，堆積物に匍跡(burrow)が発達して日本海の海底がやや酸化状態になった時期に優勢な底生有孔虫である。

5・6 この2種は，堆積物に葉理が発達して海底が無酸素状態になった時期に優勢な底生有孔虫である。

ピストン・コアリング

東京大学海洋研究所の白鳳丸からピストン・コアラーをおろすところ。天秤の先端に取り付けてあるパイロット・コアラーが海底に着底すると，メイン・コアラーがはずれて堆積物に突き刺さる。

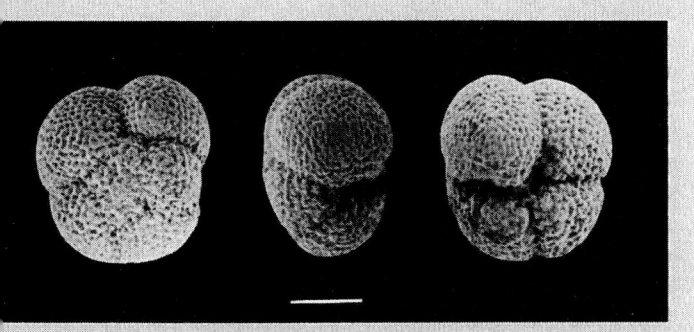

1. *Neogloboquadrina pachyderma* (Ehrenberg)
   の右巻き個体

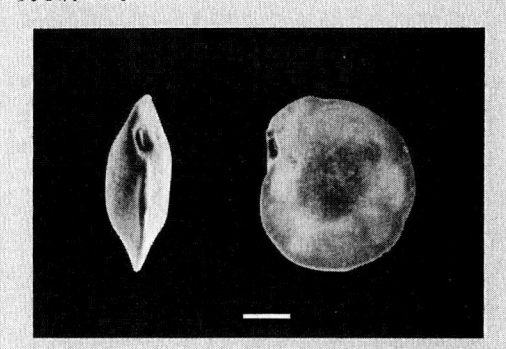

3. *Cassidulina norcrossi* (Cushman)

（スケールは0.1mm）

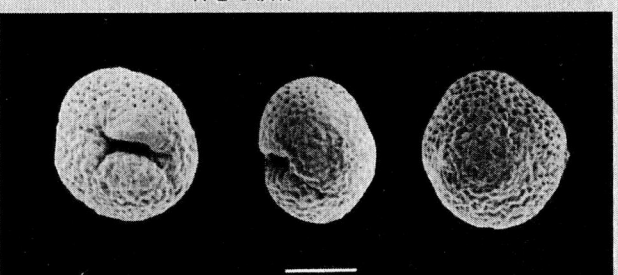

2. *Neogloboquadrina pachyderma* (Ehrenberg)
   の左巻き個体

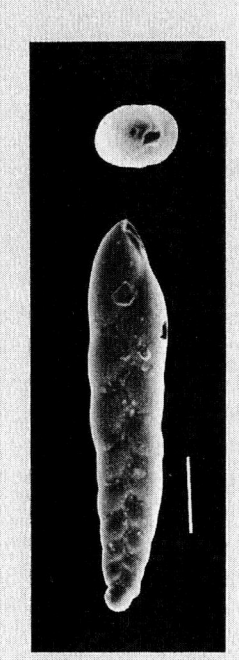

4. *Angulogerina kokozuraensis* Asano

5. *Bolivina pacifica* (Cushman & McCulloch)

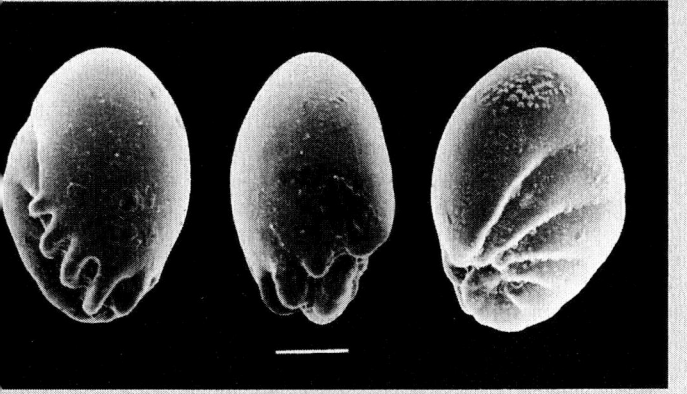

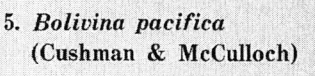

6. *Nonionella globosa* Ishiwada

日本海をめぐる栽培植物

構成・写真提供／笠原安夫

日本海をめぐる諸遺跡から縄文時代に出土した栽培植物のうち、シソ、エゴマ、アサ、ゴボウとアブラナ類の種実を示す。0.5mm節で水洗し検出粒を形・大きさで種の見当をつけ、現生粒と比較しながら走査電子顕微鏡像で粒面斑紋、内部構造を見て同定する。

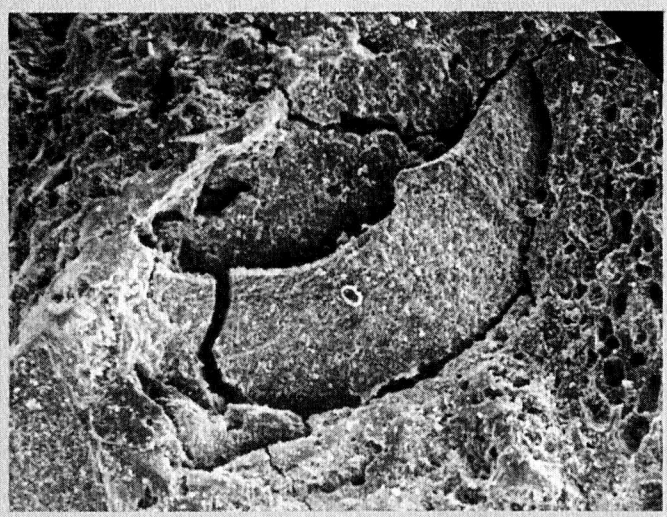

パン状炭化物（縄文中期・曽利遺跡）
シソ粒の混在　×50

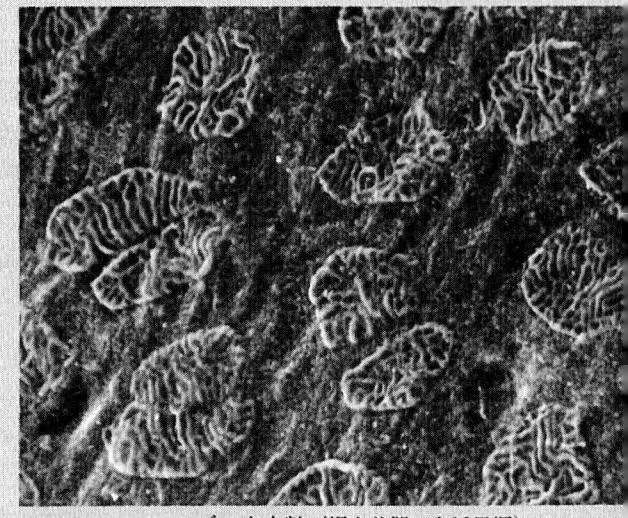

エゴマ出土粒（縄文前期・鳥浜貝塚）
未炭化粒の種皮"わらじ状細胞"　×400

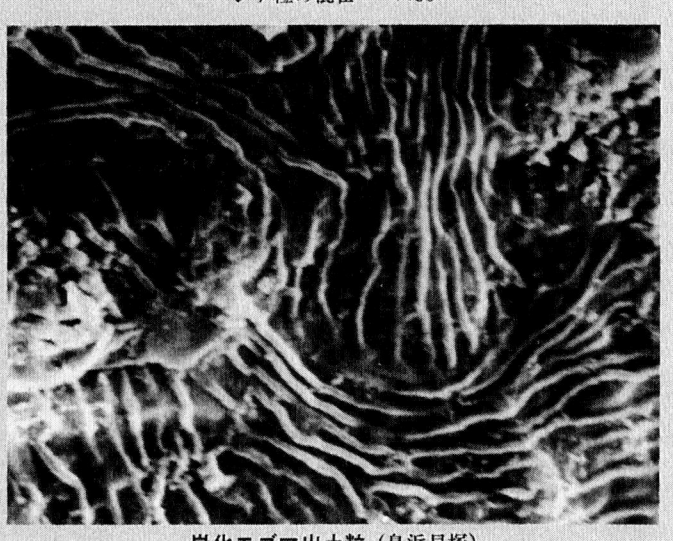

炭化エゴマ出土粒（鳥浜貝塚）
外果皮の流線紋　×4,000

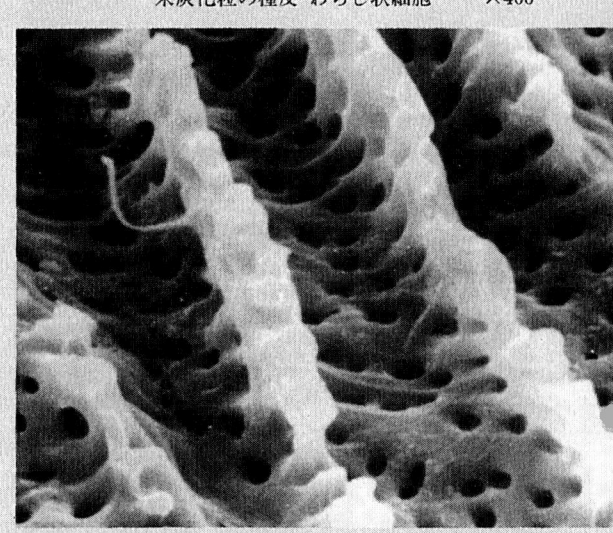

エゴマのタール状粒（縄文後期・なすな原遺跡）
内果皮と厚膜細胞層(穴)　×3,000

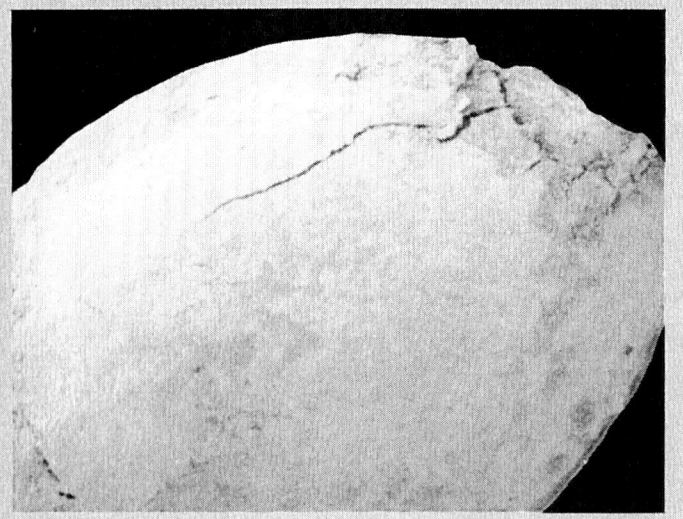

ア　サ（縄文晩期・江別太遺跡）
粒（果実）の先端部　×20

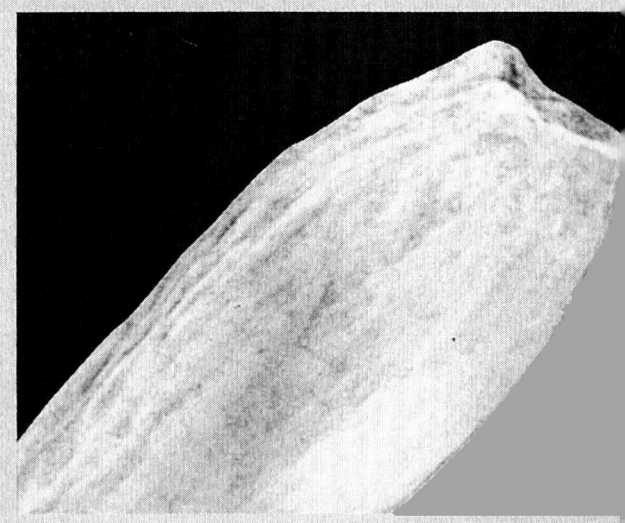

ゴボウ（江別太遺跡）
出土粒(果実)の先端部　×20

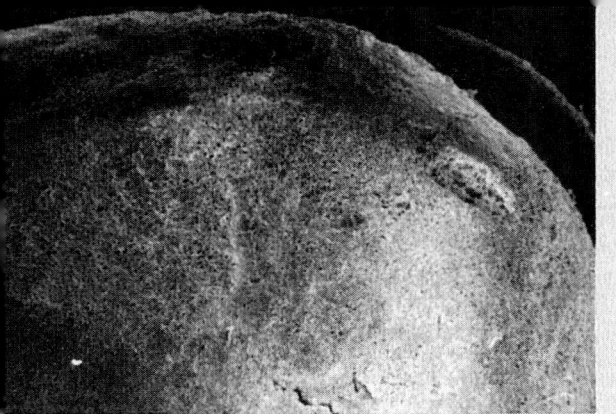
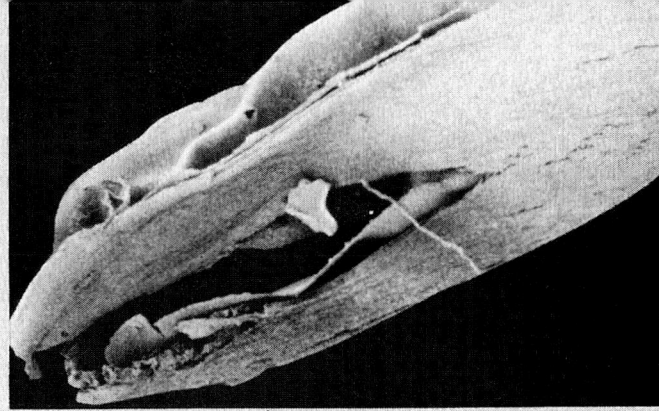

アサ（縄文前期・鳥浜貝塚）
果実の一端　×40

ゴボウ（鳥浜貝塚）
小型ゴボウ果実の全形　×20

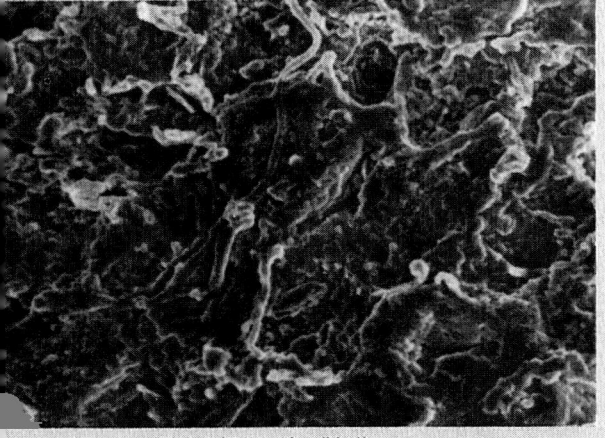
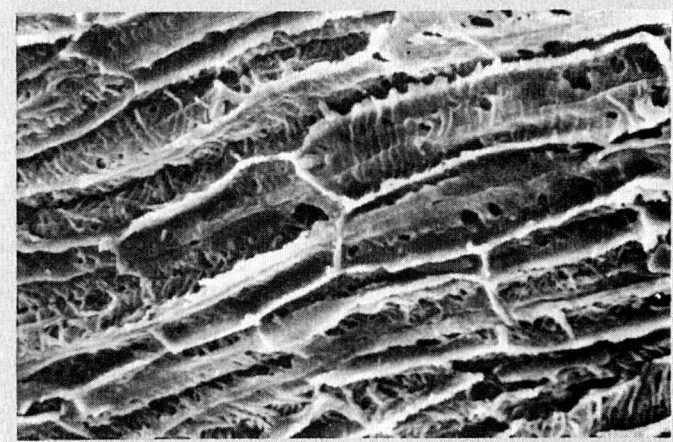

同上拡大（果皮の棚状細胞の断面）　×1,000

同上拡大（果皮の柔細胞の孔隙がある）　×1,000

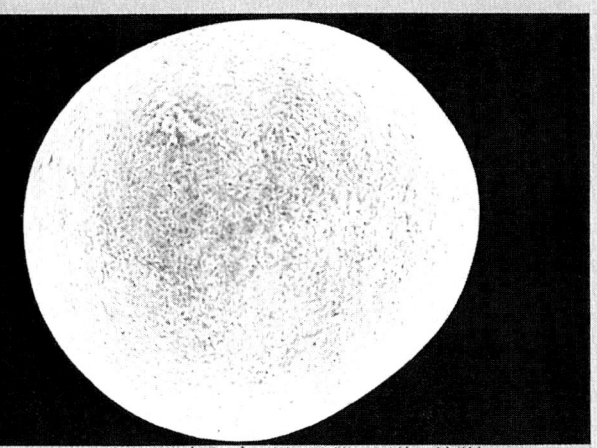

炭化アブラナ粒(種子)（縄文後期・阿曽田遺跡）
中粒(1)　×70

炭化アブラナ粒(種子)（阿曽田遺跡）
中粒(2)　×70

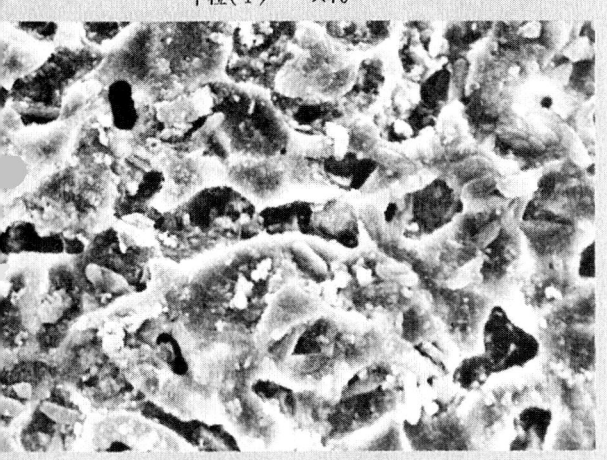
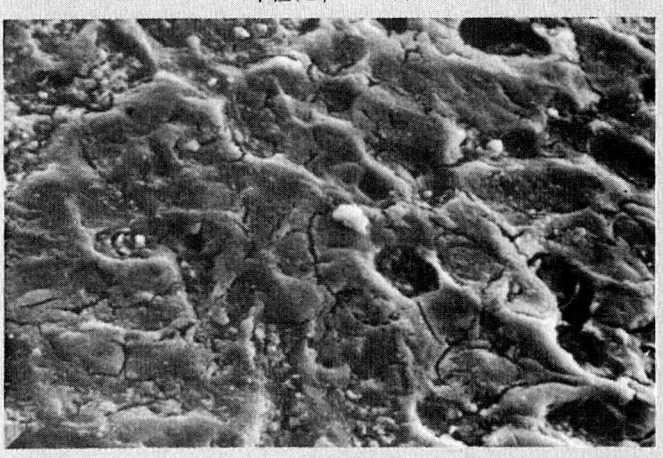

同上拡大（カブ型）　×1,000

同上拡大（キョウナ型）　×1,000

日本海周辺の古環境

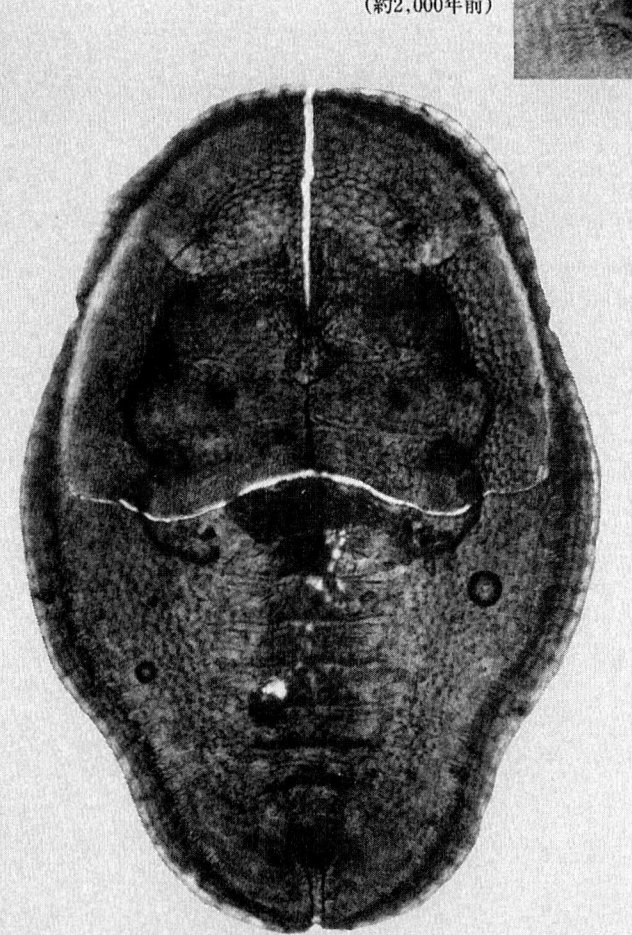

富山県入善町吉原沖海底林
（水深22m，約8,000年前）

日本海の海面の高さは，1万年前には現在より40mも低い位置にあったことを富山湾の海底林は立証している。そのころは寒冷な氷期が終わり，温暖な後氷期が始まる時代に相当し，ブナやナラ類の落葉広葉樹が拡大を開始していた。6,000～4,000年前には，海面は現在より4～5mも高くなり，現在よりも温暖な気候の下，南方系の昆虫類も北上してきた。

構　成／藤井昭二

写真提供／藤井昭二・富樫一次・安田喜憲

古海水準を示す証拠↑→

富山湾周辺には古い海水準変動の跡が多く発見されている。離水波食窪，海食洞，自然貝層など，また黒部川扇状地の入善町吉原沖海底林は水深40～20mあり，1万～8千年前を示す世界で唯一の海底林である。そのほか，魚津埋没林，四方埋没林などが知られている。

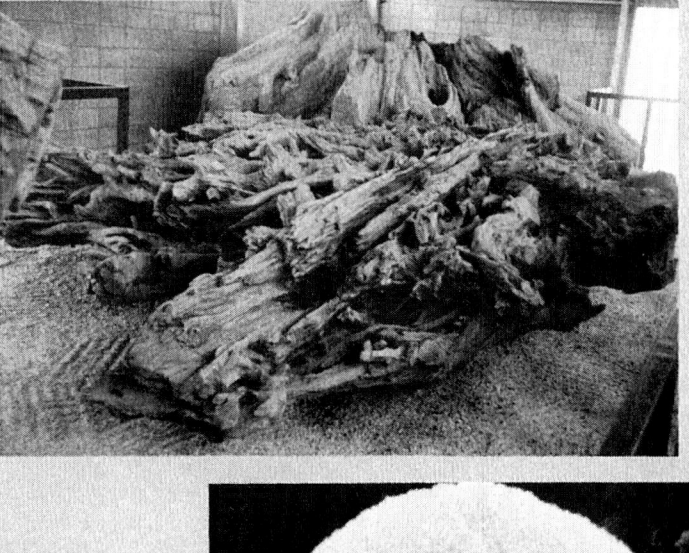

富山県魚津埋没林
（約2,000年前）

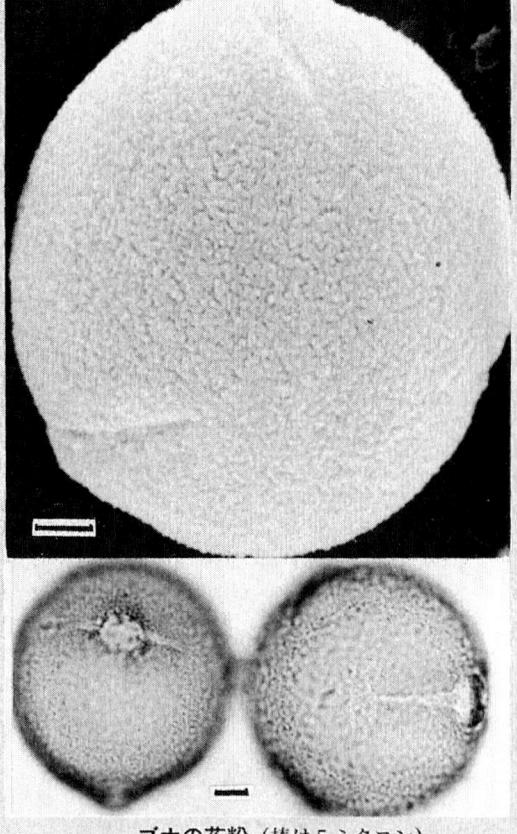

鳥浜貝塚出土のイヌツゲクビレコナジラミ（蛹殻）
（現在の分布域は本州・九州で，北限域は石川県と岐阜市あたりとされている）

ブナの花粉（棒は5ミクロン）

季刊　考古学

特集

日本海をめぐる環境と考古学

日本海をめぐる歴史の胎動

広島大学総合科学部助手　安田喜憲
（やすだ・よしのり）

日本人と日本文化の源流を日本海をめぐる
歴史の胎動のなかで位置づけようとする本
特集の視点は鳥居龍蔵を出発点としている

1　鳥居龍蔵

「我が国の日本海岸と対岸・シベリア大陸との関係は如何。私は茲にイルクーツク・バイカル湖以東の東部シベリアの有史以前＝石器時代を紹介する。これ等はもっぱら私の実地に臨んで調査した結論の一斑である」[1]。これは鳥居龍蔵の「東部シベリアの有史以前」の書き出しの一節である。

東アジアをまたにかけた広汎なフィールド・ワークのもとに，日本民族の歴史を世界史のなかに位置づけることを初めて試みたこの偉大なパイオニアが，日本人の本源地，日本文化の故郷とみたのは，東部シベリアから黒龍江流域・沿海州そして満州にいたる日本海の対岸であった。そして「これに朝鮮を接続し，樺太・北海道さては佐渡・能登・日本海方面一帯の地方を一貫して見るべき必要がある」[2]と指摘している。

日本人と日本文化の源流を日本海をめぐる歴史の胎動のなかで位置づけようとする本特集の視点は，この鳥居龍蔵を出発点としている。そして鳥居は自らは純粋の考古学者ではなく，先史考古学であること。先史考古学は自然科学に属するものであって，その基礎は博物学であることを述べている[3]。その視点は，本特集の主題である環境考古学に相通ずるものである。明治・大正・昭和の激動の時代を生きぬいたこの孤高の巨人のするどい洞察力と総合的な視野と広汎なフィールド・ワークにうらづけられた学問に，いま私は強く魅了されている。

2　古モンゴロイド説

明治32年，鳥居は師坪井正五郎の命を受けて，北千島とカムチャッカの調査に出かけた。そして北千島に住むクリルスーキアイヌが，最近まで土器や石器を使用し，竪穴に住んでいたことを発見した。これは，北海道の現今のアイヌが，土器や石器を使用せず，竪穴住居にも生活していないから，北海道や本州で発見される石器時代の遺物は，アイヌのものではなく，それ以前に住んでいたコロボックルのものであるという坪井のコロボックル説の重要な根拠をくつがえすことになった。この鳥居の北千島の調査報告[4]をきっかけとしてコロボックル説は下火となり，小金井良精を中心とする縄文人＝アイヌ説が抬頭してきた。しかし，縄文人＝アイヌ説は，清野謙次による日本原人説の登場によって抹殺された。梅原猛[5]によって縄文文化とアイヌ文化との間に強いかかわりが存在することが主張されるまで，戦後日本の学界では縄文人＝アイヌ説は日本民族の起源を考える上で大きな影響力を持ちえなかった。

ところが近年，埴原和郎[6]や山口敏[7]によって，新しい日本人起源説が提唱された。それは現代版アイヌ説とでも呼ぶことができるものである。日本を含む東アジアからオセアニアにかけての古人骨を比較検討した結果，縄文人に最も近いのはアイヌで，ついで沖縄の地方人という結果になった。エスキモー・ツングース・モンゴル人・朝鮮人・華北人といった典型的な新モンゴロイドの人骨の形質は，縄文人とは非常にことなっていた。

大陸で縄文人に近い古人骨は，旧石器時代の柳江人やクロマニョン人に比定される後期旧石器時代の人骨であった。こうした説が提出される背景には，鈴木尚を中心とする沖縄の更新世人類港川人の調査研究があった。埴原[8]は新モンゴロイドは，最終氷期の最寒冷期（約 2.1〜1.8 万年前）の寒さに適応するなかで，扁平でずんぐりした寒さに強い体質をつくりあげた。ところが最終氷期の最寒冷期にもシベリアのように極寒の地にならなかった日本列島では，寒地適応をとげる必要がなく，旧石器時代以来の古モンゴロイド的体質が残ったのではないかと考えた。大陸でクロマニョン人に比定される後期旧石器時代人が出現するのはおよそ 5〜3.5 万年前である。縄文人の人骨は明らかに新人段階のものであるから，これらの人々が日本列島に大陸からやって来たとした場合，その時代は，5 万年前から最終氷期の最寒冷期のはじまる 2.1 万年前の間ということになる。その間に果たして古モンゴロイドが日本列島に来ることができるような古地理の条件がととのっていたのであろうか。本特集では，まずこうした日本海をめぐる旧石器時代の古地理が論じられる。

こうした日本人のルーツについて，近年人類学以外の分野からも，注目すべき成果が報告されている。その一が本特集の松本論文であり，他の一は日沼頼夫[9]の AT ウィルスの地理的分布にもとづく説である。日沼説からはっきりいえることはアイヌ人が日本の先住民そのものであるという可能性がますます高まったということである。

3　土器出現期の様相

鳥居が黒龍江や沿海州の遺物の中で，日本の石器時代のそれと最も類似し，ほとんど区別できないものとして注目したのは土器であった。日本の土器がいまのところ世界最古であることは事実である。しかしこれに匹敵する古い年代の土器がシベリアから見つかっている[10]。日本の土器の起源が自生か伝播かはいまだ決着をみないが，日本海の対岸のシベリアは土器の起源を考えるうえでも重要な地となっている。近年，土器出現期前夜のシベリアからの文化の流入を明らかにしたのは加藤晋平[11]である。荒屋型彫器と呼ばれる細石刃の故郷をバイカル湖周辺にもとめた。こうした細石刃文化を持った人々が何故，晩氷期の 1.5〜1.3 万年前後に東方に移動を開始したのか。あるいは

何故土器文化が誕生したかの謎の背景には，日本海をめぐる環境の変化が深くかかわっているらしいことが明らかになってきた。土器出現期の日本海をめぐる歴史の胎動が本特集でも論じられる。

4　農耕の起源

東京大学を辞した直後の鳥居が発刊した『諏訪史』第 1 巻のなかで，「縄文時代の打製の石斧を土を掘る道具とする考えを一歩進めて，原始的な農業があったことを物語る材料とはなりはしないか」[12]という見解を示している。この鳥居の視点は森本六爾をへて藤森栄一に受け継がれ，八ヶ岳南西麓の縄文時代中期農耕論へと展開していく。八ヶ岳南西麓の縄文時代中期農耕論は，いまだ完全な結着をみたわけではない。しかし，近年の福井県鳥浜貝塚の発掘調査は，大陸北方系のアサ・ゴボウ・アブラナ類などが大陸南方系のヒョウタン・カジノキ・リョクトウなどの栽培作物とともに縄文時代前期から確実に存在することを明らかにした[13]。アブラナ類やヒョウタンは縄文時代早期にまでさかのぼる。こうした栽培作物の伝播には，日本海をめぐる人と物の移動が深くかかわっている。かつて佐々木高明は「北方系農業『ナラ林文化』の日本への伝播経路としては，満州・シベリアから日本海を横切り，直接東北日本に到達した可能性がもっとも高いと考えられている」[14]と指摘した。日本海をめぐる歴史の胎動をナラ林文化の視野のなかで把え，日本海を直接横切るルートまで設定したこの佐々木の視点が，いまようやく真に理解されはじめようとしている。

5　騎馬民族説

鳥居龍蔵のあと，日本民族の歴史をユーラシア大陸の視野のなかで，世界史のなかに位置づける試みを行なったのは八幡一郎と江上波夫であった。その江上の騎馬民族説[15]は，日本海をめぐる歴史の胎動を端的に物語っている。近年は森浩一によって精力的にシンポジウム[16]が開かれ，古代の日本海諸地域が，大陸に目を向けた先進文化の受容地であることを明らかにしている。古代の日本海交通と日本民族の歴史の胎動もまた，本特集の重要な論点を構成している。

6　多雪の風土

最近，縄文は関東というイメージがくずれつつ

ある。その背景には鳥浜貝塚（本特集森川報告）やチカモリ遺跡（本特集南報告）などの目をうばう遺跡が、日本海側からつぎつぎと発見されたことによる。こうした日本海側の縄文時代の発展を背後からささえた生業とは何であったのか。これら日本海側の遺跡は、関東のような大きな貝塚こそともなう例は少ないが、日本海とのかかわりが生活の根幹をなしていたことは、真脇遺跡（本特集平口論文）や小竹貝塚（本特集藤田論文）の出土遺物に明白に示されている。本特集の松井論文はサケ・マス論を、松山論文はナラ林文化の視点から、そして笠原論文は原初的農耕の存在を明らかにし、日本海側の縄文文化の発展をささえた生業の解明を行なっている。

日本海側の文化的発展をもたらした要因として大陸との人と物の交流をぬきにしては説明がつかない。本特集の高瀬論文をはじめ前出の松山・笠原の各論文は古代の日本海側が、大陸の先進文化の波をまっさきに受けた表日本であったことを明らかにしている。本特集中西論文は、こうした大陸との人と物の交流の媒体となった潮流の実態を明らかにしている。

現代の日本海側を特色づけているのは、豪雪という世界でもまれな風土的特性である。本特集ではこうした多雪の風土の人類の適応と生活の実態もみる。縄文時代前期の新谷遺跡（本特集前山報告）では、越冬用の薪や食料の確保のための道具類が注目されているし、弥生時代の江上Ａ遺跡（本特集久々報告）では、除雪具と考えられる「木鋤」や雪に対するがんじょうな建物の構築が想定されている。またヒスイや滑石を用いた玉製品が多く出土しており、その製作は長いきびしい冬を利用した家内労働の所産ではなかったかとみられている。こうした玉製品は吉河遺跡（本特集工藤報告）でも弥生時代中期中葉から出現している。歴史時代の寺家遺跡（本特集小嶋報告）や朝倉氏遺跡（本特集藤原報告）の調査結果からは、雪国の冬のきびしい自然と、そこに生きた人々の生きざまがひしひしと伝わってくる。

このような日本海側の冬の豪雪のカギを握っているのは、日本海の存在である。冬季でも 5〜10℃ と暖かい日本海の水面からさかんに蒸発した水蒸気が雪のもとになるのである。近年の第四紀学や環境考古学の成果は、現代の多雪の風土が形成されるまでには、さまざまの気候・動植物の変化が存在した事実を明らかにしている（本特集安田・富樫論文）。しかもその変化は人類がさかんに活動した数万年の間に、劇的にひきおこされている。そしてその多雪の風土の変化のカギを握っているのは、ほかならぬ日本海そのものの海面の変化（本特集藤井論文），塩分濃度・古水温・潮流などの変化（本特集大場・加藤論文）であることが明らかとなってきた。

四方を海に囲まれた日本列島は、世界のどの地域よりも海の環境の変化に強く支配されてきた所であり、そこに生活する日本民族の歴史も、海の環境の変化を文明史のなかに強く受容している。本特集は、日本民族の歴史を海をめぐる環境変化の視点から論じることを目的としている。海の環境の変化、とりわけ日本海の環境の変化こそが、日本文明を日本文明たらしめる上で、きわめて大きな影響力を持ってきたことを指摘したいのである。そして、近年の形質人類学（本特集溝口論文）や分子生物学（本特集松本論文）の成果は、われわれ日本人の祖先もまた、冬の季節風と同じようにはるか日本海の対岸からやってきたことを明らかにしはじめている。日本海のなまり色の空のかなたに、日本人のルーツを解くカギがかくされているのである。

註
1) 鳥居龍蔵「有史以前の日本」磯部甲陽堂，1925
2) 註 1) に同じ
3) 鳥居龍蔵「満蒙其他の思ひ出」鳥居龍蔵全集，12，朝日新聞社，1976
4) 鳥居龍蔵「千島アイヌ」鳥居龍蔵全集，7，1976
5) 梅原　猛「古代日本語とアイヌ語」江上波夫ほか『日本人とは何か』所収，小学館，1980
6) 埴原和郎編『日本人はどこからきたか』小学館，1984
7) 山口　敏「縄文人骨」加藤晋平ほか編『縄文文化の研究1』所収，雄山閣，1982
8) 埴原和郎編『縄文人の知恵』小学館，1985
9) 日沼頼夫『新ウイルス学』中公新書，1986
10) 芹沢長介「土器製作のはじまり」考古学ジャーナル，239，1984
11) 加藤晋平「縄文文化のあけぼの」註 8) 所収
12) 鳥居龍蔵「諏訪史」鳥居龍蔵全集，3，1976
13) 鳥浜貝塚研究グループ編『鳥浜貝塚 1982・1983・1984 年度概報』福井県教育委員会
14) 佐々木高明『稲作以前』日本放送出版協会，1971
15) 江上波夫『騎馬民族国家』中公新書，1967
16) 森　浩一編『古代日本海文化』小学館，1983，『古代の日本海諸地域』小学館，1984

日本海をめぐる自然史

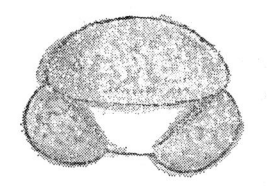

日本海をめぐる地域の古代の自然環境はどんな状況にあったろうか。微化石，埋没林，花粉化石，昆虫，海流などから探っていく

最終氷期以降の古環境の変遷/埋没林と海水準変動/気候と植生の変遷/昆虫の語る自然史/対馬海流と漂着物

最終氷期以降の古環境の変遷

金沢大学教授　金沢大学助教授
■ 大場忠道・加藤道雄
（おおば・ただみち）　（かとう・みちお）

過去85,000年間の日本海の古環境の変遷史を，海底コア中の微化石および酸素・炭素同位体比の研究成果に基づいて復元する

1　日本海の古環境の研究

日本海の古環境の研究は，1970年代から海底コアについて，珪藻[1]（小泉，1973・1977・1979；Tanimura, 1981），有孔虫[2,3]（Maiya et al., 1976；Kato, 1978・1979；Inoue, 1980；Ujiié, et al., 1983），鉱物組成（Kobayashi and Nomura, 1972；Oinuma and Aoki, 1977），間隙水（Masuzawa and Kitano, 1977；Masuzawa et al., 1979）など，それぞれ単独の研究手段に基づいて行なわれてきた。1980年代の初頭までに発表された論文のうち主要なものは氏家宏によって総括されている[4]。その総説を通して，日本海の古環境の研究史とそれまでに明らかにされた日本海の古環境変遷史を知ることができる。

1980年代に入ると，有孔虫殻の酸素同位体比と有孔虫の群集組成の共同研究[5]，それに火山灰が加わった研究[6]など，海底コアについて本格的な共同研究が行なわれるようになる。それによって，今までの単独の研究では見落されていた事実が見つかってきたり，対応がつけられなかった現象により合理的な説明が与えられるようになってきた。とくに，1984年に行なわれた隠岐堆の1本の海底コアについて，8つの研究テーマに基づく共同研究では，18項目にも及ぶ新知見が加え

られた[7]。その結果，日本海の古環境変遷史がより一層明瞭になってきた。

本稿では，これまでの研究成果に大場ら[7]の結果を加えて，日本海の最終氷期以後の古環境変遷史をたどってみることにする。とくに詳細なデータは『月刊地球』63号[7]を参照されたい。

2　最終氷期以降の日本海

最終氷期（約75,000年前から11,000年前，Shackleton et al., 1983）以降の日本海の古環境変遷は，その少し前の85,000年前から現在までの間で，何回も激しく変化してきた。その様子は，図に示されるように，それぞれの時代に特徴的な古環境が持続した5つの時代に区分される。以下に，それぞれの時代における日本海の古環境を復元してみよう。

（1）　85,000〜27,000年前

この時代の日本海には，葉理が発達した粘土と底生動物の匍跡を伴う粘土が交互に堆積している。その堆積物に含まれる微化石（珪藻，石灰質ナンノプランクトン，放散虫，有孔虫）のうち対馬暖流に限られる種が産出しないこと，古水温が$8〜12$℃と極めて低いことから，対馬暖流の流入はなかったと考えられる。代わって，低塩分浅海性の珪藻 *Paralia sulcata* を多産することから，黄海

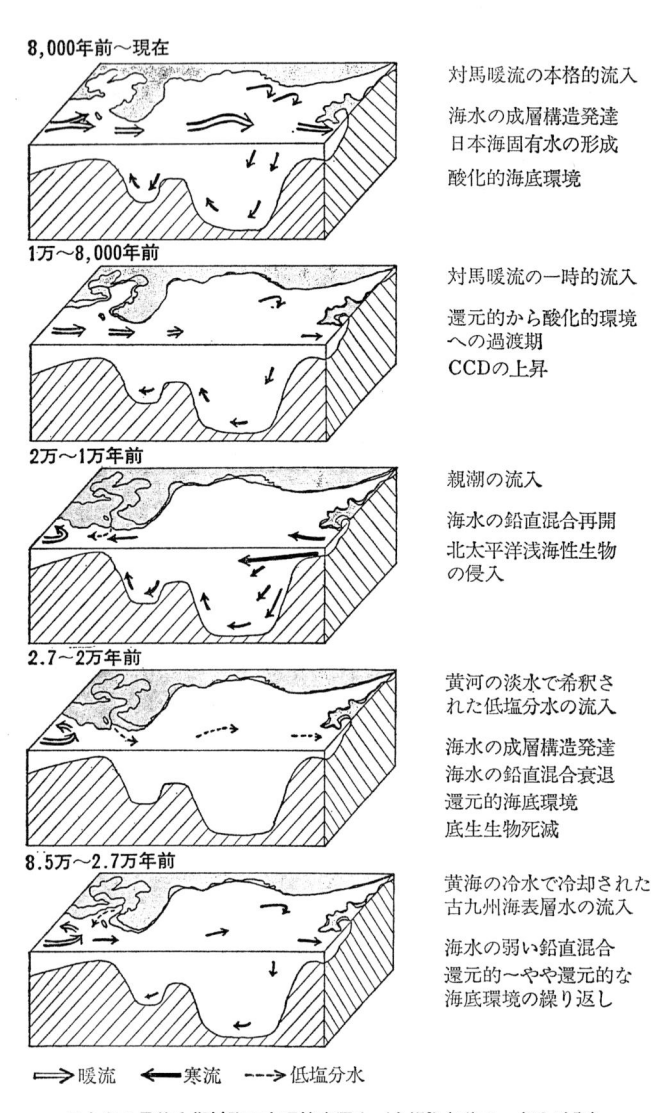

8,000年前〜現在

対馬暖流の本格的流入

海水の成層構造発達
日本海固有水の形成
酸化的海底環境

1万〜8,000年前

対馬暖流の一時的流入

還元的から酸化的環境
への過渡期
CCDの上昇

2万〜1万年前

親潮の流入

海水の鉛直混合再開
北太平洋浅海性生物
の侵入

2.7〜2万年前

黄河の淡水で希釈さ
れた低塩分水の流入

海水の成層構造発達
海水の鉛直混合衰退
還元的海底環境
底生生物死滅

8.5万〜2.7万年前

黄海の冷水で冷却された
古九州海表層水の流入

海水の弱い鉛直混合
還元的〜やや還元的な
海底環境の繰り返し

⟹ 暖流　⟸ 寒流　--→ 低塩分水

日本海の最終氷期以降の古環境変遷史（大場[5] 年代の一部を改訂）
各図は対馬海峡，隠岐堆，津軽海峡を結んだ断面図

や東シナ海の影響を受けた九州西方の表層海水が対馬海峡から流入していたと思われる。

　また，多くの層準に野イチゴ状黄鉄鉱を産出する事実は，当時の日本海の海底が還元的であったことを示唆する。とくに葉理の発達した粘土に底生有孔虫の *Bolivina pacifica* を多産する。この種は，貧溶存酸素の海底でも生息できることが知られており（Phleger and Soutar, 1973），還元的な環境の指標種とされている。また，葉理の発達した層準では底生有孔虫殻の [13]C 濃度が負の値になり，底層水が停滞していたために，海底における有機物の分解によって [12]C が底層水に付加され，底生有孔虫殻の [13]C 濃度が薄くなったと考えられる。これらの事実から，葉理を持つ粘土が堆積した当時の日本海は，海水の鉛直混合が行なわれず，還元的な海底環境であったと考えられる。

　一方，匍跡を伴う粘土の堆積時には，黄鉄鉱の産出のほかに，多種類の底生有孔虫が出現し，それらの殻の [13]C 濃度は濃い。また，放散虫の殻は破損したものが多い。これらの事実は，海水の鉛直混合によって海底への酸素の供給が多少は行なわれており，やや還元的な海底環境で底生動物の活動があったことを物語っている。

　その堆積機構に関して，現段階で正確な判断を下し難いが，以下に述べるような可能性が考えられる。葉理の発達した粘土が堆積した時代は，最終氷期の間でも世界的に寒冷化した時代に相当し，対馬海峡南方海域には黄海の冷水塊が張り出していた。その結果，低塩分で寒冷な表層水が対馬海峡を通って日本海に広がり，海水の鉛直混合が押えられた。一方，匍跡を伴う粘土が堆積した時代は，やや温暖で冷水塊の張り出しが弱く，冷水塊の表層水より塩分の濃い九州西方の表層水が日本海へ流入して，海水の鉛直混合が維持された。

（2）　27,000〜20,000 年前

　この時代を特徴づける現象は，浮遊性有孔虫殻の [18]O 濃度が約 27,000 年前から急激に薄くなり始め，約20,000年前に最も薄くなることである。その原因は，日本海に淡水が供給されたことによる。淡水によって希釈された低塩分水が日本海の表層に広がり，海水の成層構造が発達して，鉛直混合がほとんどなくなってしまった。このことは，貧溶存酸素でも生存可能な *B. pacifica* でさえ，この時代には産出しないことによって裏づけられる。底生有孔虫がほとんど産出しないこの時代は過去 85,000 年の日本海の歴史のなかで最も還元性の強い海洋環境であった。おそらく，多くの底生生物や深海性生物が生存できなくなった期間も存在したと考えられる。

　この時代に，低塩分水が日本海の表層に広がったという現象は，珪藻や石灰質ナンノプランクト

ンに淡水種や低塩分種が出現することによっても指示される（小泉，1984；Tanimura，1981；谷村，1981；高山，1983）。また，隠岐堆の海底コアでは石灰質ナンノプランクトンがほとんど産出せず，わずかに見い出される個体は溶解の形跡を受けていない。このことは，当時の日本海の表層水が，石灰質ナンノプランクトンの生存を許さないほど著しい塩分低下を起こしたことによると考えられる。また，この時代の堆積物には浮遊性有孔虫が豊富に含まれ，当時の日本海の CCD（炭酸カルシウムの補償深度で海底へ供給された炭酸カルシウムが完全に溶け去る深さ）が 2,500m 以深まで深くなったことを示している。

　淡水の供給源に関して，黄河起源の可能性がある。約 27,000 年前から最終氷期の最寒期にかけて，世界的に海水準が低下するにつれて，浅い大陸棚が発達する東シナ海と黄海の大部分は陸化し（王・汪，1982），九州西方海域は 1 つの大きな湾（堀越，1969 の古九州海）のような古地理になったと考えられる。そして，黄河の河口は海水準が低下するにつれて前進し，もしこの海域の地殻変動が著しくなければ海水準が約 90m 低下した時，河口は済州島の西側に位置する。さらに海水準が 100m 以上低下すると，その河口は済州島の東側まで達する。このように日本海への淡水の供給は，おそらく黄河の河口から排出された淡水によって希釈された古九州海の低塩分表層水が対馬海峡を通って流れ込んできたためと考えられる。約 27,000 年前に浮遊性有孔虫殻の ^{18}O 濃度が急に折れ曲るように薄くなった原因は，低塩分水の流入がちょうど約 27,000 年前から日本海で急激に顕著になり始めたためと考えられる。それは，おそらく海水準が 100m 以上低下し，黄河の河口が済州島の西側から東側へ移動したためであろう。

（3）　20,000〜10,000 年前

　約 20,000 年前から浮遊性有孔虫殻の ^{18}O 濃度が急激に濃くなり始め，19,000 年前には，現在の北太平洋浅海域に多く生息する底生有孔虫が日本海に出現してくる。この 2 つの事実は，20,000 年前に濃い ^{18}O 濃度を持った親潮が津軽海峡から日本海に流入してきたことを物語っている。当時の親潮は，世界的に海面が低下した分だけ濃い ^{18}O 濃度と濃い塩分を持っていた。それに対して，日本海の表層には薄い ^{18}O 濃度の低塩分水が広がっていた。そこに，津軽海峡から流入してきた親潮が日本海の表層水の下部に侵入し，一部混合しながら周囲の海水に冷却されて沈降する。このような親潮の流入は，底生有孔虫殻の ^{18}O 濃度がいったん薄くなった後に濃くなるという現象や，浮遊性と底生有孔虫殻の ^{13}C 濃度が一致するという現象となって現われている。

　日本海に親潮が流入したこの時代は，各微化石に寒冷種の増加あるいは温暖種の減少が見られる。とくに珪藻の寒流域水の指標種の増加は顕著である。また，算出された古水温も最低値（約 6 ℃）を記録する。この時代の日本海が寒冷であったということは，貝化石からも指摘されている。波部・小管（1970）は，対馬海峡の水深約 140 m から寒冷浅海域の貝化石（その ^{14}C 年代値は 14,000〜16,000 年前）を報告し，当時の対馬海峡付近は，現在の北海道南西部沿岸に相当する気候下にあったと述べている。同様な貝化石は，対馬海峡およびその北側大陸棚からも報告され（Emery et al., 1971；岡本・北川，1981），それらの ^{14}C 年代値は約 10,000，13,000，16,000 年前である。これら寒冷浅海域の貝化石が対馬海峡部およびその周辺から産出したという事実は，日本海の寒冷な海水が，少なくとも 10,000〜16,000 年前の間，対馬海峡を通って流出していた可能性を強く示唆するものである。

　親潮の流入によって，日本海の海水の鉛直混合は再開され，底生有孔虫が再び生息できるようなやや還元的な海底環境になった。それと同時に，それまで生態的に空白となっていた日本海の深層は，新たに侵入してきた北方系の生物によって占められた。西村（1974）によると，日本海の深層に生息している魚類は元来北方水域の沿岸性のもので，亜種の単位までの分化すらもしておらず，日本海への侵入はごく最近であろうと述べている。その侵入時期に関して，的場（1978）は，底生有孔虫の群集組成の変化から最終氷期の終り頃と予測したが，その予測を裏づけるように，今回の研究結果から，約 2 万年前に親潮が津軽海峡から日本海に本格的に流入してきたことが明らかになった。

　親潮の日本海深層への潜り込みによって，日本海の海底へ供給された酸素は有機物を分解し，発生した二酸化炭素が有孔虫や石灰質ナンノプランクトンなどの石灰質殻を溶解した。そのため，この時代の日本海の CCD は約 1,500m 位まで浅

くなったと考えられる。

10,800年前に，*B. pacifica* が一時的に増加し，日本海の海底が，いったん還元状態に戻る。おそらく，親潮の流入が弱まり，対馬暖流の進入の前兆となる一時的な海水の停滞期であろう。

（4） 10,000〜8,000年前

この時代の堆積物からは浮遊性有孔虫がほとんど産出しない。また，わずかに残存している殻はすべて破片になっている。石灰質ナンノプランクトンに至っては全く産出しない。このように，この10,000〜8,000年前は，日本海のCCDが極端に浅くなった時代である。ちょうど10,000年前から珪藻の暖流系の種 *Pseudoeunotia doliolus* が出現し，浮遊性有孔虫の *Neogloboquadrina pachyderma* の右巻き個体が優勢となる。また，放散虫や珪藻の温暖種がこの頃から急増し始め，古水温も急速に上昇する。これらの事件は，約10,000年前に対馬暖流が日本海へ流入してきたことを示している。ところが，一方では，寒冷な貝化石が 9,880±350 年前に対馬海峡から産出した報告があり (Emery et al., 1971) 隠岐堆のコアには，*N. pachyderma* の右巻き個体の小さなピークが約9,500年前に見られる。同様な右巻き個体の小さなピークは隠岐堆周辺の数本のコアから報告されている[4]。

このように，この時代は，対馬暖流が日本海へ一進一退を繰り返しながら，やがて本格的に流入してくる過渡期に相当すると考えられる。それまで黄鉄鉱を伴う還元的な堆積環境で有機物が多量に残存していた日本海の海底に，現在と同様に，酸素が充分に供給されるようになった。その結果，海底の有機物は一斉に分解し，発生した多量の二酸化炭素によって海底の石灰質殻が溶解してしまい，この時代のCCDが 1,000m 以浅（おそらく 1,000〜500m）まで浅くなったと考えられる。

（5） 8,000年前〜現在

この時代，とくに6,300年前以後になると，有孔虫，放散虫，珪藻に現在の対馬暖流域に生息している温暖種が多くなり，石灰質ナンノプランクトンの寒冷種 *Coccolithus pelagicus* が産出しなくなる。また，推定された古水温も 17〜18℃ と高く，底生有孔虫の群集組成も現在のものとはほとんど変わらない。さらに，放散虫や珪藻の個体数が急激に増加する。

これらの事実は，対馬暖流が日本海へ流入し，

現在と同様な海洋環境が少なくとも6,300年前―おそらく *N. pachyderma* の殻の巻き方の変化に基づくと約8,000年前―に形成されていたことを示している。対馬暖流の流入によって，珪藻や放散虫の生産量が増加し，日本海の表層水と底層水の ^{13}C 濃度はそれぞれプラスとマイナス側へ移動する。その変化は，浮遊性および底生有孔虫殻の ^{13}C 濃度に反映されている。6,300年前頃は，珪藻や放散虫の温暖種が最も多くなり，古水温も最高値に達することから，後氷期の *Climatic optimum* に相当すると考えられる。

3 おわりに

過去85,000年間の日本海の海洋古環境は，上に述べたように5つの時代に区分され，各時代はそれぞれ独自の海洋環境に支配されてきたことが明らかにされた。今後，さらに多くの海底コアについて，分野の異なった研究者による共同研究によって，上述の海洋古環境が検討され，より詳しい古環境変遷史が描かれることが期待される。

註

1) 小泉 格「日本海底コア中の珪藻遺骸群集」海洋地質，6—1，1970

2) Ujiié, H. and Ichikura, M.: Holocene to uppermost Pleistocene planktonic foraminifers in a piston core from off San'in district, Sea of Japan. Trans. Proc. Palaeont. Soc. Japan, N.S., 91, 1973

3) Ichikura, M. and Ujiié, H.: Lithology and planktonic foraminifera of the Sea of Japan piston cores. Bull. Natn. Sci. Mus., Tokyo, ser. C. 2—4, 1976

4) 氏家 宏「堆積物と古生物（特に微化石）より見た日本海の地史」日本海の地質，1982

5) 大場忠道・堀部純男・北里 洋「日本海の2本のコアによる最終氷期以降の古環境解析」考古学と自然科学，13，1980

6) 新井房夫・大場忠道・北里 洋・堀部純男・町田洋「後期第四紀における日本海の古環境―テフロクロノロジー，有孔虫群集解析，酸素同位体比法による―」第四紀研究，20—3，1981

7) 大場忠道 ほか 10 名「最終氷期以降の日本海―KH-79-3，C-3 コアの解析を中心にして―」月刊地球，通巻 63，6—9，1984

8) 大場忠道「最終氷期以降の日本海の古環境」月刊地球，5—1，1983

埋没林と海水準変動

富山大学教授
藤井昭二
（ふじい・しょうじ）

富山湾とその周辺には魚津埋没林をはじめ多くの埋没林があるが，海進・海退など海水準の変動の指標として重要である

筆者は上記の題で原稿を書くことを引きうけた。全体の構成からみると，海水準変動が人類をはじめ生物にどのような影響を与えているかが求められているようであり，埋没林が海水準変動を示す象徴とされているようである。そこで埋没林が多く分布する富山湾周辺を例にとって海水準変動についてのべ，ついで日本海各地で研究されている海水準変動についてのべる。

1 埋没林

富山湾周辺には魚津埋没林のほか四方（沖）埋没林，神通河口埋没林，大屋（東草野）埋没林，入善町吉原沖海底林などが知られている。その中でも魚津埋没林は沈降現象を示すということで文部省特別天然記念物に指定されている。

これら埋没林の特徴は樹根の周辺に後背湿地にあったことを示す泥炭層がついていることである。すなわち樹根自身は海水準と関係ないが，その周りの泥炭層は浜堤や砂丘ができることによって海浜の林地が後背湿地にかわり，後背湿地で形成されたもので海水面とほぼ等しい高さを示している。すなわち樹根の年代や高さが海水準そのものを示すのでなく，後背湿地に形成された泥炭の高度と年代が海水準の位置・年代を示すのである。しかし 10^3 年位で議論する時は樹根の位置や年代で海水準を議論してもそんなに大きな誤差とはならない。

（1） 魚津埋没林

魚津の信濃浜には汀線付近に樹根の分布が知られていた。魚津埋没林[1]は 1930〜1931 年魚津漁港改修工事の際，その大要が明らかになった。1954 年埋没林博物館が建設され，産出位置にプールがほられ，堆積物がとりさられて海水中に保存されている。また乾燥標本も展示されている。樹種はほとんどが杉で，大きなものは直径が 1m 以上あり，根は直径数mにわたってのびている。

樹根は 2 層の泥炭層でおおわれている。現在の海水準は上部泥炭層の直上付近にある。樹根の下から縄文後期の土器が発見されている。樹根と上部泥炭層の ^{14}C 年代測定の結果，それぞれ 1960±70, 1750±90 y.B.P. の値がでている。1955 年地盤沈下を示す事実として文部省特別天然記念物に指定されている。

（2） 四方（沖）埋没林[2]

戦後，魚網が木に引っかかり破れるという事件が同所でつづいておこり，潜水によってそれらの木は伐採されたことによってこの埋没林は明らかにされ，漁網の位置や潜水の深さなどから，水深 3m 付近に海底林があったことを示している。ハンノキ，ツバキ，ブナなどが知られている。その年代は 2730±90 y.B.P. である。

（3） 神通河口埋没林[2]

神通河口埋没林は富山火力発電所工事の資材運搬のため河口の掘削が行なわれた時発見されたものである。樹根のまわりに泥炭がついていたこととヒゲ根が残っていたため，現地性のものと判断した。樹種はクリ，ケヤキなどでその年代は 1950±90 y.B.P. である。

表 1 埋没林と樹種

植物化石	泊東草野	魚津材	魚津泥炭	神通河口	四方	柴草
チョウセンマツ						●
アカマツ		●	●			
マツ類		●	●		●	
スナギ・ヤナギ類		●			●	
クルミ・ミズキ	●	●			●	
ハンノキ・ナラ		●	●	●	●	
ブナ・クリ		●			●	
クスノキ・スダジイ		●	●		●	
シラカシ・シイ類			●	●		
ナラ・カシ類		●			●	
アラカシ・エノキ		●		●		
ケヤキ						
クワ・ワラ			●		●	
カツラ・キモ						
タブノキ・モ						
スモモ・イヌエンジュ					●	
トチノキ・キジ			●		●	
ムクロジ・シキ					●	
ケンポナシ			●		●	
ツバキ・エゴノキ	●		●		●	
ハマヒルガオ			●			
ヤチダモ		●				

21

（4） 東草野（大屋）埋没林[2]

1960 年代の初めに 富山県朝日町の 当地方一帯が激しい海岸浸食にみまわれた。その際越波した海水が護岸堤防の犬走りの内側を掘削し，大きな溝が犬走りぞいに形成され，そこにハンノキやエゴノキを主 とした 樹根群が発見 された。ここでも泥炭が樹根をとりまいていた。樹根の 年代は 1560±110 y.B.P. であった。

（5） 入善町吉原沖海底林[3]

1980 年上記地点の水深 40m から 10150±230 y.B.P. の直立した海底林が北陸ダイビングクラブ員によって発見され，文部省科学研究費で3年間の調査研究が行なわれ，その全貌が明らかにされた。

海底林は吉原沖 500～1,000m，水深 20～40m，海岸に平行に約 2.5km，海底谷 ぞいに分布している（モノクロ口絵参照）。

直立樹根が海底谷ぞいに多く発見され，それらは扇状地礫層の末端の後背湿地帯に形成され，厚さ 30～200cm の 泥層や泥炭層に 根をはっている。樹高は 30～50cm で，高くて 90cm で上部は折れている。折れた所の木の直径は 15～20cm が一番多く，一抱えくらいの大きさのもある。樹齢は 19～34 年である。樹種は 86% がハンノキとヤナギで，中でもハンノキは 60% をしめ，その他コナラ，ヤブツバキ，ヤマグワ，アオハダ，ガマズミ，カエデが発見されているが，針葉樹は1本も発見されていない。海底林はスギがないことをのぞいて黒部川扇状地末端に特徴的に発達するスギサワの群落に似ている。海水中の樹幹はブョブョに膨れて，二枚貝のフナクイ虫によって無数の穴が開けられ，海草がはえ，手で容易にもぎとることのできる 堅さである。18 個の [14]C 年代の資料は一つの例外を除いて水深 40m の 10150±220 y.B.P. と水深 22m の 7990±150 y.B.P. との間に分布している。

水深 40m が1万年前の水深に相当することは日本の各地の資料と一致している。また世界的にも水深 40～45m が1万年前の水深となっているので，これら海底林は後氷期の海水準上昇の過程で形成されたものである。海水準上昇に応じて扇状地が堆積し，その末端に砂丘などが形成され，水はけの悪い潟ができ，潟になる前にはえて

いた樹木が枯死し，洪水によって樹高が一定になったと考えている。

2 埋没林以外の海水準変動を示す証拠

日本海の干満の差は 20cm である。そのため離水し，あるいは沈水した波食窪や海食洞，波食台などは当時の海水準を示す（地盤変動を無視した時）。また干満の差の小さいことは潮ひがりなど貝類の採集に不向きで，このことが日本海側に貝塚が少ないことと符号している。

かつての海水準を示す証拠として前記のもののほか，離水した 自然貝層や 穿孔貝の穴 などがある。

能登半島の基部なだうら海岸は第三系の堆積岩から形成され，上述の離水波食窪や生痕，自然貝層が図1で示されたようによく保存されている。波食窪や海食洞などでかつての海水準の高度を知ることはできるが，その年代を知ることはできない。

上記のような理由で日本海側の貝塚は太平洋岸や九州の有明海周辺にくらべると極端に少ない。貝塚は貝塚形成当時の時代とおおよそその海水準の位置とを教えてくれる。

日本海側の貝塚について，金子浩昌は貝塚と食糧資源の中でまとめている[4]。それによると，東北地方の6カ所の貝塚はヤマトシジミを主要構成種としている。北陸地方の 11 カ所の貝塚は1つを除きヤマトシジミを主要構成種としている。山陰地方には6カ所の貝塚が知られており，その内3カ所が海棲種を主要構成種としている。

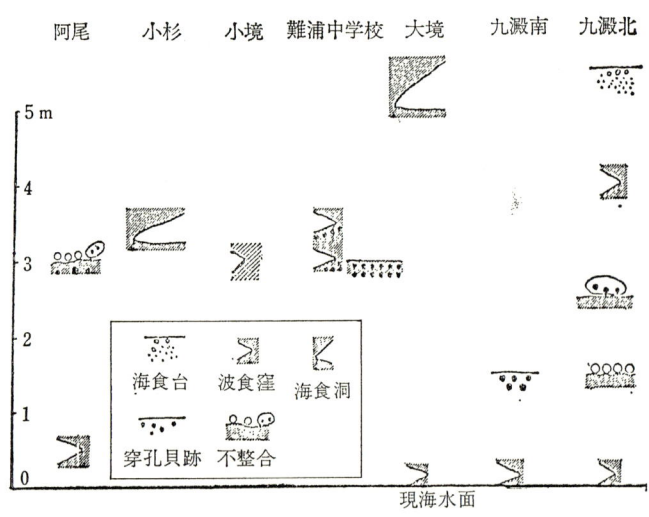

図1　離水海岸地形とその海抜高度（藤井 1982）

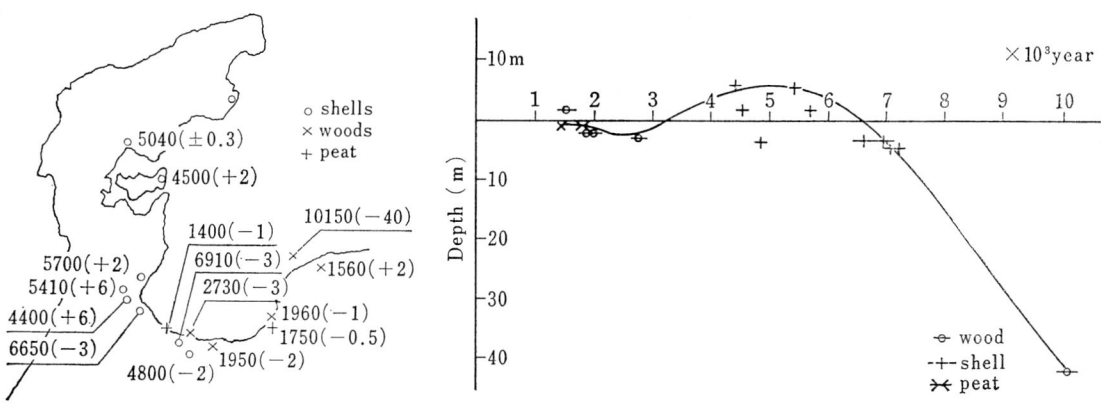

a． 自然貝層などの分布図　　　　　b． 富山湾とその周辺の資料からえられた後氷期の海面変動図（藤井 1981）

図 2　富山湾における海水準変動

富山湾の南部には 2 カ所の貝塚が知られており，蜆が森貝塚は放生津潟のかつての拡がりを示すもので，ヤマトシジミを主とし，その [14]C 年代は 4800±200 y.B.P. である。

朝日貝塚は複合貝塚でハイガイ，ハマグリなどを主としている。傍らの十二町潟の排水機場建設の際，下から上へ，海棲貝，イボウミニナ，ヤマトシジミが分布しその年代はそれぞれ 7200，4850，1470 y.B.P. を示し，海から潟への移り変わりを示している。

3　富山湾と他の日本海地域の海水準変動

前述のように富山湾[5]とその周辺には多くの海水準変動を示す証拠が発見された。横軸に年数，縦軸に高度（深度）をとった図面にこれらを投影すると図 2 b のようになる。 1 万年前に水深 40 m 付近にあった海水準は 8,000 年前に水深 20m 付近まで上昇し， 6,500〜7,000 年の間に現海水面に達し， 4,000〜6,000 年前に現海面より 4〜5m 高くなっていたのが， 1,500〜3,000 年前にまた現海水準より低くなり， 1,500 年前後に現海水準に回復している。現海面より高い時期が縄文海進（フランドル海進）の最盛期で，現海面より低い時期は縄文晩期から弥生の海退期である。

以上に述べたことがらが日本海の他の地域ではどのような形で表われるであろうか。富山湾以外で海水準変動が研究されている所は新潟平野，河北潟周辺，若狭湾，山陰海岸である。

新潟平野での海水準変動の研究は和田温之によって行なわれた[6]。新潟平野では乾田化や天然ガスの過剰汲みあげによる地盤沈下が信濃川流域に広くあらわれており，そこでは，地盤沈下対策や

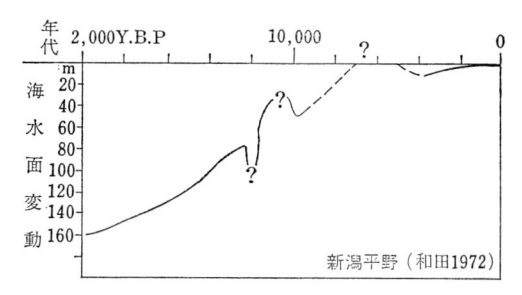

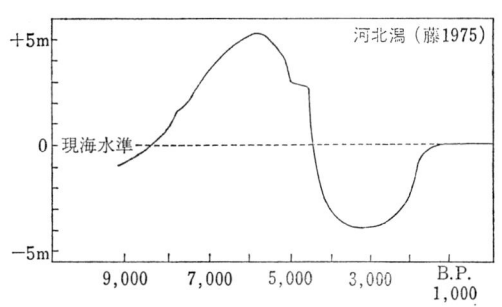

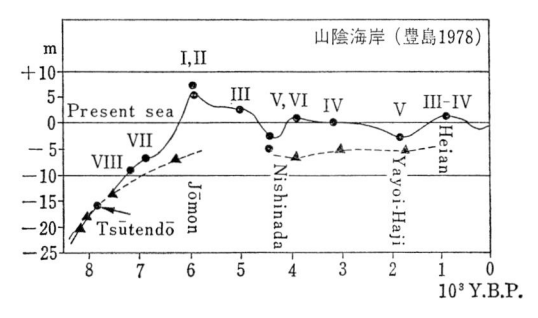

図 3　日本海各地の海水準変動

天然ガス採取のためのボーリングがたくさん掘られている。

和田は多くのボーリングの資料を調査し，後氷期の始まりを 2 万年前でその水深を 160m としている。また 1 万年前後には水深 40m 付近で海水準が停滞したことを示している。平野部が現海面

とほとんど同高度であるので，縄文海進期の高海面期がえられていないのがボーリング資料による研究の一つの特徴である。すなわち現海面が最高海面となる。これは北米やヨーロッパの研究者が広い平野で調査した時の結果と同様である。欧米の研究者であったら，ためらうことなく現在が最高海面を示すものとしたであろうが，和田は疑問として残している。

藤則雄は能登半島基部の内灘砂丘や河北潟を調査して，海水準変動について考察した[7]。縄文前期を中心に海水準の上昇を考え，3000 y.B.P. を中心に海水準の低下を考えている。

岡田篤正は日本海側でリアス海岸として知られている若狭湾で原子力発電所の資料を使って海水準変動をまとめた[8]。

リアス海岸は一般に沈降海岸として知られているが海成段丘もあり，あまり沈降していないことを示している。縄文海進の頂期が前期にあること。また浦底で埋没林を紹介し，それを取りまく泥炭層が 1860 y.B.P. で，それは海面下に分布していることから低海水準期のあったことを示しており，日本各地と同様な傾向のあることを明らかにした。

豊島吉則は山陰海岸で波食台，波食窪，海食洞，貝塚，人類遺跡の離水あるいは沈水したものを調べ，それを高度（水深）別に分類し，その年代を知り図3下のような海水準変動曲線をえている[9]。この曲線には平安の海進や西灘の海退が知られている。

4 地殻変動か海水準変動か

日本海地域の海水準変動は富山湾を例にのべると前述したように次のようになる。海水準は1万年前に水深 40m にあったのが 8,000 年前に水深 20m まで上昇し，6,000 年前には現海水準より高くなり，縄文海進の高海水準は 6,000〜4,000 年前までつづいた。それが 2,000 年から 1,500 年前の間，縄文晩期，弥生期の2m前後の海水準低下をみて約 1,500 年前に現在に回復している。

この海水準変動の型は新潟，河北型，若狭，山陰でも大同小異である。山陰ではさらに西灘海退や平安海進などが認められている。

魚津埋没林は地盤沈下を示すものとして文部省特別天然記念物に指定されているが，下記のように考えると地盤沈下とは考え難い。

魚津埋没林は片貝川扇状地の礫層の上の地盤沈下しにくい所にある。四方，神通川河口の埋没林は地盤沈下しやすい潟埋積平野の延長にある。しかしこれらが海面下に分布することについて縄文晩期から弥生期の海水準変動で説明される。

縄文前期の海進や縄文晩期，弥生期の海退が日本海地域の4ヵ所で，また太平洋岸でも知られている。太平洋岸や日本海岸で地盤沈下のしやすい場所やしにくい場所が同時期に隆起したり，沈降したりすると考えるより海水準が変動したと考える方がより考えやすい。

5 まとめ

後氷期，とくに1万年以後の日本海側の海水準変動について埋没林を主材料としてのべてきた。すなわち，縄文海進によって海水準は現海水準より上昇し，また縄文晩期・弥生期の海退により海水準は現海面より降下し，現在の海水準に到達した。これらの海水準変動は局地的な地盤の隆起や沈下によっておこるものでなく，世界的な後氷期の氷河の拡大や縮小に関係していると考えられている。海水準の現海面より高い時代は平野を縮小させ，逆は平野を拡大することが容易に考えられる。

海水準の上昇・沈降が人類の生活の場所をはじめ他の生物の活動に大きな影響を与えたことが知られている。

註
1) 石井逸太郎「魚津埋没林と地盤沈下の問題」地学雑誌，64—1, 1955
2) 藤井昭二「黒部川扇状地の形成と富山湾周辺部の埋没林について」地球科学，78, 1965
3) 藤井昭二「富山県黒部川扇状地沖埋没林の研究」昭和57年度科学研究費補助金研究成果報告書，1983
4) 金子浩昌「貝塚と食料資源」日本の考古学Ⅱ，河出書房，1965
5) 藤井昭二・藤 則雄「北陸における後氷期以降の海水準変動」第四紀研究，21—3, 1982
6) 和田温之「新潟平野の形成過程」地質学論集，7, 1972
7) 藤 則雄「北陸の海岸砂丘」第四紀研究，14—4, 1975
8) 岡田篤正「若狭湾岸地域における主に最終氷期以後の海水準変動と地形発達」地理学評論，51—2, 1978
9) 豊島吉則「山陰海岸における完新世海水準変化」地理学評論，51—2, 1978

気候と植生の変遷

広島大学助手
■ 安 田 喜 憲
（やすだ・よしのり）

1.3〜1.2 万年前，日本海側の 多雪地帯に ブナ林が拡大し，日本独自の海洋的風土が形成されて，ここに土器文化が誕生した

1 3.5〜3.0万年前の変化

西部ユーラシア大陸で大発展をとげたネアンデルタール人（*H. sapiens* Neandertal）が地上から姿を消した年代は，5〜3 万年前と 推定されている[1]。とくに，ネアンデルタール人からクロマニョン（Cro-Magnon）人への交代が完成した年代は 3.5〜3.0 万年前に置かれている。もちろんこの説は主としてヨーロッパにのみ成り立つものであって，アフリカや中国・東南アジアでは，現生人類（*H. sapiens* modern）の起源はもっと古くまでさかのぼると考えられている。そしてネアンデルタール人に比定される段階の人類として *H. sapiens*（archaic） が想定されている。

ヨーロッパにおいて，ネアンデルタール人が絶滅し，クロマニョン人への交代が引き起された時代に，いったいいかなる環境変化が存在したかについて，これまでは必ずしも明白ではなかった。それは，大陸氷床に北半部が覆われたヨーロッパでは，7〜6 万年前以降の全氷期（Pleniglacial）の開始期以降，ステップやツンドラが継続し，顕著

な環境の変化を花粉分析などから読みとることができなかったからである。

近年の日本の深層ボーリングコアの詳細な花粉分析の結果は，この時代の環境の変化の実態を明らかにした。図1 には 福井県三方郡三方町三方湖[2]（海抜 0 m，北緯 35° 33′ 32″，東経 135° 53′ 40″）の花粉分析の結果から明らかとなった過去 5 万年間の気候変化の傾向を示した。

5〜4.1 万年 の 間は，スギ属（*Cryptomeria*）がブナ属（*Fagus*）・コナラ亜属（*Quercus Lepidobalanus*）とともに 高い出現率を 示し，冷涼で湿潤な気候が推定される。この時代は，亜間氷期に比定される。スギ属やブナ属の高い出現率は，多雪の環境を示している。花粉分析 からみる かぎり，この時代に日本海は対馬暖流の影響を受ける環境にあったとみざるを得ない。この亜間氷期には，陸橋は存在せず，日本列島に人類が渡来できる古地理的条件が存在した可能性は，きわめてひくい。4.1 万年前以降，気候は不安定となり，寒暖・寒湿の変化をくり返しながら，全体としては寒冷化・乾燥化が進行する。そして，寒冷で乾燥

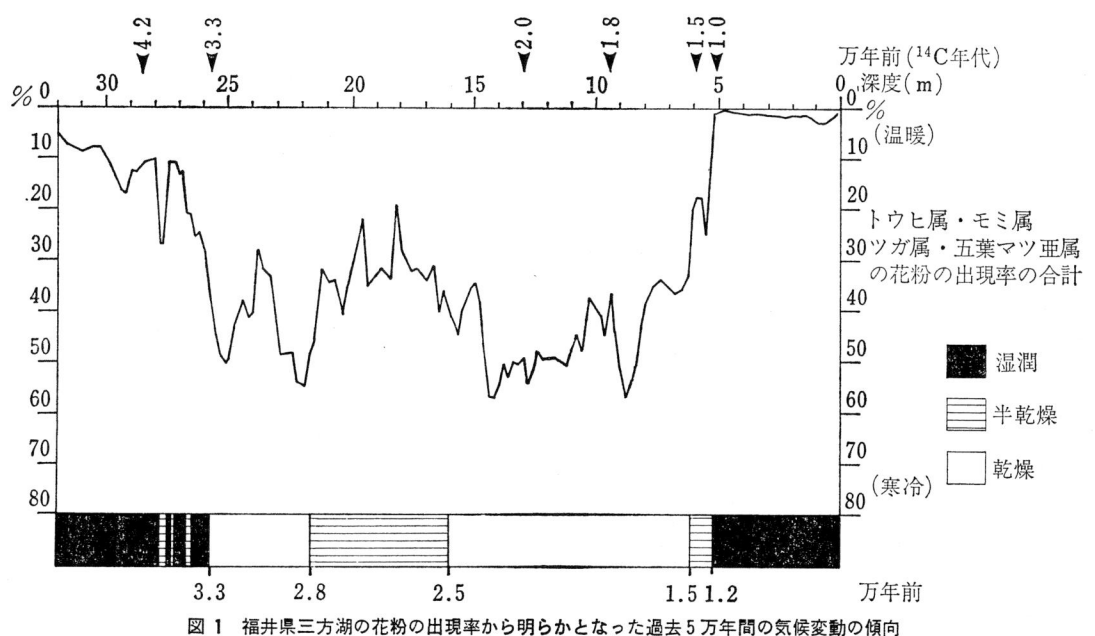

図 1 福井県三方湖の花粉の出現率から明らかとなった過去 5 万年間の気候変動の傾向

した気候が完成するのは，3.5〜3.0万年前である。ここでは群馬県尾瀬ヶ原[3]や福島県法正尻湿原[4]の花粉分析の結果との比較から，寒冷・乾燥気候が確立した年代を3.3万年前とする。この3.3万年前以降，三方湖ではツガ属（*Tsuga*）が，山形市成安地区[5]では五葉マツ亜属（*Pinus Haploxylon*）・トウヒ属（*Picea*）・モミ属（*Abies*）などの針葉樹が拡大する。ヨーロッパでネアンデルタール人からクロマニョン人へ交代したといわれる3.5〜3.0万年前の時代は，最終氷期の比較的温暖で湿潤な亜間氷期から寒冷で乾燥した亜氷期への移行期に相当している。

このように3.5万年前から3万年前にかけて，日本列島において顕著な森林帯の変遷がみられた原因には，日本列島の地理的位置，とりわけ日本海の存在がふかくかかわっている。本特集の大場ら[6]に述べられている如く，およそ3.0万年前を境として，日本海の海水の^{18}O濃度が薄くなり，日本海表層に淡水が供給され，環元的海底環境が出現し，底生有孔虫も死滅した。3万年前は，過去8.5万年間の日本海の歴史のなかで，もっとも還元的な海洋環境が出現しはじめた時代に相当している。また日本海盆L4'コアの環元態硫黄の分析結果[7]も嫌気的底層水が出現することを明らかにしている。いずれも，日本海の環境が3万年前頃を境として，酸化的環境から還元的環境に変化したことを明らかにしている。

日本海の水域が還元的環境にかわったということは，日本海が閉塞的な湖に近い水域となったこと，すなわち陸橋の形成を物語る。その時，日本列島の気候は寒冷で乾燥した気候となっている。4.1万年前以降気候の寒冷化が進行し，海面が低下するなかで，冬期に多雪をもたらす対馬暖流の影響が著しく弱められることによって，日本列島は，寒冷でかつ乾燥した気候にみまわれたといえる。

この時代，動物相にも変化がある。フィッショントラック年代3.2万年前の鹿沼軽石層におおわれた上部葛生層の大型哺乳動物化石は，ニチキンカモシカ・ニッポンムカシジカ・カズサジカ・ヤベオオツノシカ・トラ・ヒョウ・ムカシアナグマなどの，温帯型森林生活者からなっている。ところがそれ以降の動物相には，小型ウマ・ヘラジカ・オーロックス・バイソンなどの北方の寒冷で乾燥した草原に生息する動物が付け加わる[8]。

この時代，石器の形にも大きな変化が存在する。芹沢長介[9]は，前期旧石器時代と後期旧石器時代の境界を，この日本海の環境が大きく変化し，日本列島の動・植物相が著しく変化する時代に置いている。宮城県座散乱木遺跡[10]や中峯遺跡[11]では，この時代を境として，石器の材質が安山岩を主体とするものから，頁岩を主体とし，黒曜石をともなうようになる。そして石刃・スクレイパー・石錐など，縦長の剝片技術をもつ石器が出現してくる。岡村道雄[12]は，こうした石器形態の著しい変化が引き起された年代を3.3万年前としている。

このように，ヨーロッパでネアンデルタール人が絶滅し，クロマニョン人への交代が完成する3.5〜3.0万年前に，日本列島でも，気候や動植物相それに石器の形に大きな変化が存在することが明らかとなった。その背景には日本海の環境の変化が深くかかわっていた。

海面が低下し，日本海が閉塞的な湖に近い状態になることによって，日本列島の気候は寒冷で乾燥した大陸的な気候に支配された。このためチョウセンゴヨウ・ヒメバラモミ・コメツガなどの針葉樹の疎林と草原の環境が卓越し，北方から陸橋をわたって，バイソン・オーロックスなどの北方の草原型の動物が南下してきた。そしてその動物を追って，石刃技法をもった人々がやってきた。この人々こそが，埴原和郎[13]のいう古モンゴロイドに相当する人々であろう。そしてそれが，縄文人の祖先につながる人々であり，現在のアイヌに最も近い人々と考えられる。「蝦夷というのは，もともと日本に土着していた旧石器時代の人間の血を引く縄文人の子孫である」[14]という梅原猛の指摘は，いま正当に評価されはじめている。

2　2.1〜1.8万年前

3.3万年前ごろに確立した寒冷・乾燥気候は，1.5万年前まで全体としては継続する。しかし途中2.8〜2.5万年前は，小さな亜間氷期が存在し冷涼・湿潤であったことが，三方湖（図1）と山形市成安地区の分析結果に明白に示されている。

最終氷期の最寒冷期は，大きくみると2.5〜1.5万年前の間におかれる。中部山岳[15]や北海道[16]の分析結果はこの考えを支持している。しかし，関東平野以南の低地帯[17]では，2.1万年前になって，はじめて明瞭な寒冷化がみられる。気候

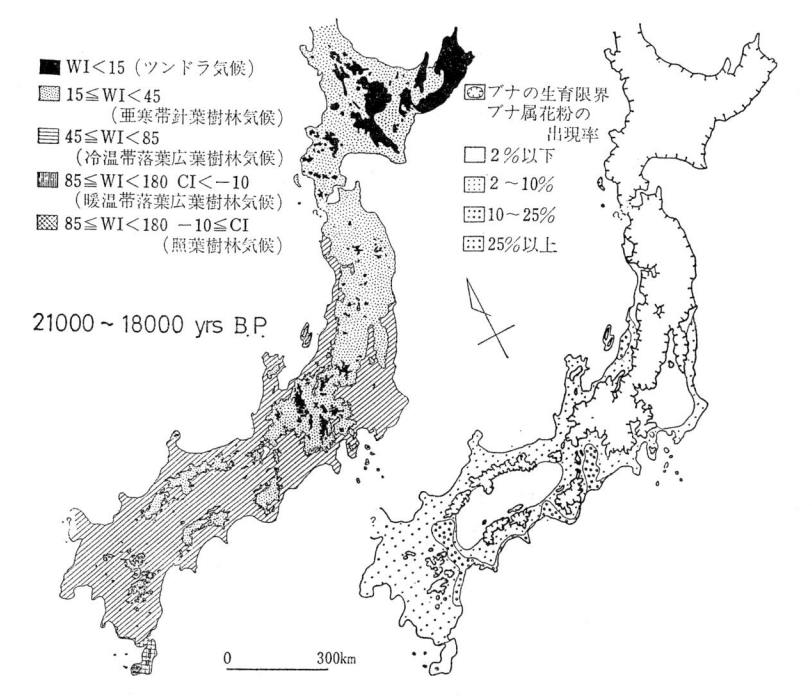

図 2 最終氷期最寒冷期の古生態気候分布図（左）とブナ属花粉の出現率（右）

Legend (left map):
- ■ WI<15（ツンドラ気候）
- ▦ 15≦WI<45（亜寒帯針葉樹林気候）
- ▤ 45≦WI<85（冷温帯落葉広葉樹林気候）
- ▨ 85≦WI<180 CI<−10（暖温帯落葉広葉樹林気候）
- ▩ 85≦WI<180 −10≦CI（照葉樹林気候）

21000〜18000 yrs B.P.

Legend (right map):
ブナの生育限界
ブナ属花粉の出現率
- □ 2％以下
- ▦ 2〜10％
- ▤ 10〜25％
- ▨ 25％以上

0   300km

の寒冷化の影響を敏感に受ける中部山岳や北海道では，2.5万年前以降の寒冷化が，森林帯の変遷を引き起したが，関東以南の低地では，2.1万年前になってようやく森林帯の変化が引き起されたとみることができる。

日本列島が広く最終氷期の最寒冷期に突入するのは2.1万年前であり，それは1.8万年前までつづく。最終氷期の最寒冷期の2.1〜1.8万年前に一般に受け入れられている年平均気温の低下率（7〜8℃）から算出した森林帯気候の分布図（図2）[18]では，関東平野以南の低地は，広く冷温帯林の分布域となる。ブナ林が温度条件からは十分に生育できる。しかし，図2の右に示す如く実際のこの時代の堆積物の花粉分析の結果から明らかにしたブナ属花粉の出現率[19]は，著しく低率である（図2）。わずかに太平洋側の伊勢湾や日向灘沿岸において高い出現率を示す程度である。瀬戸内海はこの時代ブナ林が生育できない乾燥気候にあった。

ブナは多雪地帯に適応した植物であり，ブナ林の分布は積雪日数と高い相関を示すことが明らかにされている[20]。積雪が持続することは，ブナの種子の発芽や実生の定着に重要な役割を果しているとみられている[21]。

こうした現在のブナの生理特性から考えて，最終氷期の最寒冷期に，温度条件ではブナ林が十分に生育できるにもかかわらず，ブナが発展できなかったのは，積雪量の減少に求められよう。

本来，温度条件ではブナ林が生育できるところが，大陸的で乾燥した気候のためにブナが生育できなかった。そうしたところに生育地を拡大できたのは，現在の亜高山帯から冷温帯に生育するチョウセンゴヨウ・コメツガ・ヒメバラモミなどの針葉樹と，ナラ類であった。現在は中部山岳の八ヶ岳などに偏在するヒメバラモミやヤツガタケトウヒなどの針葉樹が，最終氷期の最寒冷期には大陸的で乾燥した気候の下に発展をとげることができたのであろう。

この2.1〜1.8万年前の最終氷期の最寒冷期に発展をとげるのは，ナイフ型石器の文化である。北関東では，ナイフ型石器の遺跡は立川ロームのⅣ層に入ってから爆発的に増加する[22]。また南関東[23]でも，相模野Ⅲ期以降，遺跡数が急増することが報告されている。こうしたナイフ型石器文化の隆盛・拡大は，北陸地方[24]や九州地方[25]においても確認されている。ナイフ型石器文化が，チョウセンゴヨウやヒメバラモミなどの針葉樹の疎林と，草原が拡大する時代に発展期をむかえることは，この石器文化が，北方の寒冷な草原に生息する大型哺乳動物を狩猟対象として発展した文化であったことを物語っている。

3 1.3〜1.2万年前

最終氷期の最寒冷期に発展できなかったブナ林は，1.3〜1.2万年前から北緯40度以南の日本海側の多雪地帯を中心に拡大を開始する[26]。それは1.5万年前以降の気候の温暖化によって極地の氷河が融け，海面が上昇を再開，1.3〜1.2万年前には日本海が対馬暖流の影響を受けはじめたことによって，現在の日本海側の多雪地帯を中心として積雪量が増加し，ブナの生育し得る気候的・土壌的条件がととのったためと筆者は考えている。

しかし，これまでの日本海海底コアの分析からみる限り，対馬暖流の流入の再開期は，1.2万年前まではさかのぼり得ない。花粉分析の結果からみる限り，1.2万年前以降積雪量が増加を開始したとみざるをえないが，日本海海底コアの分析結果とのくい違いについては，今後の課題として残されている。

1.3〜1.2万年前以降のブナ林の拡大のなかで，最古の土器文化が誕生している。福井県鳥浜貝塚では，ブナ林のなかで隆線文土器をもった人々が生活していたことが明らかとなっている。

ブナ林などの落葉広葉樹がゲリラのように拡大し，針葉樹の疎林と草原は縮小していった。旧石器時代の人々の食料となった大型哺乳動物は，しだいに生息地をうばわれていった。そして積雪量の増加は，冬期の食料の獲得を困難にし，絶滅に拍車をかけた。

人々は落葉広葉樹の森の資源につよく依存した生活を確立していかねばならなかったであろう。土器の誕生は，そうした森の生態系に適した生活様式が確立したあかしと筆者はみたい。

ブナの森は日本の海洋的風土を代表するものである。そしてブナの森が拡大できる条件は，積雪量が増加することによってつくられる。その積雪量の増加は，日本海が湖から本格的な海に変身することによってもたらされる。すなわち対馬暖流の流入である。ブナの森が拡大することは，日本列島が大陸から分離し，日本独自の海洋的風土が形成されていくあかしでもある。

日本の縄文文化が海洋的風土の下に発展した文化であることは，誰しもが認めるところである。日本列島に海洋的風土が形成されるとともに誕生した最古の土器文化は，その後の縄文文化につながる海洋的な日本文化の出発点といえる。そして，日本海は，こうした海洋的日本文化の誕生をもたらした母なる海であった。

註

1) Stringer C.: Human evolution and biological adaptation in the Pleistocene, Foley, R. (ed.) *Hominid Evolution and Community Ecology*, Academic Press, 1984

2) 安田喜憲「福井県三方湖の泥土の花粉分析的研究」第四紀研究, 21, 1982

3) Sakaguchi, Y.: Climatic changes in Central Japan since 38,400 yBP, Bull. Dept. Geogr. Univ. Tokyo, 10, 1978

4) Sohma, K.: Two late Quaternary Pollen diagrams from northeast Japan, Sci. Rep. Tohoku, Univ., 4 th. Ser. (Biology), 38, 1984

5) 竹内貞子「花粉分析」山形盆地地区地盤沈下調査報告書, 東北農政局, 1982

6) 大場忠道「最終氷期の日本海の古環境」月刊地球, 43, 1983

7) 増沢敏行「日本海底層水の酸化還元環境」月刊海洋科学, 152, 1983

8) 亀井節夫・広田清治「最終氷期の動物相」月刊地球, 43, 1983

9) 芹沢長介『最古の狩人たち』講談社, 1974

10) 石器文化談話会編『座散乱木遺跡』石器文化談話会, 1983

11) 宮城県教育委員会編『中峯遺跡発掘調査報告書』宮城県教育委員会, 1985

12) 岡村道雄「総括」座散乱木遺跡, 石器文化談話会, 1983

13) 埴原和郎編『日本人はどこからきたか』小学館, 1984

14) 梅原 猛「甦える縄文」中央公論, 11, 1985

15) 歌代 勤編「野尻湖周辺の人類遺跡と古環境」地質学論集, 1980

16) 五十嵐八枝子・熊野純男「北海道における最終氷期の植生変遷」第四紀研究, 20, 1981

17) 安田喜憲「最終氷期の気候変動と日本旧石器時代」地学雑誌, 94, 1985

18) 安田喜憲・成田健一「日本列島における最終氷期以降の植生図復元への一資料」地理学評論, 54, 1981

19) 安田喜憲「環日本海文化の変遷」国立民族学博物館研究報告, 9, 1984

20) Kure, H. et al.: The effects of the Japan Sea climate on the abnormal distribution of Japanese beech forests. Jap. J. Ecol. 34, 1984

21) 吉良竜夫ほか「近畿地方の植生研究と課題」宮脇昭編『日本植生誌 近畿』所収, 至文堂, 1984

22) 鈴木遺跡調査団編『鈴木遺跡 I』鈴木遺跡刊行会, 1978

23) 矢島国雄・鈴木次郎「相模台地における先土器時代研究の現状」神奈川考古, 1, 1976

24) 奥村吉信「北陸を舞台とした2万年前の出来事」考古学研究, 32, 1985

25) 橘 昌信・萩原博文「九州における火山灰層序と旧石器時代の石器群」第四紀研究, 22, 1983

26) 安田喜憲「気候変動」縄文文化の研究, 1, 雄山閣, 1982

昆虫の語る自然史
—鳥浜貝塚の調査から—

石川県農業短期大学教授
■ 富 樫 一 次
（とがし・いちじ）

縄文前期の鳥浜貝塚からは昆虫遺体約300点が発見されたが
種の同定から，照葉樹林の発達や川・池沼の存在がしられる

　鳥浜貝塚は福井県三方郡三方町鳥浜字高瀬の鰷川と高瀬川の合流点一帯に位置し，縄文前期の貴重な埋蔵品の出土する遺跡として知られている。

　この遺跡の発掘中，粘土層中に青藍色光沢のある昆虫の翅が相当見出されたことから，昆虫遺体に基づく遺跡周辺の古環境復元の調査をしてはということになり，1979年に多数の土壌ブロック（25×15×10cm）が送られてきた。それ以来，ブロックの一部より昆虫遺体の抽出作業を続け，昆虫遺体約300点（300個体ではなく，体の各部の破片数である）を抽出し得たのである。今回はこれらの資料に基づき考察を進めてみたい。

1 調査方法

　現地で，各層より採集されたブロックは直ちに厚手のビニール袋に入れられ送られてきた。これらのブロックのうち，^{14}C 年代で今より約 5,500 年前のブロックについて，毎回約 20g の土を根掘りで一方の端から取り，48 メッシュの篩に入れ，流水中で泥を流し去り，残った残滓を直径 9cm のペトリシャーレに入れ水を加えた後，双眼実体顕微鏡下でピンセットを用いて遺体を探し出し，それを 70% アルコール瓶中に投入した。この作業は1週間にわたり反復して実施した。

2 調査結果

　取り出された約300個の昆虫遺体の大部は鞘翅目に属する昆虫のものであったが，残りの遺体は膜翅目や双翅目，鱗翅目，半翅目に属する昆虫のものであった。これらのうち，所属群や種名まで明らかにされたものを表1に示したが，種名まで（属名までも含めて）同定されたもの以外は筆者の所蔵標本との比較により所属群を決定した。

　この中で，イヌツゲクビレコナジラミ（モノクロ口絵参照）はヤマモモ，トベラ，ツゲ，イヌツゲ，ソヨゴ，ヒサカキ，エゴノキ，クスノキ属の1種を寄主として利用しているという（宮武頼夫氏よりの私信による）。アカガシコムネアブラムシ

表 1　抽出された昆虫類

半翅目	（2種）
イヌツゲクビレコナジラミ	
アカガシコムネアブラムシ	
鱗翅目	（4種？）
ガ　　類	
鞘翅目	（18種以上）
オサムシ類？	2種？
ゴミムシ類	6種以上
ハネカクシ類	2種
シデムシ類？	1種
ゲンゴロウ類	2種
イネネクイハムシ	
ガガブタネクイハムシ	
ゾウムシ類	3種
双翅目	（2種）
ユスリカ類	
膜翅目	（7種）
ナギナタハバチ属	1種
ヒメバチ科	2種
コマユバチ科	2種
オオアリ属	1種
シベリアカタアリ	

＊他に所属不詳のもの多数あり

はアカガシ，ツクバネガシ，シラカシ，ウラジロガシを寄主としている（宗林正人博士の御教示による）。

　また，イネネクイハムシの成虫はヒツジグサ，コオホネ，ジュンサイ，ヒルムシロの1種を，ガガブタネクイハムシの成虫はヒツジグサ，ジュンサイ，ヒルムシロの1種を食草としていることが報告されている[1]。

3 考　　察

（1）アカガシコムネアブラムシおよびイヌツゲクビレコナジラミからみた古環境

　アカガシコムネアブラムシは，アカガシ，ツクバネガシ，シラカシ，ウラジロガシに寄生することは前にも述べたが，この点に基づけば，鳥浜貝塚周辺に生育していたアカガシ亜属に属するカシ類はアカガシ，ツクバネガシ，シラカシ，ウラジロガシのいずれかであったか，または，この4種

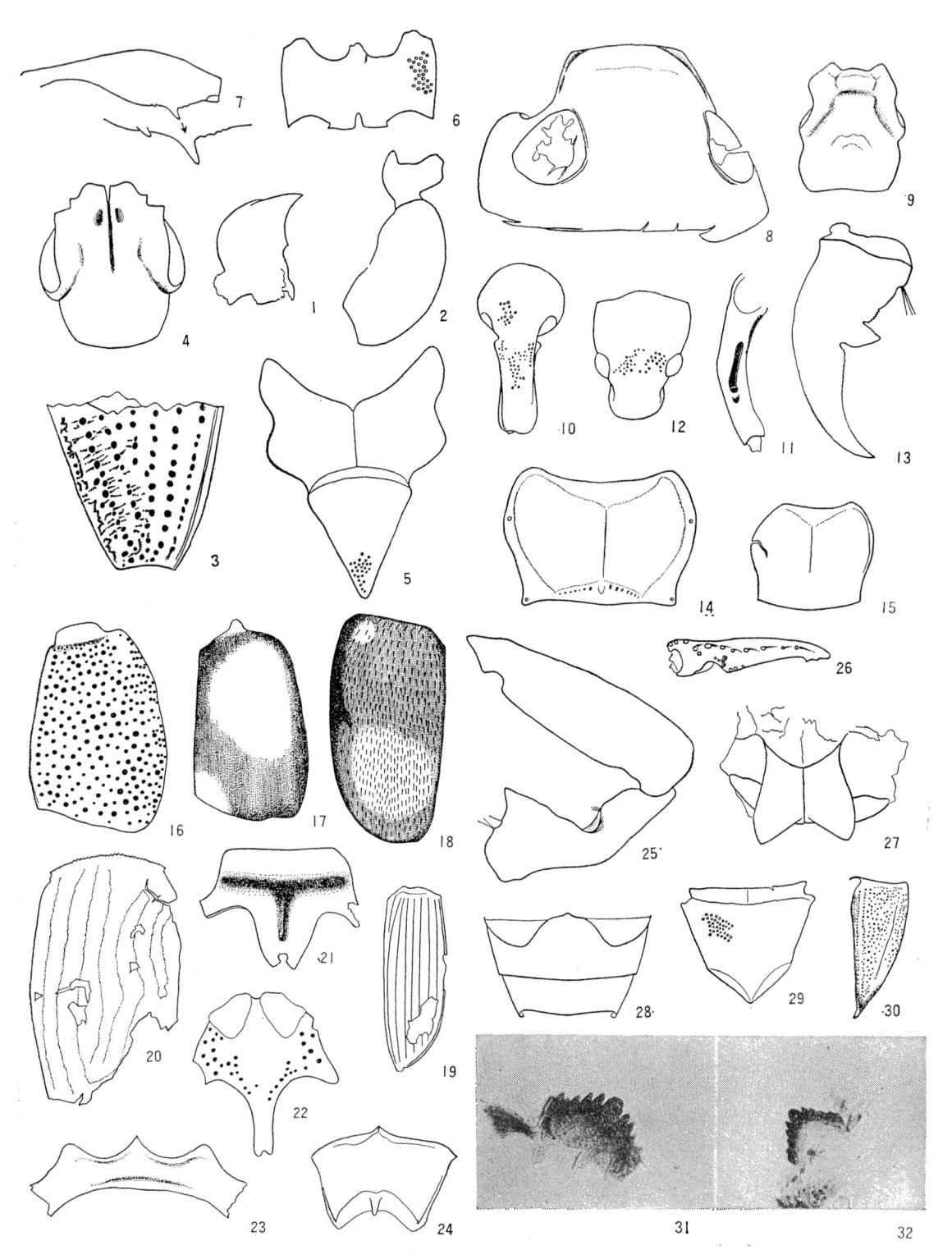

図 1　鳥浜貝塚出土の昆虫（1）

1～3：イネネクイハムシ（1大顎，2触角第1節，3左前翅端）　4～7：ガガブタネクイハムシ（4頭部，5小楯板，6後胸腹板，7後肢腿節）　8～12：鞘翅目昆虫の頭部（8ゲンゴロウ類？，9所属不詳，10 ゾウムシ類，11 ゾウムシ類，12ゾウムシ類）　13：オサムシ類？の大顎　14～15：鞘翅目の前胸背（ゴミムシ類）　16～20：鞘翅目の前翅（16 ハネカクシ類，17 ハネカクシ類？，18 所属不詳，19 ゴミムシ類，20 所属不詳）　21～23：鞘翅目の前胸腹板（21 ゴミムシ類，22ゴミムシ類？，23 シデムシ類？）　24：鞘翅目の中胸腹板　25～26：鞘翅目の腿節と脛節（25・26 所属不詳）　27：鞘翅目ゴミムシ類？の後胸腹板　28：鞘翅目の第3・4腹板　29～30：半翅目の小楯板と前翅（いずれも所属不詳）　31～32：ユスリカ類の下唇板

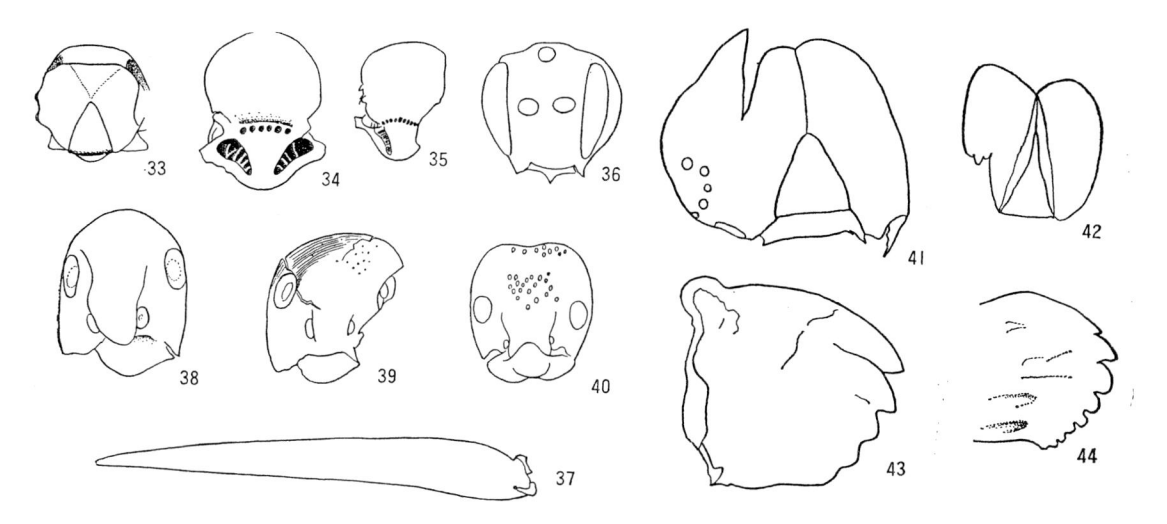

図2 鳥浜貝塚出土の昆虫（2）
33〜35：膜翅目の前・中胸背板（33 ナギナタハバチ属の1種，34 コマユバチ科，35 コマユバチ科）　36：ヒメバチ科の頭部
37：ヒメバチ科の産卵管鞘　38〜40：アリの頭部（38 オオアリ属の1種，39 オオアリ属？，40 シベリアカタアリ）　41〜42：
鱗翅目幼虫の頭部（41 ヤガ科？，42 メイガ科？）　43〜44：鱗翅目幼虫の大顎（いずれも所属不詳）

がともに生育していたかのいずれかであろうと推察されよう。

イヌツゲクビレコナジラミの寄主植物についても前述しているが，安田喜憲[2]によれば，鳥浜貝塚周辺にはヤマモモ，イヌツゲ，ソヨゴ，エゴノキが生育していたということになり，その当時の本種はヤマモモ，イヌツゲなどの植物を寄主として生活していたものと言えよう。

この2種の存在からは，鳥浜貝塚周辺にはアカガシ，ツクバネガシ，シラカシ，ウラジロガシなどのカシ類とシイ類からなる照葉樹林が発達しており，その林縁には常緑性のヤマモモ，イヌツゲ，エゴノキなどが生育していたものであろう。

（2）　水生昆虫類よりみた古環境

ネクイハムシ類成虫の遺体，ゲンゴロウ類？成虫の遺体やユスリカ類幼虫の遺体などから，鳥浜貝塚周辺には川や池沼が存在し，それらの池沼にはヒツジグサ，ジュンサイ，ヒルムシロやコオホネなどのような浮葉植物が生育していたであろうことが推察された。

（3）　ハネカクシ類・ゴミムシ類・シデムシ類などの生息地より推定される環境

ハネカクシ類は，一般に河原や水辺の石下，または河原の塵芥や海岸に打ち上げられた塵芥の下などに生息するが，この仲間の遺体の見出されたことは，鳥浜貝塚周辺には河原とか池沼の存在を示唆している。ゴミムシ類もハネカクシ類と同様

の環境に生息しているが，中には山地の森林内に生息するものも多いところより，貝塚周辺には山地も存在したことを伺わせる。

この結果はネクイハムシ類より推定された環境を，より明確にさせる点で意味があるもののように推察された。

シデムシ類は腐敗動物質を餌として利用するものであるところより，縄文人の利用した動物の残り物に集まっていたものではなかろうかと推察している。

（4）　ナギナタハバチ属の1種の遺体より推察される植物相

ナギナタハバチ類の成虫は，ハンノキ類やヤナギ類，バラ科植物などの花の花粉を食べており，その幼虫はマツ類の雄花を食害することが知られている。

ナギナタハバチ属の1種の遺体の見い出されたことは，鳥浜貝塚周辺には照葉樹林のほかにマツ林があり，そのマツ林の近くにハンノキ類やヤナギ類の生育地があったり，マツ林の林縁にバラ科植物が生育していたことを示唆しているように推察された。

（5）　昆虫相互の関係

非常にわずかの資料ではあるが，鱗翅目昆虫の幼虫の遺体と，ゴミムシ類やヒメバチ科，コマユバチ科に属する昆虫の遺体の見い出されたことは，植物加害昆虫に対する捕食性，または寄生性

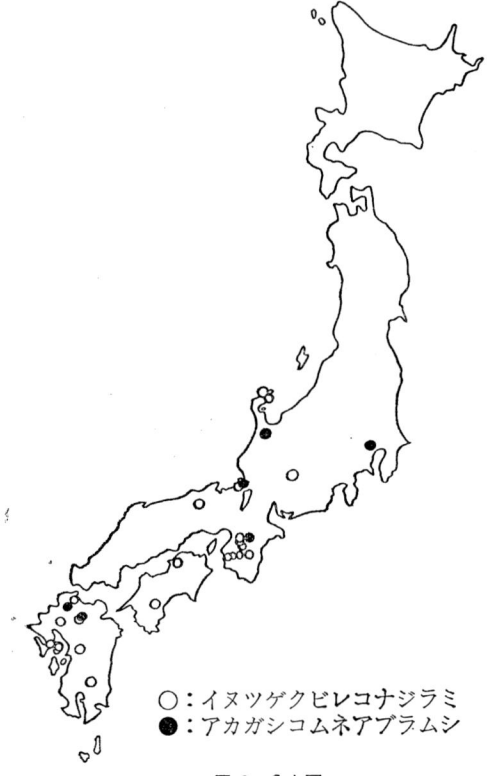

○：イヌツゲクビレコナジラミ
●：アカガシコムネアブラムシ

図3　分布図

昆虫の存在を示すもので，そこに捕食連鎖や寄生連鎖という現象があったことを示しているといえよう。

また，半翅目昆虫とアリ類の関係はよく知られた事実であるが，アカガシコムネアブラムシの遺体やアリ類の遺体の見い出されたことは，その当時でもこの両者の共生関係があったものと推察される。しかし，この場合のアリ類はオオアリ属の1種であったか否かについては不明である。

（6）　分布域について

種名の明らかにされた数種の分布域について見ると，2種のネクイハムシ類は現在のところ，北海道，本州，四国，九州のほか，中国，朝鮮半島，台湾，トンキンやフィリピンに分布しており，シベリアカタアリは屋久島以北の日本の山地や，シベリア，中国，朝鮮半島にも分布しているという。

これに対し，イヌツゲクビレコナジラミとアカガシコムネアブラムシの分布域は，現在のところ北緯 37 度付近以南の地になっており，鳥浜貝塚周辺は分布の北限域にあたるといってもよいであろう（図3参照，宮武・宗林両氏の御教示により作図）。

4　ま　と　め

1.　鳥浜貝塚の ^{14}C 年代で今より約 5,500 年前の土壌中に含まれていた昆虫遺体の調査を行なった結果の報告である。

2.　アカガシコムネアブラムシやイヌツゲクビレコナジラミの寄主より，当時の植物の推察や，ナギナタハバチ属の1種の遺体から照葉樹林以外の植物相について推察した。また，ネクイハムシ類より浮葉植物相の推定も行なった。

3.　アカガシコムネアブラムシやイヌツゲクビレコナジラミの分布域より，鳥浜貝塚周辺が，これら2種の昆虫の分布の北限域にあたることを示した。

4.　得られた遺体に基づき，捕食連鎖や寄生連鎖，アリとアブラムシ類の共生関係についても推察した。

<付　記>　本研究の遂行をすすめられた広島大学総合科学部の安田喜憲博士と資料を提供された福井県立若狭歴史民俗資料館の森川昌和氏に対し深く感謝の意を表する。また種の同定の労をとられ，かつ種々御教示を賜わった大阪市立自然史博物館の宮武頼夫氏，皇学館大学の宗林正人教授，東京大学教養学部生物学教室（松本研究室）の寺山守氏の各位に対し深く感謝の意を表する。

註
1)　野尻湖昆虫グループ『アトラス　日本のネクイハムシ―化石同定への手びき』1985
2)　安田喜憲「花粉分析」鳥浜貝塚―縄文前期を主とする低湿地遺跡の調査，1，1979

参　考　文　献
日浦　勇・宮武頼夫「昆虫遺体」寝屋川南部流域下水道事業長吉ポンプ場築造工事関連埋蔵文化財発掘調査報告書，1980
日浦　勇・宮武頼夫「北白川追分町遺跡出土の昆虫遺体」京都大学埋蔵文化財調査報告書，1985
野尻湖昆虫グループ「野尻湖層から発見された昆虫化石」地質学論集，19，1980
野尻湖昆虫グループ「野尻湖発掘（1978～1982）で産出した昆虫化石―野尻湖の発掘」地団研専報，27，1984
安田喜憲『環境考古学事始―日本列島2万年』1980

対馬海流と漂着物

長崎大学講師
■ 中 西 弘 樹
（なかにし・ひろき）

対馬海流が通る日本海側の海岸には南方起源の漂着物とともに
大陸からの漂着物があり，古代文化に重要な影響を与えてきた

人の生活の基本である衣・食・住は，程度の差こそあれ何らかの環境の影響を受けている。その影響は歴史を逆のぼるほど強く，古代においては人の生活は，他の動物と同じように自然の中で成立していたに違いない。したがって古代人の生活を理解するには，その背景である当時の環境を考える必要がある。

日本人の生活にとっての環境要因は，気温や降水量のような気候的要因とともに，海況が重要な環境要因である。その海況の中で，黒潮という強力な暖流が日本列島沿岸を流れていることは，最も著しい特徴である。海流の影響は，漂着という現象を通して沿岸に住む人々の生活に結びついて来た。その現象の具体的な例は，直接生活に役立つものの漂着，すなわち食料をはじめ日用品や道具類，あるいはそのもとになる原料，材料などの漂着が重要であるが，航海中にシケに合い，漂着した人たちによって新しい生活様式や風習が導入されることもあった。例えば，799年（延暦18年）に愛知県三河に漂着したインド人が綿を伝えたとか，新しいことでは種子島に漂着したポルトガル人によって，鉄砲が伝えられた話などは有名である。また古代から中世にかけて，中国や朝鮮の船が対馬海流に流され，山陰や北陸地方などに漂流して来た事実も少なくない。山形県飽海郡女鹿では，縄文土器とともに青銅の刀子が出土しているが，これは中国の東海岸から漂流して来た中国人がたずさえて来たものと考えられている。

ここでは日本海沿岸の自然環境の中で，漂着物の重要性を述べるとともに，沿岸に住む人々の生活と漂着物の結びつき，遺跡の中の漂着物について紹介する。

1 対 馬 海 流

対馬海流は，黒潮が九州南部で枝分れし，九州西岸沖を北上した支流である。その流れは，北東に向きを変え対馬海峡を通って日本海に入り，日本沿岸を津軽半島沖まで北上する。その主流は津軽海峡から太平洋へ出，三陸海岸を南下する。一部は北海道西岸沖をそのまま北上し，宗谷海峡をまわって衰退する。以上が一般的に知られている対馬海流の流れである。

藤井正之・木村稔は九州南西海上に海流ビンを流し，対馬海流の実態を究明している[1]。彼らは7月末に東シナ海のほぼ中央部，北緯30°，東経127°〜129°に1万5千本の海流ビンを流した。放流後8日目に五島へ，14日目に対馬へ，16〜20日目に韓国沿岸へ漂着しており，平均0.6ノットの流速で運ばれている。しかし，それ以後しばらく途絶え，ようやく46日目に島根県へ，64日目に京都府へ，74日目に石川県へ，97日目に新潟県へ，119日目に北海道西岸へと漂着しており，長い日数を要している。さらにその後140〜180日間に，石川，新潟の両県に多くの漂着があった。このように長くかかったのは，海流ビンが日本海の渦流の中に停滞していたのではないかと考えられている。また冬期に入って石川，新潟に集中漂着が見られたのは，北西季節風によって吹き寄せられたものであろう。

このように対馬海流は，太平洋側の黒潮のようにはっきりとした流帯ではなく，流量もきわめて小さい。しかし，季節風による吹送流は顕著で，対馬海流に乗った漂流物は，日本海沿岸に漂着しやすい。

2 熱帯起源の果実と種子の漂着

大西洋を流れるガルフストリーム（メキシコ湾流）とともに世界の二大暖流である黒潮は，フィリピン東岸沖の熱帯海域から源を発し，さまざまな物をベルトコンベアーのごとく日本列島へと運び続けている。その中には熱帯植物の果実や種子があり，古くから漂着物として知られている。それらの種類や形態，漂着場所などは最近になって中西によって詳しく報告されている[2]〜[5]。

日本列島に漂着する熱帯起源の果実の中で，最も有名なものはココヤシである。その果実の漂着

は，遠藤元理 の『本草弁疑』
(1681) や貝原益軒の『大和本
草附録』(1715) などの江戸時
代の本草書にも記されてい
る。小野蘭山の著わした『本
草綱目啓蒙』(1803) には「和
産なし，熱国の産なり，実は
四辺の海浜に漂着し来たる。
故に四国，但州，奥州，若州
の地にままあり」と記されて
いるように，当時すでにその
漂着が各地に知られていた。

ゴバンノアシの果実は，コ
コヤシのように繊維質が発達
した倒卵形体で，その名のよ
うに碁盤の脚の基部に似た形
をしている。この果実の漂着
は豊田養応の『諸鞭余録』(1761) に記されている
以外は，近年までほとんど記録されてこなかっ
た。

ニッパヤシは古くは古紀牟也宇または海椰子と
よばれ，その実は海の藻からできているものと考
えられていたらしく，『大和本草附録』には「海
中所生藻実也」とある。またそれより古い遠藤元
理の本草書にも漂着の記録がある。

モダマはこれまで述べたものと違い，果実では
なく種子の状態で漂着する。その種子は楕円また
は円で，直径 3.5〜5cm，黒褐色で光沢があり非
常に硬い。そのためこの漂着種子を古くから印ろ
うやタバコ入れの根付けなどに用い，家宝として
代々伝えてきた家もある。『本草綱目啓蒙』には
「和産なし，此子古は，紅毛より来る，今は然ら
ず，蛮国より四辺の国海辺へ漂着し来る故に，佐
州，若州，紀州，但州，土州，薩州，筑前等の
国，その他諸州にあり，皆海藻中に混ず，故に拾
い得るものあれば誤認て藻実とす，因て藻玉の名
あり」とある。その他小原良貴が著わした『桃洞
遺筆』には，文化2年 (1805) 2月に紀州熊野浦に
多くのモダマが漂着したことが記録されている。

以上，日本において古くから知られている熱帯
起源の漂着果実と種子4種について紹介したが，
その漂着地点を近年の報告と筆者自身の調査記録
から，県別に図示したのが図1である。図から明
らかなように，日本海側ではより北の方まで漂着
しており，とくに九州北部や山陰地方西部に多

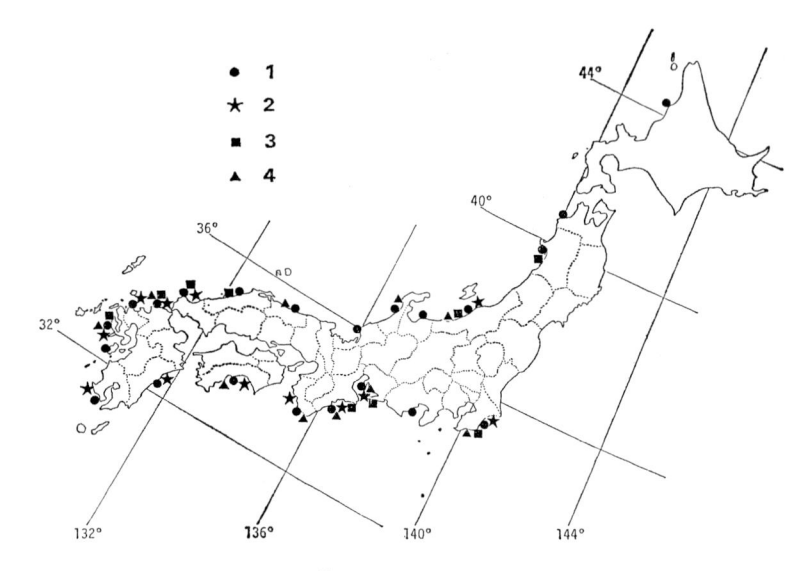

図1 熱帯起源の果実と種子の漂着地点図
1：ココヤシ，2：ゴバンノアシ，3：ニッパヤシ，4：モダマ

い。一方，太平洋側では千葉県までで，それ以北
には見つかっていない。このような結果は明らか
に海流を反映したものである。

3 動物の漂着

熱帯や亜熱帯の海から日本海沿岸部へ漂流して
来る海産動物も少なくない。これらは黒潮に乗っ
て北上し，対馬海流の勢力が強い初夏に日本海へ
入る。しかし，晩秋から冬にかけて北西の季節風
が卓越し，遊泳力が乏しいものは海岸に吹き寄せ
られることになる。また冬期の低温によって凍え
死んで漂着するものもある。

軟体動物の頭足類ではオウムガイやアオイガイ
（カイダコ）が知られ，脊椎動物の魚類ではハリセ
ンボンが有名である。ハリセンボンは亜熱帯から
熱帯に生育し，名前のように皮膚が堅くて長い棘

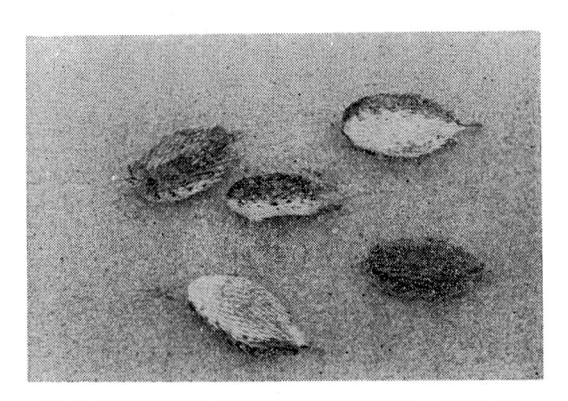

図2 『日本書紀』にも漂着が記録されているハリセンボン
冬期に日本海側の海岸によく漂着する

で被われており，敵に襲われたりするとフグと同じように体をふくらませ，棘を立てて球状になる。ハリセンボンの幼魚は冬期に九州北部から北陸地方の海岸によく漂着する。しばしば多量に打ちあがっているのが見られ，古くからその現象は地元の人に知られていた。『日本書紀』には「出雲国言さく『北海の浜に魚死にて積めり，厚さ三尺許。其の大きさ鮎の如くにして，雀の啄，針の鱗あり，鱗の長さ数寸，俗の曰へらく，雀海に入りて，魚に化而為れり，名けて雀魚と曰う』といへり」とある。雀魚はハリセンボンのことである。

一方，富山県新湊には次のような民話がある[6]。嫁が姑に針を盗んだと責められ，海に身を投げて死んでしまった。それからは毎年その頃になると海が荒れて，毬に針をさしたようなものが海からあがってくる。また石川県でも 12 月の初めの海の荒れを「はりせんぼん荒れ」と呼び，針仕事を教える家や嫁のいる家の軒先にハリセンボンをつるす風習があった。北陸地方では一般に，家の魔除けとしてハリセンボンの乾燥したものを玄関につり下げる風習がある。

ハ虫類の漂着ではオサガメやタイマイなどのウミガメ類，セグロウミヘビやマダラウミヘビなどのウミヘビ類が見られる。

出雲地方のいくつかの神社には龍蛇様が祀られているが，この龍蛇様の正体は漂着したセグロウミヘビのミイラである。晩秋から冬にかけてこの地方の海岸に漂着したセグロウミヘビは，地元の信者に拾われると三宝にゴバ（ホンダワラ類の海藻）を敷いた上に乗せられ，出雲大社やその近くの佐太神社に奉納される。神社側では，これを特別な形にとぐろを巻かせ，はく製にして祀るわけである。神社ではさらに奉納者の名前と，そのウミヘビを発見した年月日，場所を奉納者名簿に記録する。したがってこの名簿は，セグロウミヘビの漂着の貴重な記録である。それによると漂着の時期は 9 月下旬から 12 月下旬までで，とくに 11 月から 12 月に多いことがわかる。

4 漁具や日用品の漂着

漂着物の多くは人間が棄てたゴミである。その中には浮くことができるあらゆる日用品が見られる。中でも漁網の浮きは海で使用するものであるから比較的よく目につく。ひもが切れたりほどけたり，あるいは破損したものが棄てられ流れつくのであろう。以前は木やガラスでできたものであったが，最近はほとんど見られなく，代わってプラスチック製や発泡スチロール製の浮きが多く漂着している。まれに南洋から黒潮に乗って流されて来たと思われる手作りの木製の浮きが，打ちあがったゴミの中から見つかることがある。これらの浮きは，両端を凹入させて，ひもで固定しやすくした長方形のもの，つまようじのような細い木に小さな木片をいくつかさしたもの，複雑に寄せ木をして直径 10 cm ぐらいの球形にしたものなど，形や大きさがいろいろである。これらの浮きの多くはホソバマヤプシギやその他のコルク層の発達した材で作られている。

日本海側の漂着物の特徴は，その中に韓国製の日用品が多く見られることである。その種類はプラスチック製の漁網の浮き，洗剤の容器，サンダル，調味料の容器，おもちゃ，貯金箱，ガラス製のびん類，電球など実に多様である。その漂着地域を図3に示す。これらの韓国製品の中には漁網の浮きなど，漁船から投棄されたものもあるだろうが，おもちゃや貯金箱など，漁業と直接関係のないものも多くあり，日用品の多くは朝鮮半島か

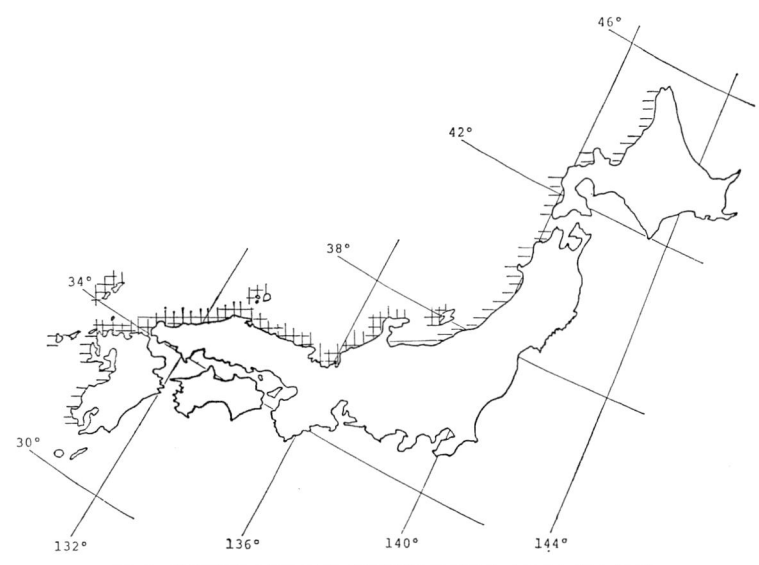

図 3 韓国製品の漂着地域（網目状の地域はとくに多い所を示す）

図 4　中国製と思われるカゴの漂着（山口県日本海海岸）

ら投棄されたものが流れて来ると考えられる。

5　遺跡の中の漂着物

　日本海沿岸のいくつかの遺跡からは，クジラや
イルカの骨，あるいはそれらの骨を加工したもの
が出土している。捕鯨技術が紀州で確立したのは
江戸時代になってからのことであり，縄文や弥生
時代に海へ出て積極的にクジラを捕獲していたと
は考えられない。各地の寄り鯨の伝説や，江戸時
代，佐渡奉行所によって書きしるされた佐渡年代
記には多くの漂着クジラに関する記録があること
からも，積極的に捕鯨が行なわれる以前は，漂着
したクジラが注目されていたのであろう。現在，
保護が必要なほど個体数が少なくなったにもかか
わらず，今でも海岸を歩いているとクジラやイル
カが打ちあがっているのを時々見ることができ
る。ましてや捕鯨が栄んになる以前は，クジラの
漂着がごくふつうに見られたと想像される。クジ
ラは肉を食用とするほか，内臓などから採油した
り，骨格やヒゲはいろいろな道具に利用できるな
ど，棄てる部分がないほど利用価値の高い動物
である。古代においても海辺に住む人たちにとっ
て，クジラは貴重な漂着物であったと思われる。

　ココヤシの果実は外側から外果皮と呼ばれる薄
い皮，繊維状の厚い中果皮，その中に核と呼ばれ
る堅い内果皮が発達している。核の中には種子，
すなわち胚，胚乳，胚乳液が入っている。外・中
果皮を除き，内果皮に穴をあけて中身を取り除く
と，厚さ 2～5 mm の壁を持った球形の容器状の
ものができあがる。そのままでも水などを入れる
容器として利用できるが，半分にすれば軽くて丈
夫なおわんができあがる。実際，長崎県対馬や福
岡県では，この内果皮をおわんとして利用してい
たし[7]，長崎県五島では植木鉢として利用してい

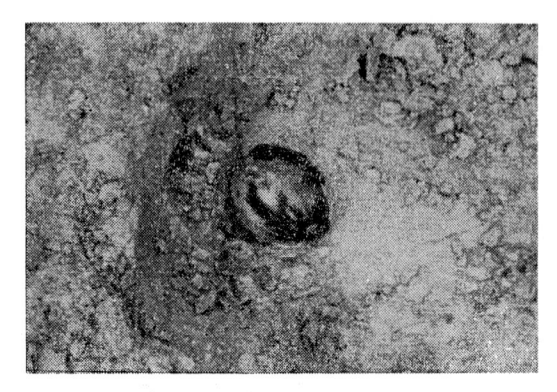

図 5　島根県西川津遺跡出土のココヤシ内果皮
漂着した果実から内果皮を取り出し，上部を切って容器と
して使用していたらしい（島根県教育委員会文化課提供）

た漁師がいた。このようなココヤシの内果皮を利
用した容器は遺跡からも出土している。島根県松
江市西川津遺跡（4世紀）からは，内果皮の上部を
水平に切ったものが出土している。そのままでは
底が丸く，倒れてしまうので，ひもでつるしたの
か，腰にぶらさげて容器として利用していたので
あろう。それよりもっと古い縄文時代の福井県鳥
浜貝塚からは，内果皮の上部の破片が出土してい
る。これは破片であるため，どのように利用され
ていたかは不明であるが，漂着した果実から何ら
かの利用目的のために，内果皮だけが取り出され
たのであろう。

　以上述べて来たように，日本人の生活にとって
漂着物は深いかかわり合いを持っており，とくに
日本海側の海岸には南方起源の漂着物とともに，
朝鮮や中国など大陸からの漂着物が打ちあがり，
古代からの生活や文化に重要な影響を与えて来た
ものと考えられる。

　註
1)　藤井正之・木村　稔「九州南西海上に放流した約
　 20,000 本の海流びんのゆくえ」水路要報，67, 1961
2)　Nakanishi, H.: Notes on tropical drift fruits
　 on the coast in Japan. Jour. Phytogeo. Taxon.,
　 29, 1981
3)　中西弘樹「熱帯植物の散布体の漂着」海洋と生物,
　 5, 1983
4)　中西弘樹「西日本における漂着果実と種子」Mu-
　 seum Kyushu, 4—3, 1984
5)　中西弘樹「ヤシの実はいずこから―黒潮が運ぶ植
　 物の分布をさぐる」アニマ，151, 1985
6)　中村幸弘「風土と民話を育む魚たち」北陸の自然
　 誌海編，1979
7)　石井　忠「対馬の椰子容器」長崎県生物学会誌,
　 18, 1979

日本海をめぐる文明史

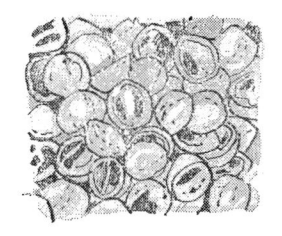

日本海側の文化を発展させた生業とは，一体どのようなものであっただろうか。大陸文化との交流を跡づけながら論じてみよう

古代日本海沿岸地方と「サケ・マス論」／ナラ林帯の文化／栽培植物の伝播／古代の日本海交通

古代日本海沿岸地方と「サケ・マス論」

奈良国立文化財研究所
■ 松井 章
（まつい・あきら）

発掘技術の進歩によってサケ科魚類の出土例が増加し，漁撈遺跡そのものと，保存加工の処理遺跡も発掘されるようになった

1 「サケ・マス論」とは

　毎年，決まった季節に産卵のために川を遡る遡河性のサケ科魚類は，古くから人々の重要な食料資源であって，それに依存する民族は，狩猟採集民のなかでも例外的なほどの高い人口密度と文化を持っていた。わが国においても，かつて山内清男が，西日本と比べた東日本の縄文時代の繁栄はサケ・マスとドングリ類に支えられていた結果と考え，この説が「サケ・マス論」として多くの概説書に紹介されてきた。

　山内自身は実際にサケ類[1]の遺存体の出土が少ないことをインディアンと通称されているネイティブ・アメリカンズの民族誌に見られるように，骨まで粉にして食べたからと説明したが，それに対して渡辺誠は実際に遺存体の出土例が少ないことを根拠に「サケ・マス論」批判を行なった[2]。

　近年，貝塚の発掘を中心に微小遺物の分析が盛んになると，北海道，東北・北陸地方の貝塚土壌の中に，サケ類の砕けた骨が含まれていることが徐々にわかってきた。けれども，その量は「サケ・マス論」を肯定するためには全く少なく，渡辺の批判に耐えるものではなかった。

　筆者らは，幾つかの遺跡で土壌をふるいにか

け，やはりそのなかにサケ類の骨が少量含まれることに気がついた。そして，遺跡の立地条件によってサケ類の遺存体の部位や火熱を受けた痕跡などの状態が異なることに注目し，考察を加えてきた[3]~[6]。その結果，いままで，魚骨の出土した遺跡の大多数を占めていた海岸部の貝塚では，サケ類の遺存体の出土は目的的な精査にもかかわらず少なく，内陸部の遺跡にいくに従って出土量が増加する傾向があること，さらにサケ類の漁撈場に近いと考えられる河川の中，上流の遺跡では，他の魚種に比較してサケ類が圧倒的多数の比率を示すことなどを明らかにしてきた。そして海岸部や湖沼地帯の貝塚をサケ類の消費遺跡，河川の上流の遺跡をサケ類の漁撈遺跡，または加工処理遺跡と仮定したのである。

2 古文献にみる鮭鱒

　平城宮から出土する木簡や風土記，『延喜式』などの文献資料には，サケ（鮭），マス（鱒・麻須），アユ（年魚・鮎）などの記載が多く見られる。とくに『延喜式』に記された魚種名を詳しく調べた渋沢敬三は，そこに出て来る魚種のうち，鮭が鰹（カツオ）に次いで頻度が多く，また四時祭式，臨時祭などの宮中の儀式にも鮭が使われることが多

いことに注目した。さらに彼は，官位に応じた鮭の受給関係にも注目し，最少に見積っても宮内では毎年，4,274匹が受給され，実際には毎年2万匹から3万匹が宮中で消費されていたと推定した[7]。地方からの税として，庸調や未成年の税である中男作物，天皇などの食用となった贄などという名目で徴発された魚類の中では，鰹が南は日向から北は安房にかけての太平洋岸に限られるのに対して，鮭は因幡から信濃，越後までの日本海あるいは日本海に注ぐ水系を持つ国に限られるように，両者の産地は対照的である。鮭を税として納めるのは，中男作物，贄という形をとるのが代表的で，越後では庸調までも鮭で納めている。また当時の魚類一般の保存加工技術もかなり発達していたことが古文献に記されたさまざまな種類の製品名によってわかる。このような高度な漁業関係の技術，それを可能とした専業化した漁撈民が存在したことについては文献史学者がいくつかの考察を行なっている[8]。

鮭を素材とした産物には，『延喜式』中の主計式諸国の部に，信濃の中男作物として鮭楚割（胴部の肉を細く切って干したもの），氷頭（頭部の軟骨），脊腸（メフン），鮭子（塩引きの卵）が記され，越中の項ではさらに鮭鮓（発酵させた現在の鮒ずしに類似したもの）が加わる。また宮内式の諸国の贄として，信濃の楚割，若狭の生鮭，越前の氷頭，脊腸，但馬，丹後の生鮭などがみえる。ただ文献中で鮭とのみ記されたものは塩引きの鮭で，生のものはわざわざ生鮭と記している。これは氷室の氷を利用して持ってこられたものらしい。そして，その産地も丹波，丹後，但馬，因幡といった京に比較的近い範囲に限られており，とくにぜいたくな御馳走であったろう。また鎌倉時代に記された『宇治拾遺物語』には，越後から駄馬20頭に鮭を積んで粟田口から京に運んで来る途中で2匹が盗まれる話があり，一時にかなり大量の鮭が都に運ばれていたことがわかる。

このように鮭は宮中でも重要な資源であったが，それに対して鱒は，内膳式年料，宮内式御贄として2例が記されているのみである。今日の鱒の産地が，越中，若狭など，京に近い所に多いことと対比しても奇異な感じを受ける。鮭と鱒とでは当時の文化的な価値の差があったものかもしれない。

3　水産統計資料によるシロザケ，サクラマス資源

入手できる範囲で最も古い統計資料として1891年に農商務省が行なった水産事項特別調査の統計資料がある。これを利用して，実際に県ごとに，また河川ごとにどれだけの漁獲量があったかを見てみよう（図1）。

都道府県単位でみると，やはりシロザケ（Onchorhyncus keta），とサクラマス（Onchorhyncus masou）の漁獲量は北海道が圧倒的に多いことが明らかである。しかし北海道の面積，78,509 km²は東北地方全体の面積，66,887 km²よりも大きく，また北陸4県の総面積，25,286 km²の3倍に当たることを考慮にいれ，さらにそれぞれの地方の河川ごとに比較した場合，石狩川を除けば北海道と本州の各河川の間の漁獲量には，一般に言われているような絶対的な差がないことが挙げられよう。シロザケとサクラマスを比較すると，1891年ではサクラマスは最大の漁獲量を示す石狩川ですら100トン足らずで，シロザケの漁獲量の1/18にしかすぎない。

近年，西田正規は東日本の「サケ・マス資源」に対して西日本はアユ・フナ・ナマズなどの淡水魚資源に恵まれていたために，東日本と西日本とでは植物性資源も含めて食料資源にはそれほどの差が無く，現時点での縄文時代の遺跡数が東日本に圧倒的であるという現象は，東日本では遺跡が地表から観察できて，発見されることが多いことに対して，西日本では地中深くに埋没しているため，未発見のものが多い可能性を示唆している[9]。

しかしながら，近年の大規模な発掘は，西田が取り上げている東北地方においても中国地方においても同様に進んでいる。東北新幹線，東北自動車道，北越自動車道などの関連調査などでは，東日本に縦横に大トレンチをいれる結果となり，新たに数多くの縄文時代の遺跡を発見し，われわれの常識を覆すような大集落や遺物，遺構などの発見が相次いだこともまだ記憶に新しい。それに対して西日本，とくに西田がとりあげる中国地方では，中国山地内には中国自動車道を，瀬戸内沿岸には山陽新幹線という大縦貫トレンチを入れながら，縄文時代の遺跡の密度や質は東日本に比べて貧弱であった。中国地方にいれられた2本の大トレンチが両方とも縄文時代の遺跡だけをよけて通

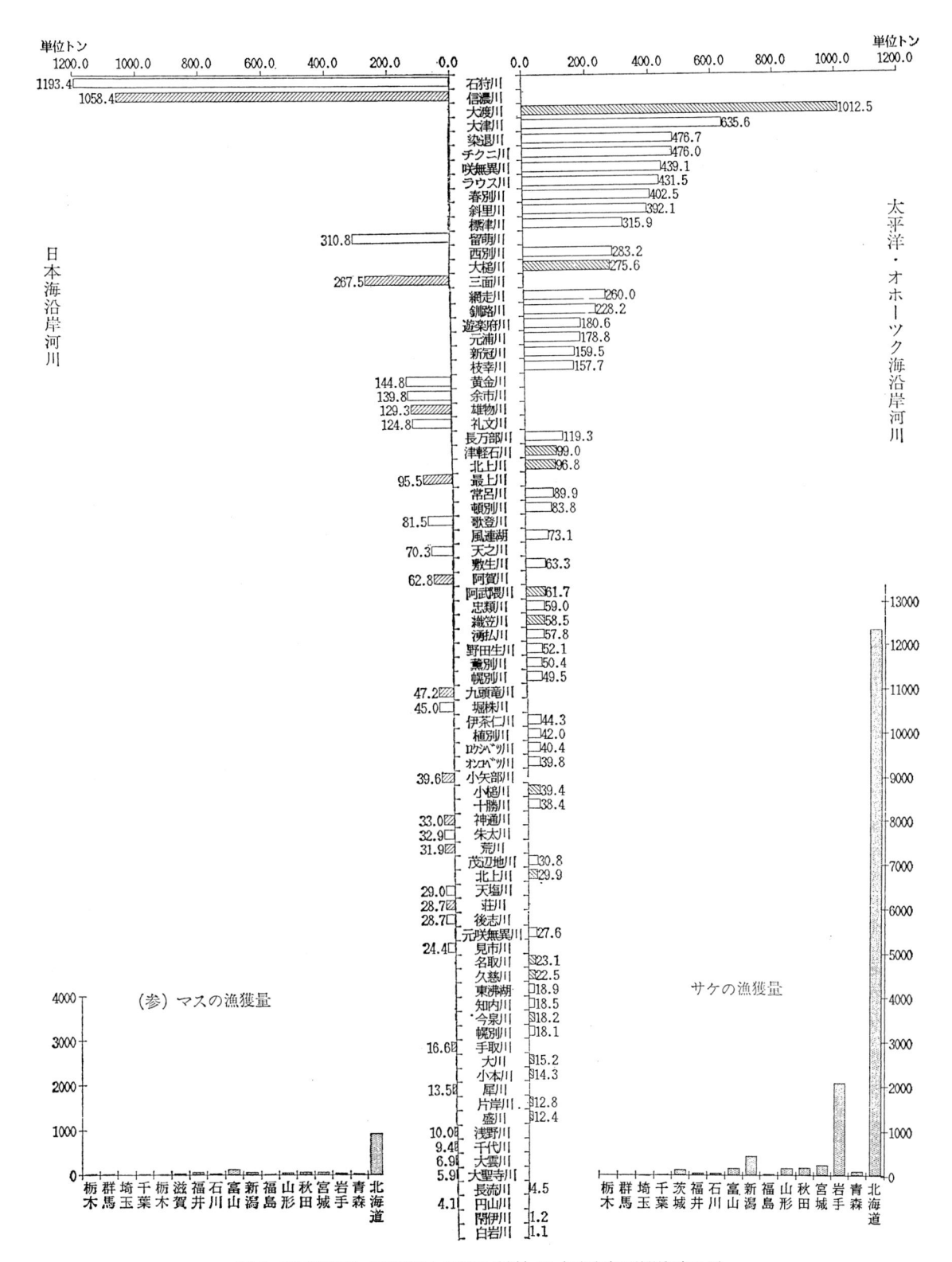

図 1　都道府県別・河川別サケ漁獲量（明治 24 年水産事項特別調査より）
* 三面川は「種川の制」によって資源管理がすすんで自然状態ではない
* 北海道の河川は白ヌキ，本州は斜線で示した
* 数字はすべてトン

ったとは考えられず，やはり東日本と西日本との遺跡の密度，規模の差は歴然としており，その差をうみだした食料資源の差は歴然としたものであったろうと考える。

4 日本海沿岸地方におけるサケ類の出土例

これまで，筆者の目に触れた縄文時代のサケ科魚類の出土例は，北は北海道から南は太平洋岸では，愛知県の伊川津貝塚[10]，日本海沿岸では石川県の赤浦遺跡[11]，上山田貝塚[12]におよんでいる。それらのうちから縄文時代に限った時期別の遺跡数の内訳を見ると，縄文早期5例，前期3例，中期5例，後期7例，晩期5例の計28例，25遺跡である。いま仮に，この数字が各時期のサケ類を出土する遺跡数を代表していると仮定できるとすると，出土遺跡の数のうえからは縄文時代を通じての時期的な変化はとくに見られず，特定の時期にサケ科魚類に対して，食料資源としての依存度が高くなったとは認めにくい。

実際に本州の日本海沿岸でサケ科魚類の遺存体が検出された例は秋田県大畑台[13]（縄文前期），杉沢台[14]（縄文前期），石川県赤浦（縄文中期），上山田（縄文中期）などの各遺跡である。このなかで筆者もかかわった上山田貝塚での出土例を取り上げ，出土状態を紹介してみたい。

この遺跡は金沢市の北，内灘砂丘によって仕切られてできた河北潟の北端に位置する丘陵上の貝塚である。貝層はイシガイ，タニシ類を主体とした淡水性のもので，魚類ではフナ，ウグイなどのコイ科魚類，ナマズなどの淡水魚が主体となる。

発掘に際して一片30cmの柱状の土壌サンプルを採取し，その一部を水洗して内容物を検討した。その結果，黒く炭化して堅くなったサケ類の完形の椎骨1点と，12の層ごとの土壌サンプル中，6資料より椎骨の細片，合計43点を採集することができた。しかしながら，注意深く探したにもかかわらず，サケ類の遊離歯[15]は全く出土せず，この遺跡で消費されたサケ類は頭を取り去られた状態で搬入されたものであると考えられる。

このような傾向は，宮城県中沢目貝塚（縄文後期末から晩期前葉）でも指摘でき，ここでは椎骨破片総計600点以上に対し，遊離歯は2点にすぎず，頭部は遺跡にはほとんど持ち込まれなかった可能性が高い[16]。

ここで比較のために，やはり筆者の関係した北

海道での別のありかたをする資料を取り上げてみる。北海道の道南部の知内町，湯の里Ⅰ遺跡は近世まで湯の里川のサケの産卵場であった地点のすぐ上の河岸段丘上に立地している。その遺跡では，住居址と配石遺構が検出され，魚骨はその内の縄文中期末から後期初頭の住居址群の中の炉址内焼土，倒立土器内の土壌の中から採集された。それらは焼けたサケ類の椎骨と遊離歯，および種の同定はできなかったが，サケ類のものと思われる頭骨の破片，肋骨などで，哺乳類の細片も若干検出されている。この場合も骨が焼けたことによる無機質化と焼土に含まれていたことから保存されたのであろう[17,18]。

このような2つの特徴を取り上げて，その立地から椎骨の破片が少量出土する前者の遺跡をサケ類の消費遺跡，後者の遊離歯，椎骨などが同じくらい出土し，他の動物遺存体に対して圧倒的な比率を示す遺跡を，漁撈キャンプ，または保存処理のための遺跡と考えた[19]。消費遺跡ではサケ類は頭を取り去られた状態で胴部は保存処理のために開かれ，2枚か3枚におろされて摂食された。また時には，頭もまた例外的に保存食料として持ち込まれたか[20]，消費地近くでサケ類を取る機会があった場合などのごくわずかな場合には歯も出土すると考えたい。3枚におろした場合は，少量の肉のついた中央部もまた，消費地で食べられた結果，椎骨の破片が少量出土することになったと考えるのである。

さて，このような出土状態を消費地での特徴と考えた場合，それに対比できるサケ類の漁撈場，処理場の遺跡について見てみたい。

5 サケ類の処理場遺跡の発掘

残念ながら日本海沿岸では，サケ類の漁撈場の遺跡や遺構はまだ見つかっていないので，他の地域での検出例を紹介したい。

北海道大学の構内，北大新寮遺跡では，擦文文化（9世紀頃）の時期の杭を組み合わせて作った魚止めが検出されている。そしてその周辺からはサケ類の骨が大量に見つかっているという[21,22]。この「魚止め」は幅14mの川を横切るように構築され，杭には竪穴住居の廃材も使われている。このような発掘は，集落全体だけでなく，周辺の生活面，作業面まで調査を進めた結果初めて遺構を検出できたもので，このような新しい観点から

の調査方法が一般化すれば今後同様の遺跡が多く見つかるであろう。

札幌駅構内遺跡（K-145）からは続縄文文化の後期に属するサケ類の処理に関係した遺構が検出されている[23]。そこはサケ類が産卵場として最も好む扇状地の縁辺の湧水地に立地し，8枚の生活面が層位的に堆積していた。生活面には多くの柱穴，土坑，焼土が残され，土坑，焼土には多くのサケ類の破片が頭部から椎骨に至るまで残されていたという。このような多量の焼土にしめされる火の使用が何度にもわたって，複数の文化層に共通することと，周辺に多くの柱穴があり，一時的な建物が何度も建て変えられたと考えられることから，これらの遺構は後で述べる北西部海岸諸部族の燻製をつくるための「スモーク・ハウス」に類似したものではないだろうかと考える[24]（図2）。

東京都秋川市の前田耕地遺跡では，縄文文化初頭の住居址内覆土から 10,000 点にのぼる微細な魚骨片，顎歯，肋骨，神経棘などの針状骨片，椎骨などが検出されている。現生の魚種との詳しい比較の結果，顎歯（遊離歯）の大部分は，サケ類のもので，そのなかでもシロザケ（*Onchorhyncus keta*）のものと同定された。分析に当たった加藤暁生は，さらに現生標本との比較をもとに顎歯を5つのタイプに分類して，それぞれのタイプの数を数え，住居址覆土全体で約 60〜80 匹のシロザケの頭が遺存していたと結論づけた[25]。そこでは顎歯に比較して椎骨の数はあまりにも少なく，あたかもシロザケの頭だけが焼かれて住居址に投棄

図 2 スモーク・ハウスの内部 (Stewart 1977 より)

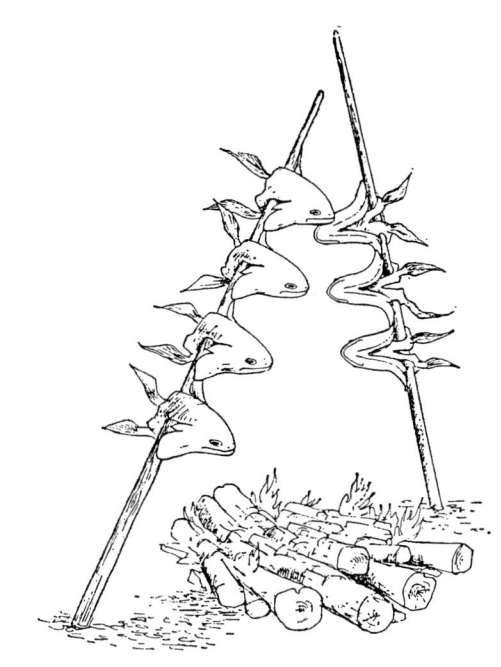

図 3 サケの頭の調理 (Stewart 1977 より)

されたかのように見える。

漁撈場近くの遺跡では，頭を自家消費にまわし，身は保存処理を施したのちに遺跡外に搬出される場合があったのか興味深い問題である。もし，漁撈場に近い遺跡でこのような頭だけを食べる摂食方法（図3）が縄文時代を通じて，あるいはそれ以降も一般的に続くとしたら，海岸部や湖沼地帯の遺跡からのサケ類の胴部の骨が集中的に出土することの説明がこの遺跡での出土例からつくだろう。

6 民俗学的にみた考察

近世のサケ類の漁撈の資料の中では，北上川の中流，北上市近辺でよく調査されている。その資料を見ると南部藩では毎年，初鮭を幕府に献上しており，現在の北上市，黒沢尻川の鮭漁はたいへん盛んであった。漁法としては梁が一般的で，「留」と呼ばれる逆さ梁であった。その一つの立花留では，多くの石を使って本流を堰とめ，一部分しかサケ類が通過できないようにしておき，そこに小棚という小屋がけの台を設けてその下を通過する鮭を待ち網ですくうものである。またその少し上流の黒岩の横留では，川全体に簀をたてて，そこを迂回する鮭をやはり川面にしつらえた小屋ですくって捕獲したものである[26]。

江戸の中期，越後の文人，鈴木牧之によって著

わされた『北越雪譜』には，民俗的にも貴重な雪国の風物誌が多く記載されている。鮭漁に関する記述では，千曲川での漁撈は，下流の蒲原郡では，川底が深く，川幅も広いため，大網を用い，川口駅より上山田においては，打切りという漁法によっていると記されている。それは，川を横切って杭を立て，そこに竹簀を渡して川幅を狭めて，そこを通過する鮭をたも網ですくうというものであった。

このような例は勿論，近世のものでそのまま先史時代に利用することはできないが，今後の発掘で埋没した河川などを調査するときには常にこのような例を念頭に置いて発掘することが必要であろう。

7 まとめ

ここ数年来，貝塚を中心に進められた微小遺物の採集技術と，その解釈の進歩により，従来出土例が少なかったサケ科魚類を出土する遺跡の数がかなり増加してきた。それとともに，大規模な平野部での発掘が地下深くに埋没した遺跡にまで及び，今まで見つかっていなかったサケ類の漁撈遺跡そのものや保存加工の処理遺跡が発掘できるようになっている。とくに日本海沿岸地方にはサケ類の遡河する河川が多いため，近い将来にこの小論で紹介したような漁撈場や処理場の遺構が検出される可能性が極めて強いだろう。

今後資料の増加を待てば，サケ類漁撈の時代的な変遷，処理技術の進歩，地域的な重要度の差などの具体的な問題について考えて行くことも可能となるだろう。

<謝辞> 前年の拙論も含めて多くの方から丁重な御教示，御指導を受けた。とくに札幌市教育委員会の上野秀一氏には出土資料を実見させて頂いた。石川県立中島高校の四柳嘉章氏，埼玉県教育委員会の吉川国男氏らからは，文献の御送付を受けた。また奈良国立文化財研究所の金子裕之氏には本論で使用した水産統計資料を紹介され，本論での利用を許して頂き，佐原真氏には原稿を読んで御批評を頂いたことをここに記して謝する。

註

1） サケ類魚類にはサケ属（北太平洋産）とニジマス属（北大西洋産）があり，サケ・マス類（Salmon, Trout）という俗称は少なからぬ混乱をきたしている。このような事情で小論ではサケ属，ニジマス属を含めてサケ類と仮称しておきたい。文脈によって区別されたい。

2） 渡辺　誠『縄文時代の漁業』雄山閣，1973

3） 松井　章・平口哲夫「動物遺体」上山田貝塚，宇ノ気町教育委員会・石川考古学研究会，1979

4） 松井　章・山田　格「北海道知内町湯の里遺跡」考古学研究，28—3，1981

5） 小林和彦・松井　章・高橋　理「動物遺存体」中沢目貝塚，東北大学考古学研究室，1984

6） 松井　章「『サケ・マス』論の評価と今後の展望」考古学研究，31—4，1985

7） 渋沢敬三「式内水産物需給試考」1942（渋沢敬三『祭魚洞襍』岡書院，1954 に再録）

8） 網野善彦「古代・中世・近世初期の漁撈と海産物の流通」講座・日本技術の社会史，2，日本評論社，1985

9） 西田正規「縄文人と環境」縄文文化の研究，2，雄山閣，1982

10） 酒詰仲男『日本縄文石器時代食料総説』土曜会，1961

11） 平口哲夫「動物遺存体」赤浦遺跡，石川県教育委員会，1977

12） 註3）に同じ

13） 金子浩昌「大畑台遺跡出土の脊椎動物遺体」大畑台遺跡発掘調査報告書，秋田県教育委員会，1979

14） 上野輝弥「貝層内検出の遺存体」杉沢台竹部遺跡発掘調査報告書，秋田県教育委員会，1981

15） サケ属のオスは産卵期になって遡河するころには第2次性徴として顎骨が肥大し，同時にそこに生える歯も大きくなり，内側にカギ状に湾曲する。そのために他の魚種と比較して顎骨から遊離した歯の破片からだけでもサケ類としての同定が可能となるのである。

16） 註5）に同じ

17） 註4）に同じ

18） もちろん，調査にあたられた大島直行氏の個人的な技量に大きな功績があることは明らかである。

19） 註6）に同じ

20） このような胴部と頭部を別々に保存処理する方法は広く北太平洋沿岸地帯にみられ，塩蔵が一般化するまでは普通に行なわれた処理方法であったことがわかる。

21） 吉崎昌一「炭化米が語る 1100 年前の北海道」科学朝日，43—3，1983

22） 上野秀一・吉崎昌一・菅原安信「さっぽろの中心はサケのメッカだった：北海道大学，札幌駅裏遺跡調査から」北の川，8，1985

23） 註21）に同じ

24） Stewart, H. *Indian Fishing.* University of Washington Press. 1977

25） 加藤暁生「前田耕地遺跡出土の魚類顎歯について」東京の遺跡，7，1985

26） 北上市立博物館『北上川の魚取り』1982

ナラ林帯の文化

国立民族学博物館助教授

■ 松山利夫
（まつやま・としお）

北海道を含む東北日本に想定される「ナラ林文化」は大陸東部から渡来した農耕文化である。この文化は歴史時代に崩壊した。

1 「ナラ林文化」

東アジアの森林帯に，ひとつの特徴的な農耕文化類型を認め，これを「ナラ林文化」と命名したのは，中尾佐助である[1]。中尾が提唱するこの「ナラ林文化」は，厳密にはモンゴリナラ林文化である。それは，ほぼつぎのような内容をもった。

まず，この文化は，モンゴリナラの分布域を範域とする。そのひとつは，中国東北地方・朝鮮半島から，アムール中・下流域と沿海州の一部を含むモンゴリナラ（*Quercus mongolica mongolica*）の分布域に想定される。いまひとつは，ミズナラ（*Q. m.* var. *grosseserrata*）が分布する，日本列島とサハリン南部の地域であり，リョウトウナラ（*Q. m.* var. *liaotungersis*）が分布する華北の一部である。このうち，ここでは「ナラ林文化」の展開の中心をなしたと思われる地域について考察を加えることにし，リョウトウナラの分布域はとりあえず除外する。

日本海をはさんで，大陸の東部と島嶼に想定されるこの文化は，紀元前 3000 年紀から西紀 500 年ほどの時代位相をもつ農耕文化である（ただしその年代には，かなりひろい幅をもたせている）。そこでは，ユウマイ系のエンバクやW型オオムギ（脱粒性に関する補足遺伝子のうち西欧型とよばれるものをもつオオムギ）・コムギなどが栽培される。そのほか，ムギ類の随伴雑草である雑草ライムギやムギセンノウ（*Agrostemma githago*）も存在した。これに，カブ・ネギ・ゴボウやダイズがともなっていたと考えられている。さらに，寒冷な気候に適応したソバやヒエも，「ナラ林文化」の作物群を構成し[2]，ブタの飼育がこれに加わった。

こうした一群の作物は，一部はシベリア経由で，また一部は華北から，大陸東部のナラ林帯にもたらされたのである。しかし，現在，この地域には，みるべき農耕文化は存在しない。より限定的にいえば，大陸東部のモンゴリナラ分布域を本来の居住地とする諸族の多くは，狩猟・漁撈経済が基本である。農耕をおこなう民族にあっても，それはきわめて低調でみるべきものはない。その農耕も，ロシア人や中国人（漢族）をつうじて，後世にうけ入れたにすぎないのである[3]。

したがって中尾は，「ナラ林文化」の提唱に際して，これがすでに崩壊した文化であることを強調した[4]。この指摘は，大陸東部と日本の「ナラ林文化」との関係を考えるとき，非常に重要な意味をもっている。

日本，とくに北海道を含む東北日本に想定される「ナラ林文化」は，大陸東部から渡来し，カブやW型オオムギなどに代表される北方系の主要な作物群をうけ入れた農耕文化だと考えられている。その証左は，たとえば，つぎのような事実に求められる。すなわち，洋種系カブの分布が，若狭湾と伊勢湾をむすぶ線以東に限られ[5]，これが作物渡来系路の差異を示す[6]からである。そしてこの作物は，いわゆるカノ型焼畑[7]にうけつがれていった。

しかし，こうした「ナラ林文化」の文化要素の残存は，照葉樹林文化に比べて，相対的に貧弱である。それは，大陸東部の「ナラ林文化」が，いちはやく崩壊したからではなかったか。一般に，移植された文化は，母集団（母文化）のフォローアップを欠くと，より優勢な近隣文化に同化・吸収されがちだからである。その例には，「ナラ林文化」の影響下におかれたはずの東北日本が，弥生時代以降，水田稲作文化の優占するところとなったことがあげられよう。あるいはまた，「ナラ林文化」の系譜をひくとみられるオホーツク文化（紀元 4〜12・13 世紀，詳しくは後述）の消滅や，擦文文化（エゾ文化）が本州東北地方のつよい影響下におかれる[8,9]ことも，近隣文化に同化・吸収される例とはみられないであろうか。

このような考え方が仮りに許されるとすれば，大陸東部における「ナラ林文化」が崩壊したことに，きわめて重要な意味を与え得るであろう。

2　ナラ林帯の文化史

（1）　ふたつの生態系

東アジアには，巨視的な三つの生態系が認められる。常緑針葉樹林生態系・落葉広葉樹林生態系，それに照葉樹林生態系である[10]。当面の話題である「ナラ林文化」は，前二者，とりわけ落葉広葉樹林生態系に展開した。この生態系を構成する樹種は，ブナ類・ナラ類・カエデ類・シナノキ類などであり，中・大型の獣類では，シカやイノシシ・クロクマ（ツキノワグマ），オオカミ・トラといった動物の棲息が知られている。ただし，大陸東部と北海道黒松内低地以北には，ブナを欠く大陸型の生態系がひろがる。これに接して，北方には常緑針葉樹林生態系が位置する。ここでは，エゾマツ・トドマツなどの樹種が優占する[11]。

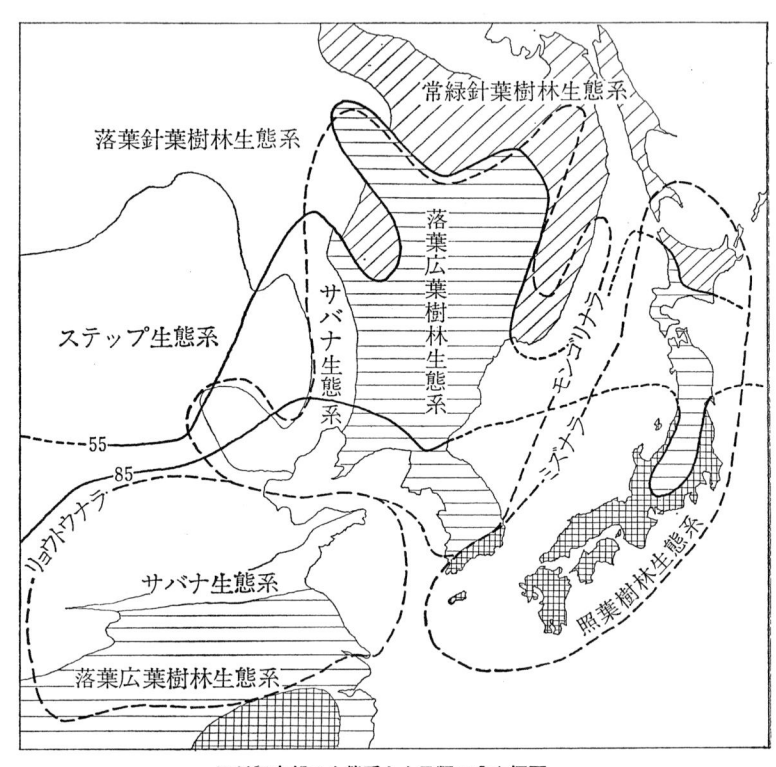

アジア東部の生態系とナラ類の分布概要
（生態系は註 10）に，ナラ類の分布概要は註 1）の中尾原図によった）

このふたつの生態系を背景に，「ナラ林文化」は展開した。その少なくとも初期において，生業経済は，狩猟・漁撈・採集を基礎としたはずである。そうした眼でふたつの生態系をみると，食糧資源はともに豊かである。サケやマスを主体とする漁撈，森林性の中・大型陸上動物や海獣猟が可能だからである。

採集の対象となる植物資源も少なくない。なによりも多量のでんぷん質を含むドングリ類が，季節には容易に入手し得る。これとともに，ユリ属やクロユリの鱗茎，エゾエンゴサク（*Corydalis ambigua*）やハナウド（*Heracleum dissectum*）などの根が重要な食糧をもたらす。これに加えて，フキ（*Petasites japonicus*）やコウモリソウ（*Cacalia hastata*）をはじめとする葉茎類，各種のベリーや地衣類など，その数は少なくない[12]。

このように，大陸東部にひろがるふたつの生態系は，豊かな食糧資源をもたらしたのである。それは，「ナラ林文化」をはぐくむに十分な自然的背景であった。その状況は，一部が常緑針葉樹林生態系に含まれるアムール中流域でも，基本的にはかわらなかったのである[13]。

（2）　大陸東部の文化の枠組み

狩猟・漁撈・採集経済の段階にあった大陸の東部，アムール川中・下流域と中国東北地方には，石刃鏃石器群が支配的な，ひとつの文化が存在した。これが石刃鏃文化である。この文化は，落葉広葉樹林から常緑針葉樹林にかけての，ふたつの生態系にまたがって展開した。その文化のにない手たちの生活は，たとえばアムール川中流域のノヴォペトロフカ遺跡の発掘によると，つぎのように考えられる。

すなわち，竪穴に居住し，弓矢を使って狩猟をおこなったばかりでなく，魚骨の存在は，漁撈もまた重要な生業であったことを物語る。さらに彼らは，石皿やくぼみ石などの植物質食糧の加工用具をもち，単純な器形とはいえ，土器さえもっていたのである[14]。しかし，農耕は痕跡さえ見い出されていない。アムール川中流域における農耕の開始は，紀元前 2000 年紀前半の，オシノヴォエ期をまたねばならなかった[15]。この時期にあたるノボポクロフカ遺跡から，アカザ科やヨモギ属とともに，多量のコムギ花粉が出土したからである。同様に沿海州においても，キビが出土する紀

元前 2000 年紀後半に，農耕の開始が求められている[16]。

これらの作物と栽培技術—原初的な農耕—は，アムール川中流域ではポリツェ文化期に，沿海州ではオリガ文化期にうけつがれたとみられ，初期鉄器時代の後半には定着をみる[17]。これと相前後して，ブタ（イノシシ）の飼養を加えていった。しかし，こうした農耕は，当時における生業経済の一部をにない得たにとどまった。つまり農耕は，従来の狩猟・漁撈・採集に加えられた，あらたな要素にすぎなかったであろう。

いずれにしても，この文化の系譜は，当初，夫餘の支配下におかれた挹婁につらなるのではなかろうか。仮りにそうだとすれば，その生活様式は，史書によってかなり具体的に描き出せることになるのである。

さて，その挹婁の居住域は，東はソ連の沿海州からアムール川の下流域を含み，西はウスリー川の西方，南は現在の吉林省延辺朝鮮族自治区のはるか北におよんでいた[18]。この広大な地域における挹婁の生活は，もっとも信頼性があるとされる『魏志』の東夷伝挹婁の条に，つぎのように記されている[19]。

「五穀・牛馬・麻布あり……山林の間に処し，常に穴居す。大家は深さ九梯，多を以て好となす……其俗は好みて豬を養い，其肉を食し，其皮を衣，冬は豬膏を以て身に塗る。厚さ数分。以て風を御ぐ。夏は則ち裸袒，尺布を以て其前後を隠し……其弓長さ四尺，力は弩の如し。矢は楛を用う。長さ尺八寸。青石を鏃となす……矢に因って毒を施す……その国，乗船によって寇盗す。隣国之を患者う」などとある。

この記事によると，挹婁は山林のなかで穴居し，低度の農耕と家畜飼育とをおこなっていた。その作物の少なくともひとつは，キビではなかっただろうか。キビは，先行するポリツェ期に出土する。また，挹婁がいったん政治的な統合（これが勿吉にあてられる[20]）をへたあと，諸族に分裂した靺鞨に関する『隋書』列傳 46 東夷 靺鞨の条[21]の記載にも，アワ・ムギとともにキビが認められるからである。

ところで，山林に居住する挹婁は，騎馬民族ではなかった。彼らが飼育した馬は，後に犁耕に用いられたといわれる[22]。この馬とともに注目されるのは，ブタの飼養である。このブタは肉を食用に供するほか，その皮を衣服につくり，冬季はそのあぶらをぬって寒さをふせいでいる。こうしたブタ飼養は，ブタの土偶とのつよい関連を思わせるからである。そして，キビなどの雑穀とブタ土偶に代表される大陸東部の文化が，北海道を含む東北日本に，おおきな影響をおよぼしたと考えられているからである[23]。

ただし，挹婁が完全な農耕民でなかったことは，注意すべきである。『魏志』が伝えるように，フリントまたは黒耀石の石鏃[24]をもつ毒矢を用い，海獣猟にも従事する狩猟民でもあったのである。この海岸に居住した部族は，すぐれた操船技術をもった。彼らが，大陸東部の文化を，さらに東へと伝達する仲介者となった可能性もすてきれないのである。

ともあれこうした生活様式は，『隋書』の記載にしたがう限り，靺鞨にまでうけつがれてゆくことになる。その時期は，およそ 9 世紀である。アムール川流域に展開したこの特色ある文化は，その後，元がこの地域を支配するにいたって崩壊したという[25]。文化の母集団の消滅である。

大陸東部の文化史の枠組みは，おおまかには，このように描き得るものと思う。それではこれが，北海道を含む東北日本に，どのような影響をもたらしたであろうか。

（3） 東北日本の文化の枠組み

北海道を含む東北日本の先史文化は，大陸東部との密接な関係を思わせる要素が少なくない。なかでも，道東に展開した石刃鏃文化とオホーツク文化とに，それが著しい。

縄文早期にあたる石刃鏃文化の遺跡は，札幌低地帯より東に分布し，その数は 80 をこえる。これらの遺跡では，石刃鏃のほか，石斧やくぼみ石・石皿・石錘などの石器とともに，コップ状の器形をもつ土器が発掘されている[26]。こうした石器は，北海道の石刃鏃文化が，狩猟・漁撈・採集経済にあったことをよく示している。農耕の可能性はまったくない。これとともに，竪穴住居址を含むこの文化の遺物組成は，アムール川中流域のノヴォペトロフカ文化に一致する。このふたつの石刃鏃文化は，同じ生態系に位置する。これらの事実から，文化のにない手であった種族集団がちがうにしても，両文化はきわめて類似した生活様式をもったと判断されている[27]。おそらく，北海道の石刃鏃文化は，アムール川中流域の文化の，

つよい影響下におかれていたであろう。

これによく似た状況は，オホーツク文化にも認められる。この文化は，続縄文時代の江別式土器がひろく北海道に分布しおわったころ，利尻・礼文島を含む道東に成立した他に類例のないものであった[28]。その年代は，紀元4世紀から擦文文化が消滅（12・13世紀）する直前までである[29]。

網走市モヨロ貝塚に代表されるオホーツク文化は，東アジア最後といわれる多量の打製石鏃とともに，土器や各種の石器・金属器をもつ。それらの遺物は，この文化のにない手が狩猟・漁撈民であったことを示している。それとともに，この文化の遺跡からは骨製の土ほり具とブタの骨が発掘されている。彼らはまた採集民でもあり，ブタ飼養民でもあった。

こうしたオホーツク文化の遺物組成に加えて，モヨロ貝塚出土の約180体の人骨の大部分がアムールの諸集団にちかい形質をもつことから，この文化が靺鞨の直接的な影響のもとに成立したという解釈もおこなわれている[30,31]。そして，その突然の消滅は，騎馬民族である蒙古族の中国統一に求められている。すなわち，13世紀にフビライが建国した元は，アムール川流域を支配下におき，さらにサハリンを侵略する。その結果，文化の母集団が崩壊し，それとほぼ時を同じくしてオホーツク文化が消滅したのである。

ところで，北海道東部にオホーツク文化が展開したころ，西部では擦文文化（紀元8〜12・13世紀）が発展した。北海道最後の土器文化であるこの擦文文化は，農耕をともなったことに，おおきな特色がある。その作物は，9世紀なかごろのサクシュコトニ遺跡から大量に出土したオオムギをはじめ，アワやソバ，モロコシ・キビといった雑穀類と，リョクトウやアズキである[32]。その多くは，「ナラ林文化」の作物群に共通する。しかも，オオムギとキビ・アワ・モロコシは，紀元前2000年紀から前1000年紀にかけての，アムール川中流域および沿海州に共通する。擦文期の農耕には，大陸東部との密接な関係が推定され得るのである。

3 ナラ林文化の発展段階

東アジアのナラ林帯の文化は，これまで述べたような文化史の枠組みで，ほぼとらえられよう。残された問題は，この地帯の文化がどのような発展段階を経てきたかである。しかし，これについては，書くべきことがあまりない。すでに述べた文化史の枠組みを整理することで，ナラ林帯の文化の発展段階を描き得るからである。

その第1は，狩猟・漁撈・採集段階である。この段階では，落葉広葉樹林と常緑針葉樹林のふたつの生態系の資源が，積極的に開発された。それはシカやクロクマ（ツキノワグマ）などの獣類であり，アシカやクジラ・アザラシといった海獣類である。沿岸部や内水面には，サケ・マスをはじめとする魚類があった。そして，地衣類からドングリ類にいたるまで，多様な植物資源を開発したのである。こうした経済段階は，中国東北部からアムール川中・下流域と北海道東部に展開した石刃鏃文化に，ひとつの典型がみい出されよう。

その後，初期鉄器時代をむかえると，東アジアのナラ林帯はキビ・オオムギ・コムギ・アワ・モロコシのいずれか複数を栽培する雑穀農耕が定着する。そして，これと相前後して，ブタの飼養がおこなわれ，ブタの土偶が出現する。これが第2段階である。それは，従来の狩猟・漁撈・採集経済を合わせ営む農耕文化段階である。その具体例は，挹婁—勿吉—靺鞨へとつらなる生活様式や，農耕の痕跡が発見されないものの，サハリン南部から北海道東部に展開したオホーツク文化に，求められるのではなかろうか。

しかし，この北方の農耕文化は，やがて崩壊する。それは騎馬民族の国家である元が，ナラ林帯を支配下においた時期があてられている。これが第3の崩壊段階である。

「ナラ林文化」に関するこうした3つのステージは，すでに佐々木[33]が仮説的に設定している。プレ農耕段階・農耕段階・崩壊段階がそれで，第2の農耕段階が典型的な「ナラ林文化」であるとする。そして，日本の基層文化との関連では，この第2段階までが，重要な意味をもったと考えている。それは，さきに検討した文化史の枠組みから設定される発展段階と，きわめてよく一致するのである。

4 おわりに

「ナラ林文化」は，このように展開し，歴史時代に崩壊した。東北日本におけるその文化の痕跡は，現在では北方の一群の作物に求められるにすぎない。この報告の冒頭に述べたように，「ナラ

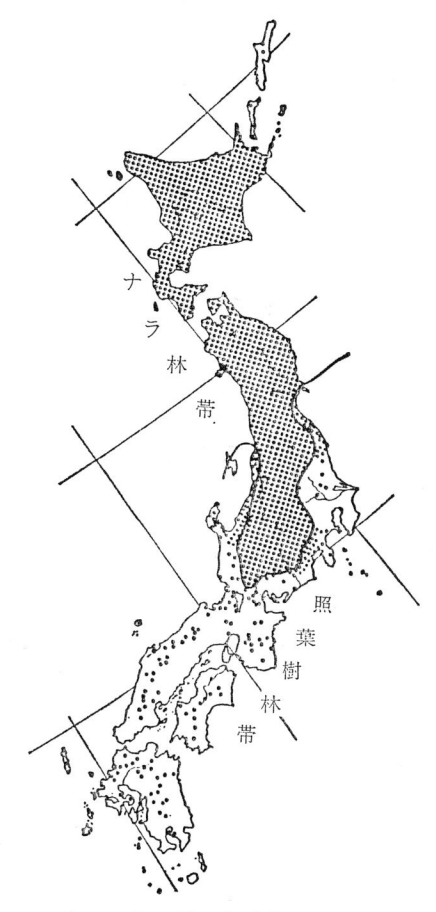

ミズナラの分布（註 34）文献による

林文化」の文化要素の相対的な稀薄さは，文化の
母集団の崩壊とふかくかかわったからであろう。
そして，そのころには，照葉樹林文化の系譜をひ
く水田稲作農耕文化が，少なくとも東北日本にま
でおよんでいた。この優勢な文化は，「ナラ林文
化」を吸収した。このことによって，「ナラ林文
化」系の要素は，北陸から東北日本の山間に，痕
跡をとどめるにすぎなくなったと考えられるので
ある。

<付記>　この小論は，草稿段階で筑波大学の加藤晋
平先生に眼をとおしていただいた。記してお礼申しあ
げます。

註
1)　佐々木高明編『日本農耕文化の源流』日本放送出
版協会，1983
2)　註 1)に同じ
3)　M. G. Levin, L. P. Potapov (ed.) : *The Peoples
of Siberia.* The University of Chicago Press.
4)　註 1)に同じ
5)　青葉　高『野菜　在来品種の系譜』法政大学出版
局，1981
6)　中尾佐助「農業起源論」森下正明・吉良竜夫編
『自然　生態学的研究』所収，中央公論社，1967
7)　佐々木高明『日本の焼畑―その地域的比較研究―』
古今書院，1972
8)　山田悟郎「擦文農耕の起源」歴史公論，103，1984
9)　吉崎昌一・岡田淳子「考古学におけるエゾとエゾ
地」季刊創造の世界，49，1984
10)　今西錦司・吉良竜夫「生物地理」福井英一郎編
『新地理学講座4　自然地理II』所収，朝倉書店，
1953
11)　註 10)に同じ
12)　Schrenck, Lopold.: *Die Volker des Amur-
Landes* [*The Peoples of the Amur Region*].
Kaiserliche Akademia der Wissenshaften. St.
Petersburg. HRAF Files, RX 2. RX 3. 1881
13)　加藤晋平『シベリアの先史文化と日本』六興出版，
1985
14)　註 13)に同じ
15)　A. P. ヂェレヴァンコ「アムール中流域のノヴ
ォペトロフカ文化（石刃文化）」岩本・大塚・中島・
中村訳『シベリア 極東の考古学』河出書房新社，
1975
16)　註 13)に同じ
17)　加藤晋平「北方農耕覚え書一　縄文農耕・北の視
点」季刊どるめん，11，1976
18)　三上次男『古代東北アジア史研究―東北アジア史
研究　第二』吉川弘文館，1965
19)　註 18)に同じ
20)　註 18)に同じ
21)　『隋書』中華書局版
22)　A. P. オクラドニコフ・A. P. ヂェレヴァンコ
「ユダヤ人自治州ナイフェリド村の靺鞨族の墓址」
岩本・大塚・中島・中村訳『シベリア 極東の考古
学』所収，河出書房新社，1975
23)　註 13)に同じ
24)　註 18)に同じ
25)　註 13)に同じ
26)　註 13)に同じ
27)　註 13)に同じ
28)　千代　肇「フゴッペ洞穴人の南進」季刊どるめ
ん，11，1976
29)　註 9)に同じ
30)　註 13)に同じ
31)　上山春平ほか「シンポジウム　古代北方文化の形
成」季刊創造の世界，49，1984
32)　註 8)に同じ
33)　佐々木高明「ナラ林文化」月刊みんぱく，84，
1984
34)　田中重五監修・石谷憲男編『原色日本林業樹木図
鑑』第1巻，地球出版，1964

栽培植物の伝播

元岡山大学教授
■ 笠原安夫
（かさはら・やすお）

照葉樹林の北進に伴って，ヒョウタン，リョクトウ，エゴマ
など南方系の栽培植物が日本海域にもあったのは確実である

1 縄文前期の8種の栽培植物

　日本海をめぐる縄文時代の栽培植物として，まず前期における福井県鳥浜貝塚のヒョウタン，リョクトウ，エゴマ，シソ，コウゾ属など南方系の照葉樹林文化のものと，前期と早期に北方系のアブラナ類（ナタネ，ツケナ，カブ，カラシナ），ゴボウ，アサなどのナラ林文化に属するものが出土している。

　ヒョウタンの果実と中に入っている種子は漂着の可能性があるが，花粉の検出によって鳥浜で栽培されたことは確実であろう[1]。リョクトウはインド原産で，現在インドで栽培しているリョクトウとケツルアズキおよび野生種を入手後に，それらと鳥浜出土粒とを走査電子顕微鏡（SEM）で比較した結果は，3粒がリョクトウ，1粒がケツルアズキ（栽培種）で，野生種はなかった[2]。筆者も日本の栽培アズキ，ツルアズキと野生ヤブツルアズキとを SEM で観察した。それらは種皮斑紋（構造）がちがい，リョクトウに似ている，とすれば鳥浜へは栽培種が入ったことになる。

　縄文人の貴重な生活資料について多くの情報を提供している鳥浜貝塚は，貝塚としては珍しい低湿地にあると聞いて訪れてみたい希望をもちながら訪ねるのが遅く，やっと第5次発掘の 1980 年 10 月であった。折よく安田喜憲が花粉分析用に採土中で，貝層（30〜50cm 幅）がやや斜に延び，その上下には粘土，砂礫，有機物集積の層序が重なり，素人目にも貝塚の常識をはずれるものであった。どんな小粒種子があるか，分析意慾が出て来たので安田の協力で隣りを採土した。

　以後，鳥浜貝塚研究グループ各位の協力で種子分析のためつづけて3年間，80 RE，81 L₃，82 E の表面から下層まで，それぞれ 10 cm 幅または地層の厚さで 5〜10 cm 幅に約 1 kg の土を柱状採土し，次の方法で分析，同定を行なった。

　農林種子では，コメ，ムギは長さが 4〜5 mm 以上が大粒，2〜4 mm が中粒，アワなどは 1〜2 mm のものが小粒である。大粒は肉眼で注意すればとらえられるが，集合体以外の小・中粒は全部とらえられない。雑草種子はさらに小粒が多い。たとえば筆者は 415 種をしらべたが，4 mm 以上 5.5%，2〜4 mm 27.7%，1〜2 mm 42.2%，0.4〜1 mm 25.5%，それ以下は 2% で[3]，今 1 mm の選別では 25% が分離できないことになる。

　筆者たちは小粒種子の水洗法として，土 200〜500 g をビーカーで 1〜5 日水浸して，土を静かに砕いて，1 mm 杓子状金網にガーゼ 2〜3 枚を重ねた上に置いて水道水で洗い，有機物と土砂をわける。分離しにくい土砂はそのまま水を入れたシャーレに入れて実体顕微鏡下において，1 粒ずつピンセットで拾い出すのである。3 カ年の発掘と SEM 観察で種子と果皮片で 8 種の栽培植物を同定した。他に雑草，人里植物，野草，木本類を 50〜91 種，524〜1,259 粒を検出した[4]〜[7]。

2 縄文中・後期出土の炭化粒の例

　次の出土例は，1984 年 1 月に同定のため渡辺誠より送られた炭化小粒と同破片であり，現生種より小さいアブラナ粒を主とする資料で，2 遺跡の担当者が 0.6 mm 目篩で水洗して得られた炭化物である。

　(1)は新潟県津南町八反田遺跡[8]の縄文中期のもので，この遺跡は他では珍しい複式炉と台石とがある。縄文人がトチの実をアク抜きする中和剤として多量の灰を入用とした[9]。資料はその炉に埋没したつぼや床に直立した土器から得られた。

　(2)は岐阜県中津川市阿曽田遺跡[10]（縄文後期）で，21 kg のピットの覆土を同様に篩で水洗した。

　(1)の八反田では 137 粒のアブラナ粒と少数のクリ，スベリヒユがあり，(2)の阿曽田では約 2,800 片のクリなどの炭化破片および 約 9,000 粒もあるアブラナ粒と少数のエゴマ，リョクトウ，カラスノエンドウが同定された。アブラナは大部分が 1 mm³ 以下の中・小粒種子であった。

　近藤万太郎の書[11]では，現生アブラナ類の種子

の大きさは球形1.2〜2mm³, 楕円形は長さ1.2〜2.5mm, 幅 1.1〜2.3mm, 厚さ 1.1〜2.1mmである。上記の出土炭化粒の中・小粒は現生小粒より一層小さいものである。

青葉高の書[12]によれば, 日本海に面する山形県温海町一霞には昔から名高い温海カブがある。今でも昔からの品種を用いて焼畑に播いている。B種皮型のものはシベリア方面の品種と関係がある。京都周辺のキョウナ, ミブナはA種皮型の日本特産で西日本を中心として分布し, 東日本はBまたはA, B型でその境は伊勢湾から北の若狭湾に達する線であり, 言語学, 人類学, 考古学など東西両文化圏の境界線とほぼ一致するという。

シベリア方面から日本海岸に入ったと考えられる現生の山形県温海カブに粒形が類似したものに新潟県八反田遺跡と岐阜県阿曽田遺跡からの出土粒がある。その中間に八ヶ岳山麓の縄文中期農耕論が活発に展開された地域がある。その大石遺跡, 荒神山遺跡, 曽利遺跡や町田市なすな原遺跡などからはタール状炭化物やパン状炭化物が出土しアワだろうとされていたが, 後述のシンポジウムでアワではなくエゴマ, シソであることを松谷暁子と笠原は共同研究で発表した[13]。また, 時代は下るが, 弥生中期の横浜市朝光寺原遺跡では多数のカラシナが, 台地に立地する横浜市高速2号線 No.6 遺跡では水田稲作とちがったコメ, ムギ, アワ, アブラナ, ブドウ, シコクビエなどの畑作物の炭化粒が住居址から検出された。

3 縄文晩期の稲と雑穀, アワ, ヒエ, ムギ粒

鳥取県米子市目久美遺跡は, 1933年に発見され, 一部は米子市指定史跡として保存されている。1982, 83年に川幅拡張工事で, 地表下3.7mまで掘り下げたところ, 表土層から最下層までI〜IX層があり, 1983年にはVI層から弥生前期の水田跡が発掘された。また, VII, VIII, IX層には縄文晩・後・中・前期の地層が見つかっている。山陰の縄文遺跡では, 他に例のない複合遺跡である。各層の出土種実は, V, VI層の弥生中・前期層で, 42種の水田雑草グループが90%（16,000粒）もあり, 典型的な湿田稲作があった。しかしVII層（マコモ）の縄文晩期層では塩水の入る淡水主体の低湿地に生育するカワツルモが多く, この層は水田跡ではないが, 少数ながら籾殻と食用ビエ, ムギ, シソ, アブラナ類があるので, 周囲か

ら落ち込んだものであろう。それ以前のVIII, IX層はカワツルモと食利用, 木本種子と少数のシソ, アブラナ類とアサ（?）のみであった。

1981年唐津市菜畑遺跡で縄文晩期後半（山の寺式）の日本最初の水田遺構が発掘された。水田雑草の出土からみてFII区は水田跡であるがD区は畑雑草が多く, 畑作と考えられた。後にアワ, オオムギ, シソ, アズキ, ゴボウ, メロンが同定された。H・G区には焼けたアリノタウグサ種子2,321粒の集中出土があり, 「火耕水耨」法や畑と水田の存在が示唆され, 夜臼から板付期になって水田稲作が完成したと考えられる[14]。

近畿・東海・山陰地方まで稲作が伝播するのは, 板付II式（遠賀川式）土器期といわれていたが, 最近になって伊丹市口酒井遺跡で縄文晩期の凸帯文土器に籾痕があり, また茨木市牟礼遺跡からは同時期の水田遺構が見つかった。山陰では中海近くで上記の雑穀栽培があった。

4 エゴマ, ゴボウ, アサ, アブラナの遺跡出土粒の形態と原産地

（1） エゴマとシソ

エゴマは, 東インド, マレーが原産で, 古くエジプト, インドで栽培された。また中国, 朝鮮でも古くから栽培され, 朝鮮から日本に渡来したようである。『延喜式』にはエゴマの実と油を納めた記録があり, 関東以西で栽培されていた[15]。

近藤万太郎の前掲書には, シソの果実は多少偏平な短卵形で, 果皮は甚だ厚く, 外表皮の下に数列の褐色柔組織と1列の厚膜細胞層があり, 最内部の内表皮は多孔厚膜細胞からなっている。またエゴマの果実はほぼ球形, 基端はへそ, 表面に大網目と流線紋があり, 断面はシソと同じで, ただエゴマの果皮の厚膜細胞層はシソより薄く, 容易に破れ, 種子が果皮と離れている。果実の大きさは, アオジソが長さ 1.3〜1.8mm, 幅 1.1〜1.7mm, 厚さ 0.9〜1.4mm, 千粒重量 0.91g, 白エゴマの果実は長さ 1.9〜2.7mm, 幅 1.7〜2.5mm, 厚さ 1.4〜1.9mm で, 千粒重量3.25gでシソより3倍も重く精白が容易で食品価が高い。

1981年1月の「古文化財」シンポジウム「縄文農耕の実証性」で松谷・笠原は縄文中期ごろの栽培植物として, 長野県, 東京都下の"アワ様炭化物"がシソ, エゴマであることを果皮の流線紋や, 内果皮の多孔細胞, また種皮の"わらび状細

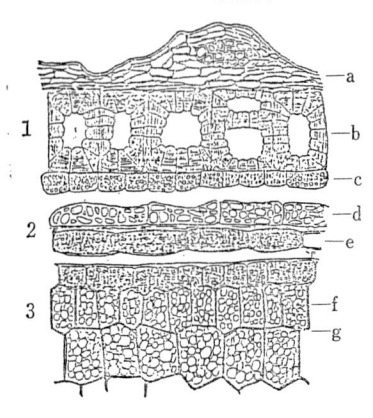
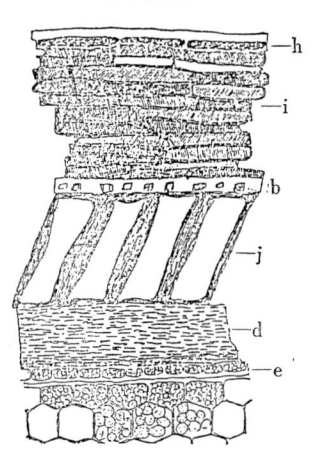

エゴマ横断面　　　　　　　ゴボウ横断面

1：果皮　2：種皮および内胚乳　3：子葉組織　a：外表皮および柔組織　b：厚膜細胞層　c：内表皮　d：種皮　e：内胚乳の残物　f：蛋白粒　g：脂油　h：果皮の表皮　i：柔細胞　j：平行四辺形厚膜細胞（註 11）文献より）

胞"の存在からこれをスライドで説明した[13]。さらに翌年パン状炭化物についても，これらが混ざっていることを共同で報告した[13]。また同席で中尾佐助は，ヒマラヤ，中国南部，日本の西南部に連なる照葉樹林帯の自然植生に連帯する照葉樹林文化の中で，最初に気がつき出発点となったのは，シソとエゴマ群であったとしているが，縄文時代の遺跡に栽培化の程度の高いエゴマが存在したということはかなりの農耕があったといえる[16]。また同席で佐々木高明も日本の稲作以前から最近まで，各地にソバ，アワ，ダイズ，アズキなどの焼畑農耕があるが，これは東南アジア北部と共通であり，最も早い作物がエゴマ，シコクビエであろうと述べている。

　筆者はこの当時，鳥浜貝塚第5次発掘土の分析中で，前回の発掘で西田正規がシソ，エゴマ類似種 49 粒があったとの報告を知っており，それらの検出を期待したが，予想もしていなかったタール状種子塊が検出された。そして鳥浜貝塚第5次68 粒（タール粒跡を含む），第6次 20 粒，第7次 25 粒が検出され，いずれも 縄文時代前期以後の地層からの検出であった。

　このエゴマは古く焼畑作物であり，江戸時代の貴重さを示す俚諺には，「エゴマ1俵，アワ5俵，ヒエ，アワあっても暮せない。エゴマ1俵，米1俵，エゴマは金づる米と油と塩がくる」というのがある[17]。昔はエゴマは主食の一つとして重要で，米麦豆と一緒に稲穀部に荏として分類され，かゆ食として欠かせないものであった。近世初期

に生まれたナタネ油以前は，山城国八幡宮の宮司の工夫でエゴマ油の搾油が始まったのが貞観年間（9世紀中ごろ）のことである。鳥浜貝塚での赤黒塗りの漆製品の出土と，エゴマの燃え残りのタール状塊の出土とは無縁ではなさそうである。

（2）ア　サ

　アサの原産地は，中央アジアからシベリア南部といわれ，ボルガ河域では4,000 年前に栽培があった。栽培植物起源で有名なヴァヴィロフの書[18]には，アサには野生，雑草，栽培型があり，要肥料植物で，人の居住地に生える典型的な随伴植物であると書かれている。その雑草型と野草型では本質的な区別がなく，栽培型は非脱落性で3型は自由に交雑する。アサのもつ多様性はアジアに集中し，そこからヨーロッパに来たといい，おそらくアサの栽培はいくつかの地域で同時に，しかもお互いに無関係に起こったものと思われる。アルタイとコーカサス北部では，アサの栽培化（野草→雑草→作物）の様子が目のあたりで見られるという。昔は，アサは食用種実であり，油，繊維，薬用など広い用途があった。

　鳥浜貝塚出土のアサ粒は2粒あり，一つは第7次発掘第7層の種子集積層（15×40 cm）から出土した 15 種 2,520 粒中から見つけた1粒（長さ 5 mm，幅 4 mm）で，アサらしいと発掘担当者の森川昌和に通報したところ，つい先日，布目順郎から第4次発掘の縄研究でアサ繊維がある[19]との手紙を受け取ったばかりだという。さらに第6次発掘のK21（縄文前期）の分析で不整形種子を不明とした1粒（長さ 4.5 mm，幅 3 mm）がアサではなかろうかと気づき，SEM で再検討した結果，形の不整なアサが同定された。また，北海道江別太のものには，果皮のあるものとそれが消失した種皮だけのアサ粒があった[20]。2粒とも縄文前期層の出土だが，布目の調査のアサには草創期のものがある。江別太のものは縄文晩期である。

　現生アサ種子は，日本産で長さ 4.6〜5.6 mm，幅 3.7〜4.8 mm，厚さ 3.2〜4.3 mm，形は不整状卵形，円状広卵形などがある。播種用のものは刺毛や腺毛と大小脈をもつがく剥がれている。その果実の果皮は外表皮，柔細胞，柵状組織の下

に種皮がある。出土粒は外表皮が消え，柵状組織が現われるもの，果皮が全く剥がれ種皮だけのものがあったが，これは白色球形でアサ種子とは考えられなかった。日本へのアサの伝播はシベリアからの渡来人の随伴植物であろう。

（3）　ゴボウ

ゴボウはヨーロッパからシベリア，中国東北部に自生し，日本で成立した野菜である。中国では，乾燥果実を悪実または午蒡子といい薬用とした。青葉の前掲書には，越前白茎という茎葉を食べるアザミ葉のゴボウがある。おそらく古代に，シベリア方面から野生種が渡来し，福井県で越前白茎が生まれ，その後，中国から渡来した赤茎丸葉種とが交雑して，日本各地で見られる赤茎アザミ葉と白茎丸葉ゴボウが成立したのであろう。

筆者は，鳥浜貝塚第6次発掘で，縄文前期K19層から長さ 6.5 mm，幅 3 mm のもの，K20 層から長さ 4.2 mm，幅 1.5 mm の小型ゴボウの2粒を検出した。現生の瀧の川午蒡が長さ 5.0〜7.3 mm，幅 1.7〜3.1 mm，厚さ 1.3〜2.1 mm なので，K19 は同大でよいが，K20 は小さすぎたのと，表層が矩形細胞なので，同定をためらっていたが，その後現生粒にもこのような小粒があり，表面をわずかに削ると出土粒と同じ矩形の孔隙細胞膜がある柔細胞が見つかるのでゴボウと同定した。また，第5次発掘で若狭歴史民俗資料館保管のものに3粒のゴボウがあった。

現生ゴボウの果実は長形でやや扁平，表面平行縦線があり，横断面上層には 10〜20 列の柔細胞で K20 の出土粒はここが現われている。下に1層の厚膜と種皮の間には大きな平行四辺形細胞がある。

（4）　アブラナ類

日本で昔ナタネ（菜種，蕓苔）とよばれたものは北ヨーロッパからシベリアが原産地という。中国へは新石器時代の末頃渡来したといわれていたが，最近，安志敏[21]が新石器時代早期（7〜8,000年前）に黄河地方の遺跡からアワ，キビとともにアブラナが出土したと報告している。また長江地域では同期にイネの出土があり，中国も世界の農耕の中心地の一つであると提唱した。

古いツケナ（菘）は近東が原産で古く中国に伝わり，中国やインドで油用のウンダイと茎葉用のツケナに分化した。現生ハクサイ，タイサイは中国で生まれ特産となり，青葉はこれらはB種皮型（吸水時にも皮膜状）で日本特産のキョウナ，ミブナはA種皮型（吸水時には水飽状）という。

カブは中・近東で成立したナタネの変種という説と，ヨーロッパからシベリア一帯の各地で成立したという多元説とがある。前に述べた温海カブや飛騨八賀カブはB型で，シベリア方面のものとの関係が示唆されているが，津南町八反田や中津川市阿曽田出土粒は，粒は小さいが，粒形や斑紋からみて，温海カブ粒に類似し，やはりシベリア系と思われる。阿曽田の出土粒には関西で成立したといわれるキョウナ型の斑紋粒があった。

カラシナは香辛料で知られ，イラン南部からアラビヤ半島が原産地といい，中国，日本，アジア南部は野菜としては第2次原産地説があるほど重要視されているが，変種のタカナはこの地域で成立したという。この両種を SEM で見ると，大網目の内に小網目があることがわかる。それはマリガンとベイリー[22]の SEM の写真で，大網目クロガラシ（トルコには雑草型と作物型がある）と小網目の昔のアブラナが自然交雑してカラシナ粒になったという。筆者も SEM で見たところ全く同じであり，鳥浜貝塚にはクロガラシ型（K13）らしいものがあった。

5　おわりに

アブラナ類，ゴボウは重要な野菜（蔬菜）として葉を食するツケナ，とくに根を喰べるカブは副食とするだけでなく，焼畑で作る温海カブなどは，エゴマと同じく主食に準ずる喰べ方という。そして昔は園菜という園圃で栽培されるものと，今日の山菜のように山野の採集野菜に分け，『倭名類聚抄』（935年ごろ）には，蔬菜部の園菜としてカラシナ，タカナ，ダイコン，ショウガ，ミョウガ，チサ，フキ，アオイ，コンニャク，野菜にはアザミ，ヒユ，スベリヒユ，ワラビ，ウマゴヤシ，ゴボウ，ナズナ，アカザなどの記載があり，蔬菜部に水菜類としてセリ，ナギ（コナギ）がある。

ナタネ，ゴボウなど野生のものを利用して後に油を採るナタネ，根を喰べるゴボウが生まれたのであろう。記録からみてゴボウ栽培の始まりは平安時代末期のようである。今では畑雑草のアカザ，ナズナ，田のコナギが古歌に歌われているのも食品として取り扱われていたためであろう。

八反田や阿曽田で壺やピットの覆土中のものは保管されたアブラナ粒に混じっていたエゴマ，リ

ョクトウはもちろんのこと，スベリヒユ，カラスノエンドウも栽培のものや食品として利用したものであろう。縄文前・中期ごろから行なわれたトチなどのアク抜き食品の中でアブラナ，アサ，ゴボウも準作物的な食品となったと考えられる。

　一般には稲やムギ，アワなどの栽培は弥生時代以降とされていたが，それより3,000年も前の照葉樹林の北進に伴い，ヒョウタン，リョクトウ，エゴマなど南方系の栽培植物が日本海域にもあったのは確実である。1984年に金沢市で開催された「環日本海文化シンポジウム」で，安志敏は日本の稲作は中国長江の下流から東シナ海を経て北九州と朝鮮南部に同時に伝播した。その時期は紀元前1,000年ごろまでさかのぼれる。その根拠の一つは長江下流の河姆渡遺跡（BC 5,000年前）で，稲作とともに玦状耳飾や漆器が出土した。これは山陰や北陸の日本海沿岸と共通している海上交通路があったと述べている[23]。

　その稲作や雑穀は北九州への伝播の時期は大体妥当であろうが，山陰での水田跡の発掘は今のところ米子市目久美遺跡で弥生前期のものと，東北地方北端の青森県垂柳遺跡656面の弥生中期のもの[24]が最初である。それは稲作定着の時期を示すものである。稲作の開始は山陰では中海近くの石台遺跡から出土した籾痕がある凸帯文（黒土BⅡ式）土器（恩田清所有）の時代や，目久美遺跡でも晩期層に稲と雑穀の出土があるし，弘前市砂沢では縄文晩期末の砂沢式土器に籾痕があるので北九州と大差のない時期までさかのぼれる[24]。陸上での東北進よりも対馬海流による海上交通のため早い伝播と思われる。この場合も一挙に津軽平野に到達したほかに，途中の山陰・北陸地方あるいは東北地方南部にとどまった可能性も大きい[25]。

註

1)　安田喜憲「鳥浜貝塚80R区の花粉分析—縄文農耕論をめぐって」鳥浜貝塚1984年度調査概報，若狭歴史民俗資料館，1985

2)　梅本光一郎・森脇　勉「縄文期マメ科種子の鑑定—鳥浜貝塚出土のリョクトウ類」鳥浜貝塚1981・82年度調査概報，1983

3)　笠原安夫『走査電子顕微鏡で見た雑草種実の造形』養賢堂，1976

4)　笠原安夫「鳥浜貝塚の植物種実の検出とエゴマ・シソ種実・タール状種子塊について」鳥浜貝塚1980年度調査概報，福井県教育委員会，1981

5)　笠原安夫「鳥浜貝塚（第6次発掘）の植物種子の

検出と同定について」鳥浜貝塚1981・1982年度調査概報，1983

6)　笠原安夫「鳥浜貝塚（第7次発掘）の植物種子の検出—とくにアブラナ類とカジノキおよびコウゾの同定」鳥浜貝塚1982年度調査概報，1984

7)　笠原安夫「鳥浜貝塚（第6，7次発掘）のアサ種実の同定について　付：80R2，3区ベルト出土のゴボウ，リョクトウ，ツルマメ，キハダなどの同定」鳥浜貝塚1982年度調査概報，1984

8)　笠原安夫「新潟県津南町八反田遺跡出土炭化種子の同定」八反田遺跡発掘調査報告書，津南町教育委員会，1984

9)　渡辺　誠『縄文時代の知識』東京美術，1983

10)　笠原安夫「阿曽田遺跡出土炭化種子の同定」岐阜県中津川市阿曽田遺跡発掘調査報告書，中津川市教育委員会，1985

11)　近藤万太郎『日本農林種子学』後編，養賢堂，1934

12)　青葉　高『野菜—在来品種の系譜』法政大学出版局，1981

13)　松谷暁子・笠原安夫「縄文遺跡出土タール状小種子塊をエゴマと同定するまでの経過と各地出土のアワ，ヒエ，キビ粒の灰像および走査電子顕微鏡像について」古文化財に関する保存科学と人文・自然科学昭和55年度年次報告書，1981，同「長野県曽利遺跡出土パン状炭化物の走査電顕による観察」同昭和56年度年次報告書，1982

14)　笠原安夫「菜畑遺跡の埋蔵種実の分析・同定研究と他一題」菜畑遺跡—分析・考察編，唐津市教育委員会，1983

15)　深津　正「灯火と植物（3）」植物と文化，13，1975

16)　註13)に同じ

17)　菅原清康「焼畑農法の中における雑草防除対策」雑草研究，25—4，1980

18)　ヴァヴィロフ，中村英司訳『栽培植物発祥地の研究』八坂書房，1980

19)　布目順郎「縄類と編物の材質について」鳥浜貝塚1983年度調査報告概要，1984

20)　矢野牧夫「北海道石狩低地帯の先史遺跡から出土した植物遺体」北海道開拓記念館研究年報，9，1981

21)　安志敏「略論華北的早期新石器文化」考古，1984—10

22)　Mulligan G.A. and L.G. Bailey : Seed coat of some *Brassica* and *Sinapis* weedy and cultivated in Canada, Economic Bot. 30, 1976

23)　邪馬台国編集部「失なわれた古代『日本海文化』—環日本海金沢国際シンポジウム報告記」邪馬台国，22，1984

24)　村越　潔「垂柳遺跡　まとめ」青森県埋蔵文化財調査報告書，88，1985

25)　笠原安夫「青森県垂柳遺跡の水田跡埋蔵種子分析」同上，1985

古代の日本海交通

—とくに日本と渤海の交流—

富山大学名誉教授
高瀬重雄
（たかせ・しげお）

アジア大陸と日本との交流は渤海国をはじめ，多くの遺物や文献に認められ，中国の文化や豊富な物資が日本にもたらされた

1　日本とアジア大陸

日本海の海流と季節風とを利用する，アジア大陸と日本との間の交通は，遠い古代にはじまっていた。

文献でみる限りでも，垂仁紀2年の条には，額に角のある人が，越の国の笥飯の浦に渡来したとある。その人は大加羅国の王子都怒我阿羅斯等であったと伝えている。笥飯の浦は，いまの敦賀の地である。

また欽明紀5年12月の条には，佐渡が島に粛慎が渡来して，居住していたとある。粛慎は北方のツングース族の系統か，またはアイヌ族の一部といわれるが，いずれにせよ日本海上を南下して渡来した人々であったにちがいない。

さらに欽明紀31年4月の条には，高麗の使者が，越の江沼郡に漂着したことを記している。この高麗の使者は，のちに上京して日本政府に表疏を提出したことも，『日本書紀』の記すところである。

いっぽう最近の考古学や文化人類学や史学の研究によって，古代日本の日本海沿岸地域の状況が，しだいに明らかになり，また日本海をへだてた大陸との交渉関係も，究明されつつある。たとえば，狩野久は，「木簡にみる日本海諸国」のなかで，最近発掘された新史料としての木簡の研究を通じて，日本海沿岸地域の古代の実情をさぐろうとした[1]。また門脇禎二は，その「日本海域における国際交流の諸段階」のなかで，古代の日本海を通ずる国際交流が4つ位の段階に分けて考察さるべきだと提案した[2]。さらに江上波夫は，「日本海をめぐる民族の交流」を論じて，沿海州および朝鮮半島と日本との交流における，とくに渤海湾に面していた燕の国に，交易していた倭人があったことを指摘した[2]。

そこで本稿では，渤海国との交渉に関する事項をとりあげ，それに関連または付随するいくつかの問題について，所見をのべ，もって古代の日本海交通の一端にふれたいと思う。

2　渤海との交流

渤海国は，698年にいまの中国の東北地区を中心に建国された古代王国である。この王国は926年に至って，契丹のために滅ぼされたから，7世紀の末頃から10世紀の初頭にかけて約200年間存続したことになる。国王は14代を数えた。

しかるに渤海と日本との間には，国交が開かれていて，使節の往来が行なわれたことは，『続日本紀』などの文献によって知られる。727年（神亀4）に，高仁義らの来朝がはじめであるが，929年（延長7）の裴璆らの来朝を加えると，使節は35回にもおよんだことになる。もっとも私使節の1回，渤海滅亡後の1回を除くと，33回ということになる。また日本から彼の国へ派遣された使節は，送使と専使とを加えて，前後13回におよんでいる。はじめは728年（神亀5）の引田虫麻呂らであり，最後は810年（弘仁元）の林　東人らである。

また来使の目的は，はじめは軍事的または政治的な盟友たらんとするにあったが，のちにはしだいに朝貢貿易による経済的な利益を求める傾向にかたむいた。したがって日本側でも，藤原緒嗣のように，彼らは商旅にすぎないから，彼らを国賓として贈位したり，多くの贈答品を与えたりするのは，国の損失以外のなにものでもないと論ずる人もあった。けれども，日本海上を通ずる使節の来往は，約200年にわたって行なわれたのである。

そこで彼らが日本にもたらした物資はどんなものであったか。また日本から彼の国へ贈られた物資は何であったかを明らかにすることは，そのころの日本海の交易史を知る上に重要なこととなろう。渤海の使節が日本へもたらした物資は，彼らの朝拝に際して日本の朝廷へ贈られるので，これを信物または方物と称した。信物または方物の第1は，獣皮の類であった。貂の皮，虎の皮，羆の

皮，豹の皮などである。これらは主として日本の官人たちの敷物用に用いられたが，ときに豹の尾を，髪のもとどりに着けたこともあったようである。そして方物の第2は，人参や白附子などの薬草類であった。人参も附子（トリカブトの根）も貴重な薬種であったが，附子のうちでも白い花をつける白附子は，鎮痛剤として顕著な効能があるとされていた。そして方物の第3は，蜂蜜などの日用品であった。日本では蜂の巣を薬用に用いたこともあるが，渤海からもたらされた3升ないし5升の蜂の蜜は，滋養のある食品として珍重されたのであろう。

いっぽう日本から渤海へ送られた物資は，絹または絹織物の類が主であった。たとえば国王に対しては，絹30疋，絁（あしぎぬ）30疋，絲200絇，綿300屯を白布につつんで贈ることが規定であった。また来朝の大使に対する贈与品は，絹10疋，絁20疋，絲50絇，綿100屯であり，副使に対しても，絁20疋，絲40絇，綿70屯と定められた。さらに判官には各自絁15疋，絲20絇，綿50屯，録事には各々絁10疋，綿30屯，訳語と史生と首領には各々絁5疋，綿20屯を給する例であった。以上のうち，絲や綿というのも，絹糸あるいは絹綿を意味したのであるから，渤海からの使節らが帰国のときの船には，相当多量の絹または絹織物が積みこまれたはずであって，日本海上にもひとすじのシルク・ロードが成立していたといわれるゆえんである。

以上のほか，使節の所望によっては，絹や絁の追加特別給付があったこともある。特別給付は，ときに黄金や水銀や金漆（こんあぶら）や漆や海石榴油（つばきあぶら）その他におよんだこともある。しかも物資のみならず，日本の11名の舞姫たちが，日本海の潮路をこえて，渤海国へ送られていったときもあったことが史料によってわかるのである。

3 日本海をめぐる人の交流

渤海からの使節の来往，また日本から派遣された使節の往復の間に，直接経済的な利害にかかわらぬ文化的な交流が行なわれたことも見逃すことができない。たとえば，渤海国の音楽が日本にもたらされたことがその1つである。また渤海使と日本の官人たちとの間に，詩文の贈答があり，それらの詩文は，日本の文学史の一頁を飾りつつ，いまに伝え残されている。あるいは，唐における

安禄山の叛乱の情報が，比較的はやく日本にもたらされたのも，渤海との使節の来往によってであって，日本政府が大宰府に対して海防の必要を命じたのは，その情報にもとづく対応策であった[4]。

また使節とは別に，渤海の人びとの日本渡来をつげる記録が，『続日本紀』に残されている。たとえば746年（天平18），日本海を渡って来た渤海人ら1,100余名が，出羽国に配置されたとある。また779年（宝亀10）にも，359人の渤海人が日本を慕って渡来し，出羽国にあると記されている。しかるにこれらの渤海人が，ことごとく帰国してしまったとは考えられない。彼らにして出羽国に定着するものがあったとすれば，その生活様式などが，周囲の住民に何らかの影響を与えなかったであろうか。日本海をめぐる人の交流史上の，興味深い課題のひとつであろう。

4 渤海出土の和銅開珎

それとは逆に，日本の和銅開珎が，渤海の東京城址（トンキン）の発掘調査で出土したことは，日本の文物が，彼の地にもたらされたことを示す例として注目される。東京城竜泉府の発掘調査報告書のなかに，1枚の和銅開珎の写真がのっている[5]。

いうまでもなく和銅開珎は，708年（元明天皇元年）に，武蔵国秩父郡で銅鉱が発見され，日本産の銅が献上されたため，年号を和銅と改め，また催鋳銭司を設置して鋳造させた貨幣である。貨幣の大きさや銭文や輪郭や方孔などは，唐の開元通宝に範をとり，それを模したであろうとされている。

しかしいま日本の各地から発見された和銅開珎を比較検討すると，銭文の文字などに多少の相違がみとめられるところから，いわゆる私鋳銭も行なわれたらしいといわれている。事実『続日本紀』の709年（和銅2）の正月の条にのせている詔には，このごろ私的に濫鋳をなして，公銭を紛乱さ

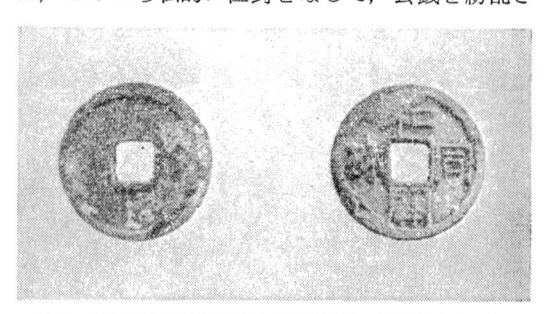

図1　渤海上京竜泉府址出土の和銅開珎（『東京城』より）

図2 渤海上京竜泉府址の石灯炉（『東京城』より）

図3 渤海貞恵公主墓の墓碑

せるものがあると記されているのである。

ところで渤海の上京竜泉府址から発掘された和銅開珎は，はたして公鋳銭かそれとも私鋳銭か。写真でみる限りでは前者に属するように考えられる。おそらくは，日本と渤海との交易のあったころ，日本海を渡って彼の地に運ばれた貨幣であったかも知れない。ただし1枚の貨幣の発見で，ただちに和銅開珎の流通地域が，渤海にもおよんだというのは早計であろうけれど，すくなくとも古代の日本海をめぐる交通を証明する遺物であることだけはたしかである。

5 平城京出土木簡

最後に，最近になって知ることを得た日本の平城京址出土の木簡について所見をのべることとする。それは『平城宮址発掘調査出土木簡概報』の4に報告されているもので，つぎのような文字が読みとれるものである[6]。

依遣高麗使廻来　天平宝字二年十月廿八日進二階叙

このわずか22字の木簡の銘文は，日本と渤海との交通をめぐる諸問題と関連するところが多く，またその関連を明らかにすることによって，はじめて理解することができると思われる。

まず第1。遣高麗使とあるのは，遣渤海使と解してよいということである。渤海のことを高麗とよび，また渤海から来た使者を高麗客とよんだ例

は，『続日本紀』の当時の記事にみられることである[7]。したがって木簡に遣高麗使とあるのは，遣渤海使と読みかえても支障がないはずである。

第2。木簡には天平宝字2年（758）10月28日の日付があるが，その1月余前の9月18日の『続日本紀』の記事に小田朝臣田守らが，渤海大使の楊承慶以下23名と同道して帰国したとあり，彼らは越前国に安置されたとある[8]。しかるに小野田守が遣渤海大使に任じられて，日本を出発するに当り，内相藤原仲麿の宅で送別の宴が催されたのは，天平宝字2年（758）の2月10日のことである。この宴に侍った大伴家持がよんだ「渤海大使小野朝臣に餞する」歌が，『萬葉集』に記されている[9]。したがって小野田守らは，同年2月10日以降に彼の国へ出発し，同年9月18日には使命を終えて帰国したのであろう。木簡にある遣高麗使というのは，遣渤海使の小野田守らをさすにちがいない。

第3。木簡にみえる「進二階叙」は何を意味するだろうか。『続日本紀』の天平宝字2年（758）10月28日，ちょうど木簡にみえる日付と同じ日に，遣渤海大使に従五位上，副使の高橋老麿に従五位下を授け，その他66人に各自差のある叙位を行なったという記事がある[10]。大使の田守は従五位下から従五位上になったのだから1階進んだが，副使の高橋老麿は正六位の下から従五位下に進められたので，2階進めて叙せられたことになる。田守は大使任命の当時刑部少輔であった。しかるに各省の少輔は，五位に叙すという『官位令』の規定があって，2階の特進は認められなかったのであろう。そして副使の高橋老麿以下は2階の特進叙位にあずかったのであろう。それが木簡に「進二階叙」とあることの内容であって，『続日本紀』の記事その他と比較対照することによってはじめて理解されるようである。

第4。9月18日越前に帰着した小野田守らは，10月28日には上京して位階の昇叙にあずかっ

た。そして 12 月 10 日には，唐国の消息について奏上した。その奏上のなかで彼は，中国における安禄山の叛乱について，かなり詳細な報告を行なった。その報告にもとづいて朝廷では，九州の大宰府に対し，万全の対応策をとるよう命じたことが『続日本紀』にみえている[11]。

また楊承慶らが越前から奈良の都に上京したのは，12 月 24 日のことである。翌天平宝字 3 年（759）正月 3 日には，朝廷に方物を献じ，かつ渤海国王大欽茂の表文を奏上した。正月 18 日には，大使の楊承慶に正三位，副使の楊泰師に従三位が与えられた。2 月 1 日には渤海国王に対する書のみならず，大使以下にそれぞれの賜物が贈られた。そして 2 月 16 日には，帰国の途につくのであった[12]。

ところで楊承慶らの越前国の滞在は，約 3 ヵ月間におよんだ。越前国のどこかは記されていないが，多分は敦賀郡の松原客館ではなかったかと思われる。『延喜式』には，松原客館を気比の神宮司に検校せしむとある。しかるに気比の地は，日本海を渡って渡来したという伝承の都怒我阿羅斯等が着岸したところである。松原客館は，このように渡来者に関連が深いいまの敦賀市に設けられた。なお天平宝字 3 年（759）2 月 26 日付の「越前国正税帳」によると，その加賀郡の条に，「送渤海郡使人使等食糧五十斛」とある[13]。これは渤海から来た使人を送るための送使らの食糧を，越前国の正税として収納していたことを示すもので，越前国と渤海使または遣渤海使との関連は深かったといわねばならぬ。

6　能登の渡来神

ところで都怒我阿羅斯等は，いまは能登の久麻加夫都阿良加比古神社の祭神として祀られている[14]。神社は熊木川の中流地帯に位置するが，この地方は『萬葉集』の巻 16 に「梯立の　熊木のやらに　新羅斧　落とし入れわし」とうたわれていて[15]，どこか朝鮮半島との関連が深かった印象を与える。最近は，熊木はもと高麗来であって，高麗から渡来した人びとの居住地であったという説もある[16]。

この神社の祭礼は，いま熊甲 20 日祭とよばれ，近郷から集まる枠旗の行事などが，国の重要無形民俗文化財の指定をうけている。19 本集まる枠旗の構造なども興味をひくが，渡来神との関連から注目されるのは，枠旗のあとに続いて行進する四神旗の存在であった。

四神旗とは，四方の神すなわち青竜と白虎と朱雀と玄武とを描いた 4 本の牟旗のことである。日本では，即位の大礼などに，大極殿や紫宸殿の庭に立てたことは，『延喜式』などにもみえている。しかし熊甲 20 日祭の四神旗は，日本の宮中の行事を模したのではなく，日本海を経て，直接能登半島に伝えられた遺風を，今日に伝えているのにちがいないと観察した。

能登の蝦夷穴古墳が，朝鮮半島の古墳と類似する面があるといわれる[17]。また高勾麗からの使節が，越の江沼郡の海岸へ着いた記事が『日本書紀』の欽明 31 年（570）4 月の条にあること，最初にのべた通りである。能登は，古代の日本海交通を考えさせる資料が多い。

註
1）　森　浩一編『古代日本海諸地域』小学館，1984
2）　森　浩一編『東アジアと日本海文化』小学館，1984
3）　註 2）に同じ
4）　高瀬重雄『日本海文化の形成』名著出版，1984
5）　『東京城―渤海国上京竜泉府址の発掘調査』東亜考古学会，1939
6）　『平城宮址発掘調査出土木簡概報』4，奈良国立文化財研究所，1967
7）　『続日本紀』天平宝字 2 年（758）12 月 14 日の条に渤海使とある楊承慶は，同 3 年（759）正月 3 日の条には高麗使とある。
8）　『続日本紀』天平宝字 2 年（758）9 月 18 日の条
9）　『萬葉集』巻 20，天平宝字 2 年（758）2 月 10 日「内府の宅に小野田守朝臣に餞する宴」の歌。4514 番
10）　『続日本紀』天平宝字 2 年（758）10 月 28 日の条
11）　『続日本紀』天平宝字 2 年 12 月 10 日の条
12）　『続日本紀』天平宝字 2 年（758）12 月 24 日の条および同 3 年（759）正月 3 日，同正月 18 日，同 2 月 1 日の条
13）　竹内理三編『寧楽遺文』上巻，東京堂出版，1965
14）　森田柿園『能登志徴』上巻，石川県図書館協会，1965
15）　『萬葉集』巻 16，3878 番
16）　金達寿『日本の中の朝鮮文化』講談社，1975
17）　九学会連合能登調査委員会『能登―自然・文化・社会―』平凡社，1955

日本海と日本人

日本人のルーツは日本海をへだてた大陸の人人とどうかかわってきただろうか。形質人類学と血液型遺伝子から日本民族の源流を探る

形質人類学からみた日本民族の源流／血液型遺伝子に基づいた日本民族の源流

形質人類学からみた日本民族の源流 ―

国立科学博物館人類研究部
溝口優司
（みぞぐち・ゆうじ）

日本人の起源については大きく人種置換説，混血説，変形説があるが
これらのちがいは，想定する大陸系渡来民の遺伝的影響の多寡による

1 日本民族

「日本人」と「日本民族」とでは，厳密には意味が異なる。前者は日本国の国民のことであり，後者は日本列島という1つの地域内に住み，伝統的に同じ生活様式あるいは文化を持っている人の集団のことである。「日本人」も「日本民族」も生物学的なあるいは形質人類学的な分類による呼称ではない。形質人類学的に現在日本列島に住む大部分の人びとを一括するとすれば，例えば，モンゴロイド（蒙古人種または黄色人種）の中の日本列島地方集団，ということにでもなるだろう。が，いずれにせよ，上記の呼称の対象は実質的にはほとんど同じものなので，ここでは一応簡便に「日本人」と言うことにする。この日本人がどのように成立し，東アジアの中でどのように位置づけられているかを，形質人類学的な，とくに頭蓋の計測学的な立場から概説する。

2 置換説・混血説・変形説

日本人の起源に関する仮説は古来，とは言っても科学的な議論は19世紀の後半からであろうが，実に様ざまなものがある。鈴木尚[1]はこれらを大きく3つに分け，人種置換説，混血説，変形説と呼んだ。人種置換説とは，元来日本列島に住んでいた縄文時代人が後から渡来してきた別の人種にとって代わられたというもので，それに従えば，現代日本人は渡来人の末裔ということになる。混血説とは，もともとの日本列島の住民と渡来人との混血により現代日本人の基礎ができたとする説である。最後の変形説は，更新世以来日本列島に住むようになった人びとが，この地域内でいろいろな自然・文化環境に応じて自らの形態を少しずつ変形させ，現代日本人にまで至った，と考えるものである。日本人起源論自体の歴史的変遷は山口敏[2]，池田次郎[3]，鈴木[1]などに詳しいのでそれらに譲ることとし，ここではごく最近の人類学界における見解のいくつかを紹介したい。

1982年，港川人の詳細な報告書が出版された[4]。港川人はこれまで日本で発見された更新世人類の中では最も個体数も多く，保存もよい。この人骨は沖縄の港川採石場から発見され，約1万7千年前のものと推定されている。鈴木[5]によれば，頭蓋の形質は華北の後期旧石器時代人である周口店上洞人よりも，華南の後期旧石器時代人である柳江人や本州の縄文時代人にはるかに類似しているとのことである。また四肢骨の形態では縄文時代人との類似点もそうでない部分も多数あり，結局，東アジアの中で最も古い型の新人の1つと考えられる[6]という。

鈴木[7]はここ数十年来，莫大な数の人骨を収集し，日本人の成立に関しては前述の変形説を主唱してきた。そして，港川人，柳江人，周口店上洞人，縄文時代人数集団，西日本の弥生時代人，関東地方の古墳，鎌倉，室町，江戸時代人，アイヌも含む現代日本人数集団，さらに現代朝鮮人などの頭蓋計測値に基づいて，それらの類似関係を多変量解析によって分析し，形態学的特徴が港川人から縄文，古墳，中世，近世，現代人へと概ね連続的に変化してきた様相を二次元の展開図に示した。

鈴木[1,7]の説を要約すれば以下のようになる。すなわち，更新世の間に，華南の柳江人や華南から東南アジア北部にかけての新石器時代人に共通の先祖である未分化なプロトモンゴロイドが，当時陸続きであった台湾や沖縄を経由して日本列島に辿りつき，それが縄文時代人の先祖になった。その後，約1万年前に，大陸との陸橋が海水面の上昇によって消失した結果，彼らは周囲から隔離され，結局日本列島の中で縄文，弥生，古墳時代，そして中世，近世，現代へとその時その時の環境に応じて自らの身体的形質をも変化させ，今日の日本人になった，というものである。

他方，最近，かつて華やかだった置換説や混血説が再び多く見られるようになってきた。歯の計測値とその単純な比較によるブレイス・永井昌文[8]の研究はいわば置換説であろう。しかし，彼らの集団比較の方法は，大きさのみを重視し，一般により妥当な分類結果を与えることが知られている形態の比率を無視しているという点で，若干問題がある。それ以外の置換説としては，少し古くなるが，ターナー[9]のものがある。ターナーは骨と歯のデータに基づいて，現代日本人は華北からの移住者の子孫で，アイヌは縄文時代人の直接の子孫である，と主張した。

混血説の1つと見做されるものには，山口敏[10,11]の骨に基づく見解がある。山口はまず，3地方の縄文時代人と3地方の現代日本人の22項目の頭蓋計測値により，形態的な時代差が地域差よりも相当大きいことを示した。ついで8項目の頭蓋計測値に基づいて，縄文時代人に形態的に最も類似する集団は何であるかを調べた。結果は，最も近いものが北海道アイヌ，次に近いのは沖縄島民，逆に最も遠いのは華北の中国人，次は朝鮮人であった。現代日本人諸集団の縄文時代人から

の距離はこれらの中間であった。

山口はさらに，15項目の頭蓋計測値に基づいて，華北の新石器時代人が縄文時代人よりもずっと畿内の現代日本人に類似し，1例ではあるが華南の後期旧石器時代人の柳江人と縄文時代人が非常によく似ていることを示した。これについて山口は，縄文時代人は採集狩猟民として旧石器時代人的形態を保持していたのに対し，華北の新石器時代人は本格的な農耕牧畜民として早くから現代人的な形態を獲得していたものであろう，と解釈した。これらを総合的に考察した結果，山口は，日本列島では縄文時代を通して旧石器時代人的な生活様式と形態が持続していたが，弥生から古墳時代にかけて本州以南の日本列島住民には，採集から農耕へと生活様式が移行したのに伴う一種の繊細化と，相対的に優位な人口増加率をもった少数の渡来民による遺伝的影響があったのではないか，と論じた。そして，北海道アイヌは縄文時代的な採集狩猟活動を前世紀まで続けてきたために，縄文人的特性を強く受け継いでいる，と考えた。

その後さらに山口[12]は，11項目の頭蓋計測値により，古くから言われている，古墳時代人は形態的に縄文人と現代人の中間にある，という事実を再確認したが，頭蓋の10項目の非計量的形質の出現率パターンにおいては，東日本の古墳時代人は東日本の縄文時代人よりもはるかに現代朝鮮人に近く，決して東日本の縄文時代人と現代人の中間には来ないこと，そして東日本の江戸時代人と現代人は非常に類似していることなどを発見した[13]。これにより，山口は，弥生から古墳時代にかけての日本列島住民に急激な形態的変化を引き起こした要因の1つとして，大陸からの遺伝的影響を考え，これが東日本においてさえも無視できないことを強調した[13]。

上記山口の見解とは必ずしも同じではないが，埴原和郎[14]や池田[15]なども，日本人成立の過程において大陸系渡来民の遺伝的な影響が少なからずあった，と考えている。

3 アジア人諸集団の類似性と類縁性

過去150年の間に日本人の起源についていろいろな説が提出されてきたことはすでに述べた。しかし，この問題は今もって議論のさ中にある。上記鈴木[1,7]の変形説は，何らかの方法によって縄文

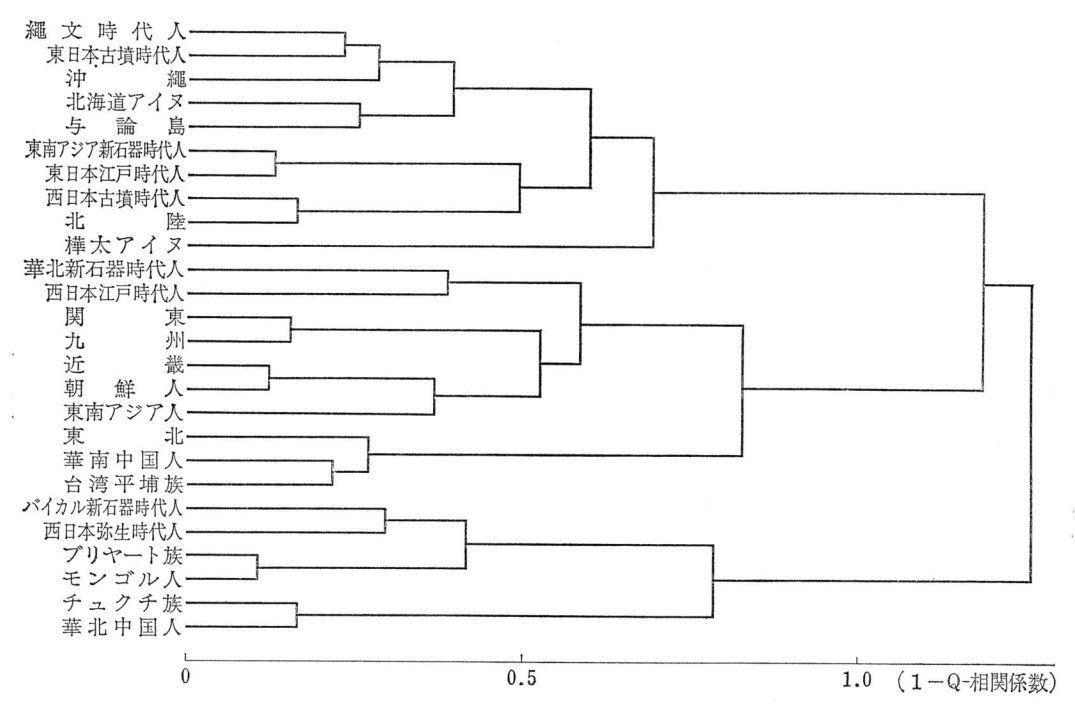

男性頭蓋計測値に基づく東アジアの新石器時代人，現代人ならびに日本の原史・歴史時代人の類似関係（註 18）より改変）
3大クラスターはそれぞれ採集・狩猟生活，農耕生活，北方の遊牧生活と関係しているかのごとく見える。

時代以降，日本列島へ移民がなかったことさえ実証されれば，かりにどんな身体的形質変化があったとしても，受け入れられるものであろう。身長のみならず頭示数なども，同じ人類集団においてわずか 20〜30 年の間に容易に変化しうることは河内まき子[16]も明らかにしている。しかしながら，もし外部からの移民の証拠がわずかでもあるならば，身体的形質の変化の要因として環境の変化のみならず，人種置換や混血の影響も検討してみなければならないことは言うまでもない。実際，考古学的には渡来民があったという証拠がある訳である。したがって，渡来民の影響はあったとしてもそれは文化的なもののみであったろうと言うためには，形質人類学的にもその証拠を示さなければならない。しかし，そうするには，日本列島内の集団のみを比較していたのでは難かしい。

山口[10〜13]，埴原[14]，寺門之隆[17]らは，現代と先史・歴史時代の日本およびその周辺のアジア人について頭蓋形質に基づく多変量解析を行ない，日本人成立過程における渡来民の遺伝的貢献を示唆している。しかしながら，このような統計学的分析にも種々の問題がある。分析方法の使い方が不適切な場合は論外としても，扱う標本数が少なすぎたり，比較集団すべてに共通する観察項目が

限られるために観察誤差が大きい項目でも使用せざるを得なかったり，あるいは同様の理由で互いに相関のある形質を使わざるを得なかったり，分析結果を歪ませる要因はたくさんある。しかし，もっと問題なのは，例えば，現代日本人が縄文人の直接の子孫であるのか，大陸系渡来民の子孫であるのかが問題になっている時に，現代日本人と縄文人と大陸の現代人を比較しても明確な答は得られないだろう，ということである。このような意味で，上記多変量解析の結果の中にも解釈に困難さを感ずるものが少なくない。

以上の問題点を念頭において，しかし決して解決した上でという訳ではないが，溝口[18]は次のような分析を行なった。まず，現代日本人と，その先祖の可能性ありと目される縄文時代人，バイカル湖付近の新石器時代人，華北の新石器時代人，華南も含む東南アジアの新石器時代人，さらに参考のために，土井ヶ浜と三津を混合した西日本の弥生時代人，東・西日本の古墳時代人，東・西日本の江戸時代人，そして東アジアの現代人も含めて，それらの男性頭蓋の 8 つの計測項目の資料を集めた。8 つの項目は頭蓋最大長，最大幅，バジオン・ブレグマ高，上顔高，眼窩幅，眼窩高，鼻幅，鼻高である。各集団の各項目の個体数が大体

20～30 以上になるように，いくつもの同地域，同時代の資料を混合した。このようにして作られた合計 26 集団間の類似度は Q-相関係数によって推定し，群平均法の クラスター 分析を行なった。その結果を図に示す。これによれば，現代日本人，例えば関東や近畿地方人は，山口[10,11]も指摘したように，華北の新石器時代人に非常に類似している。もし単純に最も類似している集団と最も類縁性が高いとすれば，ターナー[9]のように，現代日本人の先祖は縄文人ではなくて，華北の新石器時代人である，としなければならなくなる。ところが，もし，今と同じ論理を使えば，例えば東日本（関東）の場合，現代人の先祖は華北新石器時代人だったのに，ちょっと前の江戸時代人の先祖は東南アジア新石器時代人で，古墳時代では縄文時代人が先祖であった，ということになる。つまり，この分析結果が系統的な類縁関係のみを示すものだと仮定すると，日本人の先祖は時代ごとに異なり，人種置換または大きな混血がしょっちゅう起こっていたことになる。しかし，この類似関係が，鈴木[1,7]の言うように，生活様式など，環境への 適応の 結果も 相当強く 示すものであれば，必ずしも矛盾はない。つまり，採集・狩猟の生活様式を持っていた縄文人が，縄文時代晩期後半～直後に 導入した 水稲農耕の 生活様式の ために，その身体的形質が徐々に変化した結果，この図が示すような状態になったと解釈するわけである。現代日本人が縄文時代人よりも華北新石器時代人に似ていたとしても，後者が早くから典型的な農民であったことを考えると決して不思議ではない。

　最後に，土井ヶ浜や三津の弥生人がシベリアの新石器時代人と類似している（図）ことはすでに埴原[14]も指摘しているが，その直後の古墳時代人が縄文時代人に類似していることを考えると，彼ら西日本の一部の弥生人は，渡来民ではあったとしても，現代日本人の成立にはあまり遺伝的影響を及ぼしていないのではないかと推測される。

註

1) 鈴木　尚 『骨から見た 日本人の ルーツ』岩波書店，1983
2) 山口　敏「日本人の起源」近藤四郎編『日本人の起源と進化』所収，社会保険新報社，1977
3) 池田次郎『日本人の起源』講談社，1982
4) Suzuki, H. & K. Hanihara (eds.) : The Minatogawa Man : The Upper Pleistocene Man from the Island of Okinawa. University Museum, University of Tokyo, Bulletin, (19), 1982
5) Suzuki, H.: Skulls of the Minatogawa man. University Museum, University of Tokyo, Bulletin, (19), 1982
6) Baba, H., & B. Endo : Postcranial skeleton of the Minatogawa man. University Museum, University of Tokyo, Bulletin, (19), 1982
7) Suzuki, H.:Racial history of the Japanese. In "Rassengeschichte der Menschheit, 8. Lieferung," ed. I. Schwidetzky. R. Oldenbourg Verlag, 1981
8) Brace, C. L., & M. Nagai : Japanese tooth size : Past and present. Am. J. Phys. Anthrop., 59, 1982
9) Turner, C. G., Ⅱ : Dental evidence on the origins of the Ainu and Japanese. Science, 193, 1976
10) 山口　敏「骨から見た日本人の起源：Ⅴ.縄文時代人骨」季刊人類学，12—1，1981
11) Yamaguchi, B.: A review of the osteological characteristics of the Jomon population in prehistoric Japan. J. Anthrop. Soc. Nippon, 90 (Suppl.), 1982
12) 山口　敏「国家成立前後の日本人：Ⅴ.東日本」季刊人類学，16—3，1985
13) Yamaguchi, B.: The incidence of minor nonmetric cranial variants in the protohistoric human remains from eastern Japan. Bull. Natn. Sci. Mus., Ser. D, 11, 1985
14) Hanihara, K.: Origins and affinities of Japanese as viewed from cranial measurements. In "Out of Asia : Peopling the Americas and the Pacific," ed. R. Kirk & E. Szathmary. The Journal of Pacific History, 1985
15) 池田次郎「国家成立前後の日本人：Ⅵ.総合比較とまとめ」季刊人類学，16—3，1985
16) Kouchi, M.: Geographic variation in modern Japanese somatometric data and its interpretation. University Museum, Univesity of Tokyo, Bulletin, (22), 1983
17) 寺門之隆「国家成立前後 の 日本人：Ⅳ. 近畿・中国地方」季刊人類学，16—3，1985
18) Mizoguchi, Y.: Contributions of prehistoric Far East populations to the population of modern Japan : A Q-mode path analysis based on cranial measurements. University Museum, University of Tokyo, Bulletin, (27), in press, 1986

血液型遺伝子に基づいた日本民族の源流

大阪医科大学教授
松本秀雄
（まつもと・ひでお）

人種の違いを識別できる唯一の血液型遺伝子 Gm 遺伝子によって日本民族のルーツはバイカル湖畔に求めることができる

1 人種と Gm 型遺伝子

われわれ日本人にとって「日本民族はどこから来たか」ということは，興味以上の問題であり，古くから自然人類学，文化人類学，あるいは先史学などに立脚した多くの業績があり議論の尽きないところである。

われわれは免疫反応の主役を演ずる抗体（免疫グロブリン）のもつ遺伝標識，Gm 遺伝子に関する一連の分子生物学的な研究の中で，日本人の起源について新しい知見を得た。この Gm 遺伝子はその進化に 2 億年を要した DNA の変異として捉えられる安定したもので，人種の違いを識別できる唯一の血液型遺伝子である。ヒト免疫グロブリン（抗体）について，親から子に規則正しく遺伝する構造的な違いは，アロタイプあるいは遺伝標識とよばれる。これまで免疫グロブリン IgG の重鎖（H鎖）について Gm 型（ガンマ・マーカーの略），IgA の重鎖について Am 型（アルファー・マーカーの略），IgE の重鎖について Em 型（イプシロン・マーカーの略）[1]，すべてのクラスの免疫グロブリンに共通の κ 型軽鎖（L鎖）について Km 型（カッパー・マーカーの略）が発見されている。1956 年にスエーデンのグルーブ（Grubb）とロレル（Laurell）によって，Gm（a）とよばれるアロタイプが発見されたが，以来 4 つの IgG サブクラスのうち 3 つのサブクラス（IgG 1，IgG 2，および IgG 3）について，20 をこえるアロタイプが発見されている。この Gm 型の遺伝子は人類遺伝学，ことにいろいろの民族集団の特徴づけ，遺伝的浮動，遺伝子の流れといった事柄について，ユニークで，最も優れた遺伝標識として役立

表 1 人種を特徴づける Gm（抗体）遺伝子

蒙 古 系	ag・axg・afb¹b³・ab³st
白 人 種	ag・axg・fb¹b³
黒 人 種	ab¹b³・ab¹b³c・ab³s

っている。その理由は，人種によってその遺伝子型を異にする（表1）ということや，同じ民族集団であっても，それぞれの集団にみられる同じ遺伝子の頻度において著しい相違がみられるといったことによる。

2 Gm 遺伝子の分布

われわれは，1962 年に日本人集団の Gm 表現型および遺伝子型を決定することからはじめて，以来東南アジアから東アジア，さらに南北アメリカにわたって広く分散している蒙古系の民族や近隣の民族集団について，Gm 遺伝子の分布を検索してきた。その結果，以下の成績に示すように Gm 遺伝子の分布，頻度について，これらの集団の間には注目すべき際立った特徴や違いがみられること，蒙古系民族のいくつかについては，近隣の白人集団との混血を示すものがあり，逆に白人集団のいくつかには蒙古系民族を特徴づける遺伝子がもちこまれていることが明らかになった。とりわけ後に述べるような理由で，「北方型蒙古系民族」を特徴づける Gmab³st 遺伝子の流れと，その分布頻度に基づいて，日本民族の主体をなすものは北方型蒙古系民族であって，その源流はシベリアのバイカル湖畔にあることを明らかにした。

（1） 蒙古系人種を識別する標識遺伝子 Gmst の発見

1966 年，筆者らは Gm（s）および Gm（t）アロタイプを発見し，これが欧州人（コカソイド）やアフリカ人（ニグロイド）には全く見出されず，蒙古系人種では常に Gmab³st という遺伝子型であらわれ，蒙古系民族を特徴づける標識遺伝子であることを明らかにした[2]。

（2） Gm（st）を担うモノクローナル・タンパクの一次構造とアミノ酸置換の決定

Gm（st）を担う稀なモノクローナル IgG 3 タンパクを入手し，その Fc 部分の全アミノ酸配列を決定し，Gm（st）の特異性を決定するアミノ

酸置換を明らかにした。すなわち，蒙古系人種を識別する Gmst 遺伝子は，位置 435 のアミノ酸残基がヒスチジンであり，位置 379 のそれがメチオニンであるアミノ酸マーカーとして表現されることを確定した[3]。

（3） 日本人集団の Gm 表現型および遺伝子型の決定

Gm (st) の発見につづいて，日本人集団が 4 つの遺伝子 ag, axg, ab³st, afb¹b³ によって決定される 9 つの表現型をもつことを初めて明らかにした[6]。さらに，北海道から沖縄にわたる日本各地域における集団について，Gm 遺伝子の分布を調べたが，表 2 に示したように 18 の集団は等質であることを確認した（$\chi^2 = 90.63$, 115 d.f. p=95.46）[4]。しかし，北海道アイヌおよび佐渡の土着住民の集団については，日本人 18 集団について得られた遺伝子頻度とは異質性を示す成績が得られた。

（4） 韓国各地域における Gm 遺伝子の分布

韓国全土 7 地域における Gm 遺伝子の分布を表 3 に示した。これら 7 つの集団の間には Gm 遺伝子の頻度に関して，異質性は認められず，韓国人はその全土にわたって等質であることを示した。日本人と韓国人の異質性の程度について検討したが，その値は $\chi^2 = 288.72$, d.f. 3 p<0.000 であり，両者の間には著しい異質性が認められた[5]。

（5） 中国各地域（漢民族および少数民族）における Gm 遺伝子の分布

中国全土 16 地域における Gm 遺伝子の分布を表 4 に示した。表にみられるように漢民族においては，Gmag 遺伝子と Gmab³st 遺伝子および Gmaxg 遺伝子について，北から南へ向かって減少する。逆に，Gmafb¹b³ 遺伝子は北から南へ向かって著明な増加を示すという遺伝子勾配がみられ，漢民族は北部，中部，南部で明瞭な異質性を示す。

一方，少数民族であり，シルクロード上に位置する回族およびウイグル族は基本的には北方型の Gm パターンを示すが，いずれも白人種由来の Gmfb¹b³ 遺伝子がもちこまれており，その混血の程度は，回族での 15% 前後に比べ，ウイグル族においては著しく高い。シルクロード上に位置するイランの 2 つの住民，マザンデラニアンとギラニアンは，ペルシャ人を主体としたトルクマン，アフガンなどとの混血民族といわれるが，表 5 にみられるように等質であるこの 2 つの集団は，白人種に固有の Gmfb¹b³ 遺伝子を高い頻度でもつことで特徴づけられるが，蒙古系民族を特徴づける Gmab³st および Gmafb¹b³ 遺伝子も持ちこまれており，これらの遺伝子の頻度に基づいて，25〜30% の割合で蒙古系民族との混血を示

表 2　日本各地域における Gm 遺伝子の分布

集 団 ／ 遺伝子頻度	ag	axg	ab³st	afb¹b³	fb¹b³
1.　静内（北海道）	.448	.191	.283	.078	—
2.　秋田	.453	.161	.295	.091	—
3.　仙台	.476	.165	.246	.112	—
4.　東京	.460	.168	.263	.109	—
5.　横浜	.478	.166	.251	.106	—
6.　伊勢原	.442	.179	.273	.106	—
7.　新潟	.488	.145	.250	.117	—
8.　津	.482	.188	.233	.097	—
9.　神島	.453	.182	.276	.089	—
10.　奈良	.464	.161	.252	.123	—
11.　大阪	.450	.159	.261	.130	—
12.　松江	.444	.181	.260	.115	—
13.　岡山	.414	.189	.276	.121	—
14.　広島	.456	.186	.265	.093	—
15.　高知	.440	.200	.255	.105	—
16.　大分	.481	.190	.236	.093	➡
17.　長崎	.454	.200	.255	.091	➡
18.　那覇（沖縄）	.434	.221	.262	.083	➡
日本人　（18集団）	.458	.176	.260	.106	—
アイヌ*	.571	.134	.252	.043	—
佐渡*	.479	.207	.252	.062	—

表 3　韓国各地域における Gm 遺伝子の分布

集 団 ／ 遺伝子頻度	ag	axg	ab³st	afb¹b³	fb¹b³
1.　済州島	.506	.223	.140	.131	—
2.　釜山	.520	.213	.130	.136	—
3.　光州	.486	.207	.141	.166	—
4.　慶州	.496	.195	.148	.161	—
5.　全州	.493	.199	.158	.150	—
6.　原州	.492	.221	.142	.145	—
7.　江陵	.513	.185	.167	.135	—
韓国人　（7集団）	.501	.207	.145	.147	—

表 4　中国各地域（漢民族および少数民族）における Gm 遺伝子の分布

集 団 ／ 遺伝子頻度	ag	axg	ab³st	afb¹b³	fb¹b³
1.　回（新疆）	.377	.108	.141	.277	.097
2.　ウイグル（新疆）	.331	.120	.113	.095	.341
3.　蒙古（フフホト，中国）	.471	.203	.097	.229	—
4.　蒙古（台湾在住）	.379	.190	.140	.291	—
5.　ハルビン（黒竜江）	.441	.210	.113	.236	—
6.　長春（吉林）	.471	.219	.089	.221	—
7.　大連（遼寧）	.384	.266	.094	.256	—
8.　北京	.428	.214	.117	.241	—
9.　済南（山東）	.431	.190	.116	.263	—
10.　昆山（江蘇）	.376	.141	.098	.385	—
11.　合肥（安徽）	.416	.172	.084	.328	—
12.　西安（陝西）	.405	.183	.113	.299	—
13.　杭州（浙江）	.350	.184	.079	.387	—
14.　成都（四川）	.168	.078	.048	.706	—
15.　広州（広東）	.183	.054	.033	.730	—
16.　壮（南寧）	.031	.005	.022	.942	—

す民族であるということができる。他方，南の少数民族である壮族は，南方型を特徴づける Gmafb¹b³ 遺伝子が 94.2% というように，ボルネオのカダザンにおける 97.3% に近い値を示し，際立った南方型のパターンを示す民族であるということができる[6,7]。

以上，日本，韓国および中国の諸民族，すなわち蒙古系の民族の示す Gm パターンは，基本的には4つの Gm 遺伝子の存在によって，説明できるものである。すなわち，蒙古系民族は4つの Gm 遺伝子，Gmag，Gmaxg，Gmab³st および Gmafb¹b³ をもつことによって特徴づけられ，識別できる民族集団であるといえる。

3 Gm 遺伝子に基づいた蒙古系民族の解析

東南アジアから東アジアをへて南米にわたる諸地域の蒙古系民族の Gm 遺伝子の分布を表5に示した。これらの集団の Gm パターンについて注目すべきことは，

(1) Gmag および Gmafb¹b³ 遺伝子にみられる明らかな遺伝子勾配の存在である。

蒙古系集団は，Gm 遺伝子頻度に基づいた明らかな遺伝的距離によって，モンゴルを接点として互いに分離される2つの特徴的なグループに分けられる。すなわち，極端に高い頻度の Gmafb¹b³ と，逆に低い Gmag 遺伝子をもつことで特徴づけられる"南方型蒙古系民族"と，これと全く対照的に，極端に低い Gmafb¹b³ と高い Gmag 遺伝子をもつことで特徴づけられる"北方型蒙古系民族"である。このような成績に基づいて，日本民族は中国のいずれの民族集団とも全く異なるものであり，明らかに「北方型蒙古系集団」に属するものであるということができる。

(2) また，表5からも明らかなように，北方型蒙古系民族を特徴づける Gmab³st 遺伝子についても，明らかな遺伝子勾配が存在するが，日本民族はこの遺伝子を 26.0% という高い頻度でもつことによっても特徴づけられ，この意味においても北方型蒙古系集団に属することは明らかである。

(3) 北方型蒙古系民族を特徴づける Gmab³st 遺伝子の流れを，他の多くの研究者のデータをも併せヨーロッパを含めて検討すると，表5および図1にみられるように，バイカル北部のブリアート集団を最高として，この Gmab³st 遺伝子は四方へ流れているが，チベット，ヤクート，エスキモー，コリヤーク，外蒙古，日本本土，沖縄，北海道アイヌなどでなお高い頻度でみられるが，北米から南米へ向かって，また中国から東南アジアへ向かって険しい落差を示し消失している[8]。

蒙古系民族である，回族やウイグル族に白人種

表 5　蒙古系および近隣集団にみられる Gm 遺伝子の分布

集団／遺伝子頻度	ag	axg	ab³st	afb¹b³	fb¹b³
1. マチゲンガ (アマゾン・ペルー)	.735	.257	.004	.004	—
2. ケチュアン (アンデス・ペルー)	.865	.093	.016	.026	—
3. マザテスコ (メキシコ)	.787	.158	.022	.033	—
4. ピマ (アリゾナ)	.910	.057	.006	.026	—
5. アタバスカン (アラスカ)	.623	.178	.143	.056	—
6. チベット (東部)	.566	.099	.242	.087	.006
7. チベット (西部)	.650	.159	.130	.061	—
8. エスキモー (グリーンランド)	.706	.005	.247	.041	—
9. エスキモー (アラスカ)	.683	.011	.254	.052	—
10. エスキモー (カブラン)	.795	0	.205	0	—
11. チュクチ (東北カムチャッカ)	.724	.116	.154	.006	—
12. エンツイ (エニセイ)	.506	.173	.276	.045	—
13. コリヤーク (カムチャッカ)	.714	.055	.200	.031	—
14. ヤクート (ヤクーツク)	.552	.087	.267	.094	—
15. ブリアート (バイカル北)	.473	.162	.307	.058	—
16. ブリアート (バイカル南)	.492	.125	.272	.111	—
17. 蒙古 (ソ連)	.431	.102	.229	.238	—
18. 韓国	.501	.207	.145	.147	—
19. アイヌ (北海道)	.571	.134	.252	.043	—
20. 日本 (本土)	.458	.176	.260	.106	—
21. 日本 (沖縄)	.434	.221	.262	.083	—
22. 蒙古 (台湾在住)	.379	.190	.140	.291	—
23. 蒙古 (フフホト, 中国)	.471	.203	.097	.229	—
24. 回 (新疆)	.377	.108	.141	.277	.097
25. ウィグル (新疆)	.331	.120	.113	.095	.341
26. ハルピン (黒竜江)	.441	.210	.113	.236	—
27. 長春 (吉林)	.471	.219	.089	.221	—
28. 大連 (遼寧)	.384	.266	.094	.256	—
29. 北京	.428	.214	.117	.241	—
30. 済南 (山東)	.431	.190	.116	.263	—
31. 昆山 (江蘇)	.376	.141	.098	.385	—
32. 合肥 (安徽)	.416	.172	.084	.328	—
33. 西安 (陝西)	.405	.183	.113	.299	—
34. 杭州 (浙江)	.350	.184	.079	.387	—
35. 成都 (四川)	.168	.078	.048	.706	—
36. 広州 (広東)	.183	.054	.033	.730	—
37. 壮 (南寧)	.031	.005	.022	.942	—
38. 台湾	.222	.087	.047	.643	—
39. タカサゴ	.194	.042	.002	.762	—
40. カレン (タイ山地)	.01	.01	.05	.92	—
41. メオ (タイ山地)	.207	.036	.018	.739	—
42. タイ	.044	.042	.015	.899	—
43. インドネシア (ジャワ)	.127	.116	.0	.751	—
44. インドネシア (セレベス)	.156	.078	.0	.766	—
45. ネグリト (ルソン)	.136	.100	.0	.754	—
46. ネグリト (ミンダナオ)	.120	.208	.0	.672	—
47. カダザン (ボルネオ)	.015	.012	.0	.973	—
48. ミクロネシア	.087	.026	.0	.888	—
49. ポリネシア	.243	.063	.0	.693	—
50. メラネシア (ソロモン)	.288	.119	.0	.593	—
51. メラネシア (ブーゲンビル)	.197	.057	.0	.746	— (ab¹b³)
52. パプアニューギニア	.754	.037	.0	.056	— .153
53. オーストラリア原住民 (東北海岸)	.631	.068	.0	.0	— .301
54. オーストラリア原住民 (西部砂漠)	.730	.270	.0	.0	— .0
55. ウラル (ソ連)	.279	.085	.029	.0	.608
56. ヒンズー (インド)	.324	.134	.042	.074	.426
57. マザンデラニアン (イラン)	.143	.007	.085	.026	.738
58. ギラニアン (イラン)	.150	.017	.088	.018	.726

世界の各民族における **Gmst** 遺伝子の流れ

由来の Gmfb¹b³ 遺伝子がもちこまれているのと対照的に，この北方型蒙古系の Gmab³st 遺伝子は，近くまた遠くヨーロッパのいろいろの集団にもちこまれている。近くはインドのヒンズー，イランのギラニアン，マザンデラニアンに，遠くはフィンランド，ノルウエーのラップ，ハンガリー，チェコスロバキア，イタリアのサルジニアなどの白人種集団にもわずかながらこの Gmab³st 遺伝子が見出され，これら諸民族の蒙古系民族との混血の程度は数値としてとらえられる。

このように，Gmab³st 遺伝子はそのルーツをシベリアにもつものであって，これが民族の移動，混血などによって，このような流れが生じたものであることは明らかである。これら東南アジア，東アジア，南北アメリカに分散する蒙古系民族にみられる Gm 遺伝子のデータに基づいて，「日本民族の主体をなすものは北方型蒙古系民族に属するものであって，そのルーツはシベリアに，さらにいうならばバイカル湖畔にある」と結論することができる[9]。

註

1) E. van Loghem, R. C. Aalberse, and H. Matsumoto : A genetic marker of human IgE heavy chain, Em(1). Vox Sang., 46, 1984

2) L. Martensson, E. van Loghem, H. Matsumoto and J. Nielsen : Gm(s) and Gm(t) : genetic determinants of human gamma-globulin. Vox Sang., 11, 1966

3) H. Matsumoto, S. Ito, T. Miyazaki and T. Ohta. Structural studies of a human γ3 myeloma protein (Jir) bearing the allotypic marker Gm(st). J. Immunol., 131, 1983

4) H. Matsumoto : Studies on the marker gene, Gm st, characteristic of Mongoloid populations. Jpn. J. Human Genet., 29, 1984

5) H. Matsumoto, T. Miyazaki, K. Ohkura, T. Miyashita, and Yun Sun Kang : Distribution of Gm and Km allotypes among the seven Korean populations. Am. J. Phys. Anthrop., (accepted).

6) H. Matsumoto, T. Miyazaki, X. Xu, H. Watanabe, N. Kawai, and K. Suzuki. Distribution of Gm and Km allotypes among the five populations in China. Am. J. Physic. Anthrop., (in press).

7) H. Matsumoto, T. Zhao, and T. Miyazaki. Distribution of Gm and Km allotypes among the 10 populations in China. (in preparation).

8) H. Matsumoto : On the origin of the Japanese race : studies of genetic markers of the immunoglobulins. Proc. Japan Acad., 60—6, 1984

9) 松本秀雄『日本民族の源流』大陸書房，1985

福井県鳥浜貝塚

■ 森 川 昌 和
若狭歴史民俗資料館

1 遺　　跡

　鳥浜貝塚は福井県三方郡三方町鳥浜字高瀬に所在し，若狭湾国定公園の一部三方湖より約1km南に位置する。1962年より断続的ながら，1985年まで10次にわたる発掘を実施した。最終調査は，1985年7月1日より1986年1月18日までかかり，異例の厳寒の冬季調査で発掘の幕を閉じた。この間，実に24年以上の歳月をかけて調査した遺跡となった。とりわけ，1975年の第4次調査からは，河川の拡幅工事に伴う事前調査として実施してきた。これまでの発掘延べ面積は，1,670m² 内外である。

　低湿地遺跡，それも貝塚を伴う本遺跡は，水中投棄された遺物，とくに有機質のものが腐敗せずに残存したことに起因して植物性遺物は膨大な量で出土している。このことから縄文人のタイムカプセルとよばれるに至った。

　1980年の第5次調査からは，「生業活動の復元」をメインテーマとして，自然科学分野の研究者との共同研究を推進してきた。その分野も多岐に及んでおり，動物骨（獣，鳥，魚），木材の樹種，種実，花粉，プラントオパール，珪藻，軟体動物，昆虫，糞石，火山灰，石材の産地，古地形，地質など各種の同定や分析，¹⁴C による年代測定などである。

2 出土遺物

　本遺跡の縄文時代の遺物包含層は，縄文時代草創期から前期後半にかけて整然と堆積しており，その厚さは約4m におよぶ地点もある。

　縄文時代草創期については，層序的に隆起線文土器，爪形文土器・押圧文，多縄文系土器が確認されてきている。それぞれに木や種子も検出されており，中でもブナの実が多量に出土している。多縄文系土器の段階では，木製品，縄類，少量の魚骨と鳥骨も検出されており，ヒョウタンの果皮も確実に伴出している。木片による年代測定も実施して，隆起線文土器で 11830±55 B.P.，爪形

文・押圧文土器で 10770±160 B.P.，多縄文系土器で 10270±45 B.P. であった。

　縄文時代早期は，日本海にうかぶウルルン島にその供給源を求められる三方火山灰層をはさんで，押型文土器が判明している。木製品，種子，魚骨などが伴出している。

　縄文時代前期は，本遺跡の中心をなす包含層である。土器は，羽島下層II式，北白川下層Ia，Ib式，北白川下層IIa，IIb，IIc式に層序の上からも編年を確実なものとした。

　木製品としては，丸木舟，櫂，石斧柄，丸木弓，小型弓，鉢や盆状容器，杭，板や棒など多彩なものがあり，容器には例外なく漆が塗られている。漆塗りの櫛，あるいは漆塗り土器など赤色漆が中心であるが，かなりポピュラーなものであった。

　縄や編物も豊富で，その材質についても，ヒノキ，アサ，アカソ様，タヌキラン様と少しずつであるが判明してきている。

　骨角器や石器も大量に出土しているが，石皿や磨り石も多く，両者ともデンプンを採取した時のアク状の付着物が確認可能なものがかなりの量にのぼり，機能面の追求も可能となっている。骨角器の中では刺突具が圧倒的に多い。

　種子類では，ドングリ類，クルミ，クリが圧倒的に多く，カヤも多く，ヒシも多量に検出されている。栽培植物としては，ヒョウタン，リョクトウ，シソ，エゴマ，ゴボウなどが判明しており，アブラナ科，ウリ科の一種もあり，今後増加していくことは確実である。

　ヤシの実，恐らくココヤシと想定される資料も，これまでに4個体分検出されている。恐らく意図的に容器などの利用のため採取されたものであろう。

　動物骨は，イノシシ，シカが圧倒的に多く，カモシカ，クマ，サルなどが目立つ。鳥骨，魚骨も多いが同定が進んでいない。

3 住居跡と貯蔵穴

　これまで，廃棄活動から推して，住居跡の存在を想像してきたが，1984年の本遺跡の第9次調査によって，その情報が断片的ではあるが得られている。これまで想像してきたことが正しかったことを証明したといえばそれまでであるが，この成果は，いわゆる鳥浜ムラを語り，彼らの生活をより具体的に絵にすることができる重要な発見で

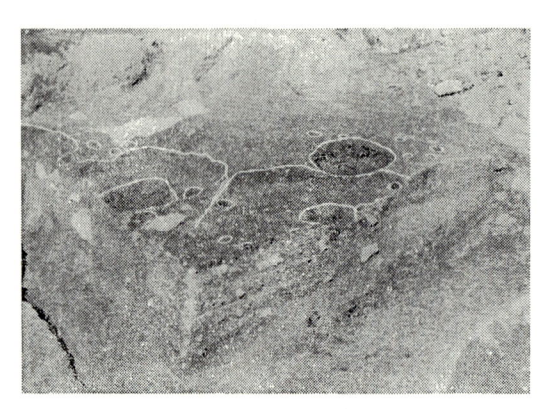

鳥浜貝塚出土の竪穴式住居跡

あると考えている。

　これまでに検出されていた代表的遺構としては，杭群があった。杭群はほとんどが縄文時代前期に属するもので，1984年第9次調査までの総数は250本以上を数える。その下には，縄文時代草創期に属する杭群も検出している。これらの杭群の性格については，水上住居説，桟橋説などがあるが，解明するに至っていない。

　住居跡は，通称椎山とよぶ，かつては舌状に突き出ていた丘陵において検出した。現在の鰣川の左岸，高瀬川との合流点で，遺跡からみて北部である。このことから，当時三方湖が湾入していて，湖につき出ていた椎山丘陵の南側を整地して，ムラを形成したことがわかる。いわば湖畔のムラの一端を知ることができた。また付近から貯蔵穴も検出されている。

　第1号住居跡　一辺が2.5～2.8mの隅丸方形の平面形を呈し，主柱はなく，壁柱のものと思われ，壁柱穴を検出している。住居のほぼ中央に炉を設けてある。炉は浅く掘りくぼめただけの構造で，85×65cmの大きさである。

　第2号住居跡　第1号住居の北西，東の壁は第1号と切りあっていた。しかし前後関係は明らかではない。本住居跡は不整円形の平面形を呈する。炉の位置を住居のほぼ中央と仮定すれば，住居の規模は，長径3.2m，短径2.4m内外をはかる。主柱穴は検出されず，第1号住居と同様壁柱穴を確認している。炉は不整円形の平面形で，床から約20cm掘りくぼめて，石が敷いてある構造である。

　第3号住居跡　第2号住居跡の北方にあり，2.6mをはかる一辺がわずかに検出されたにすぎなかったが，壁柱穴と思われる穴も検出してい

る。本住居跡は第1号住居跡同様隅丸方形の平面形を想定している。

　第1号～3号住居跡の時期については，縄文時代前期に属することには間違いないが，細かい時期を確定できていない。

　貯蔵穴　住居跡群に隣接して，その西方に，土壙が5基検出された。上部は縄文時代前期末に堆積した礫層によって削平されていたが，いずれの土壙からもドングリ類が出土した。このことからドングリ類の貯蔵穴と考えている。時期は縄文時代前期，北白川下層Ⅱa式に属するものである。ドングリ以外の種子は全く検出されず，貯蔵穴の底部の径は約40cm前後のもの2基と，約1mをこえるもの3基に分かれる。

4　まとめにかえて

　与えられた題が多雪地帯の遺跡ということであったが，現在の若狭地方は雪は降るが，そんなに多雪とはいえない。しかしながら，全国的な視野，あるいは地理的に北陸地方にあるということから，常にそう考えられてきた。

　縄文時代前期の本遺跡に残された貝層，植物層（種実・木・木の葉），骨層（獣骨・魚骨）と仮に表現できる象徴的な層序が物語るものは何なのであろうか。やはり"季節"という考え方に達している。10次にわたる調査で検出された膨大な遺物の整理が不充分であり，「生業活動の復元」を進めていきたいと考えている。

　現在でも，まれに多雪になることもある本遺跡の最近の成果の一端を紹介してきた。本遺跡の1963年の第2次発掘の際，岡本勇は層序の季節性の問題を提起した。本遺跡の10次にわたる調査の中で，少なくとも縄文時代前期においては，この地で冬の生活が展開したことは確定的で，岡本勇が指摘された答とその考え方の正しさが証明されたと思っている。

　豊富な植物性遺物が物語る縄文時代の人々の生活は，冬の間，じっと雪の中で耐える人間像ではなく，狩猟を中心とする男性の仕事，住居の中での編物，縄，毛皮の各種の製作活動をする女性の生活がそこにあった。

参考文献

　鳥浜貝塚研究グループ編『鳥浜貝塚―縄文時代前期を主とする低湿地遺跡の調査―』1～5，1979，80，81，83，84，85年，福井県教育委員会・若狭歴史民俗資料館

富山県小竹貝塚

■ 藤田富士夫
富山市考古資料館

1 位置と環境

富山平野のほぼ中央に標高 100m 前後の呉羽山丘陵が北東～南西に細長く横たわる。丘陵の北東端は，標高 10～20m の緩斜面で，深い開析を所々に受け台地状地形が発達している。

この台地の北方には広大な富山平野が広がっているが，台地のいわば裾部から平野にかけての位置に縄文時代前期の貝塚が 2 ヵ所知られている。蜆ヶ森貝塚と小竹貝塚がそれである。ともに淡水産の貝塚で，約 1km 離れて営まれている。現在の標高は 3.5～4m を成し，海岸線まで直線で約 4km を隔てる。いまは，放生津潟として残る潟が縄文前期の頃これらの貝塚の前面にまで迫っていたものと見られている。

蜆ヶ森貝塚は，北陸の縄文前期中葉の蜆ヶ森式土器の標式遺跡で，1953 年に富山大学考古学同好会による発掘調査が行なわれている。いわゆる単純遺跡である。

ここで紹介する小竹貝塚は，1907 年頃に一部で存在が知られていたが，1955 年に高瀬保によってその位置や範囲などの概要が確認され，広く知られることとなった。その後，承水路敷設による富山県教育委員会の緊急発掘調査などが行なわれて現在に至っている。また 1972 年，富山考古学会の吉久登，本江洋は承水路の川底から多くの骨角器などを採集し，その写真編を自費刊行している。

なお小竹貝塚は，富山市呉羽字種田 1377，1487 番地を中心に所在する。

2 貝塚の概要

貝塚の広がりは高瀬保による丹念な現地聞き取り調査によって東西 50m，南北 150m と推定された。1974 年の富山市教育委員会によるボーリング調査でもその規模が確認され，やや西に弧を描いて分布することがわかった。貝層は，現地表面からマイナス 150～200cm にある。厚さは 20～50cm を平均とするが，部分的に 100cm を越す

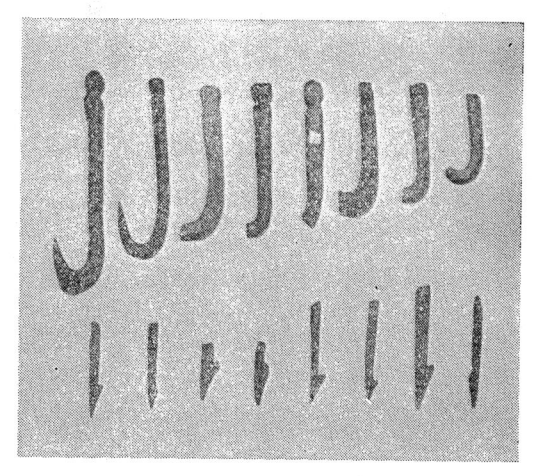

小竹貝塚出土の骨角器（釣針）（吉久登・本江洋蔵）

ところもある。弧状を描いて走る貝層の周縁（大きくみれば馬蹄形貝塚の中心域？）にあたる東側では，貝層を混じえない遺物包含層があって，多くの土器や石器を出土している。

貝層は，吉久・本江調査地点ではシジミ（ヤマトシジミ・マシジミ）とタニシ（オオタニシ・カクタニシ・マルタニシ）がその 99% を占めており，ほかにマガキ，オオコシタカガンガラ，ツメタガイ，ハマグリ，オオキララガイ，レイシ，ナガニシ，ベンケイガイ，トガシオリイレ，クチベニ，カニモリガイ，トウガタカニモリ，ホンカリガネ？，ソデガイ，サザエ，サルボウ，マルサルボウ，アカガイが報告されている。多くの淡水産の貝に混じって，各種の鹹水産の貝がみられる。

魚骨には，サメ，マダイ，フグ，スズキ，コイが確認されているが，なかでもマダイが多い。

獣骨では，シカ，イノシシ，イルカを主とし，ほかにイヌ，タヌキ？，アナグマ？がある。鳥類では，キジが知られている。また，植物ではサワグルミ，クリ，コナラ，ヒシ，モモ，カキ，スギ，モウソウダケの報告がある。

ところで，蜆ヶ森貝塚の調査では，マヤトシジミ 79%，ヒメニホンシジミ 16%，マシジミ 5% といった比率で，ほかに 1 点のマルサルボウがあったとされる。獣骨では，シカ，アナグマ，イノシシが発掘されている。小竹貝塚はその遺跡規模も反映していて貝種が豊富であるが，基本的には両者ともに純淡水産の貝塚であって同一のラグーン縁辺に立地していたとみてよいだろう。

3 土器・石器・クッキー状炭化物

小竹貝塚では，縄文時代前期，古墳時代前期，

近世の遺物の出土があるが，貝層からは縄文時代前期の土器だけが出土する。また，先土器時代〜縄文時代草創期に属する数点の黒曜石やハリ質安山岩製の小型尖頭器が採集されており，生活環境としての始まりを示している。

出土の土器についてはまだ詳細な内容の検討が行なわれていないが，おおよそ前期中葉の朝日C式からはっきりと認められ，以後福浦下層式，蜆ヶ森I式，蜆ヶ森II式，福浦上層式といった前期を通してのほとんどのものがみられる。地点によってそれらの土器の出土量が異なっていて，厳密ではないが大別すると，中葉が多く，次いで後葉に比重がある。県外の土器としては，北白川下層2式，北白川下層3式，諸磯b式などがはいっている。

石器では，吉久・本江の採集によると，石鏃78点，磨製石斧40点，石錐21点，玉類15点，石匙13点，尖頭器6点，軽石1点，石臼1点となっている。ほかに，富山県教育委員会の調査地点では熱を受けた砂岩および花崗岩の円礫のほか大型の石錘が多く出土した。とくに石錘は大型で，直径20cmにもなるものをはじめ，小さくても直径10cmくらいである。このような大型の石錘は，石川県穴水町の甲・小寺遺跡（縄文早期末〜前期初頭）でも知られている。また，若干の擦石もある。吉久・本江の地点ではこれらの石器は得られていなく，地点によってその組成が大きく異なっている様子がうかがえる。

注目すべきものとして，植物質食糧とみられるクッキー状炭化物がある。大きさは，3.9×3.8×3.2cmの不整の塊状をなす。表面は3.5mmほどの厚さで，やや密な層を作っている。

4 骨角器・人骨

骨角器には，装身具，釣針，針，尖頭器などがある。

装身具として，有孔の鮫歯製の垂飾品，中型獣の牙を穿孔した勾玉状垂飾品，骨角製のヘアピンや管玉・玦状耳飾，カニモリ貝の穿孔品，サルボウやベンケイガイ製の貝輪などがある。

釣針は，単純な「し」の字形をしたものでは，アグ（逆刺）をもったものはみられない。大きなもので高さ6.1cm，小さなもので2.5cmあり，いわゆる中型品が多い。

また，長さ3cm前後で先端に逆刺のある棒状のものがある。結合式釣針の針先であろう。時代

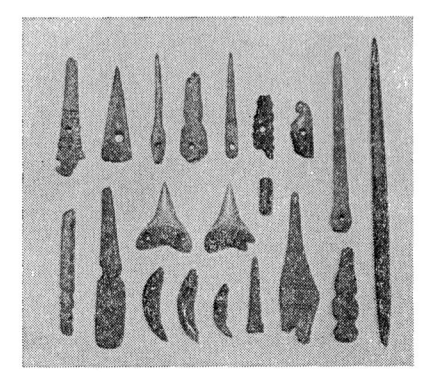

小竹貝塚出土の骨角器（吉久登・本江洋蔵）

は降るが，北海道の恵山貝塚などに類例のある大型釣針の一種である。L字形をした軸に接合して使われたものと思われる。

出土量のもっとも多いのは，長さ5〜6cmの，両端を尖らせたヤスである。これは，福井県鳥浜貝塚では土器の割れた部位の補強にも用いられたことが知られている。

針には，基部に穿孔のあるものと，かがりの溝を刻んだものとがある。長さは4〜7cmである。

人骨は，屈葬された1体がある。頭部は欠失しているが，体格のよい成人男子とされている。椎体や寛骨の一部に異常骨増殖が認められており，骨折のあったことがうかがえる。

5 まとめ

小竹貝塚は，安田喜憲の花粉分析では，ハンノキ属の出現率が大変高く，ほかにアカガシ，スギ，モチノキ，コナラ，クリノキ属が多いとされる。周辺の湿地には，ハンノキ林が育成し，海岸部には照葉樹林が進出していたとされ，その環境は鳥浜貝塚と類似するとされた。時代的には鳥浜貝塚と重なる。しかも，その規模や断片的な資料からそれとひけをとらない雰囲気をもっている。降雪地帯に営まれたこれらの拠点的な遺跡の詳細は今後に期するところが多い。その解明が進むにつれて日本海沿岸に独特な文化の存在が明らかなものとなるであろう。

<付記> 小竹貝塚の紹介にあたり，吉久登氏から多くの御教示を得た。ここに記して謝意を表したい。

主要参考文献

高瀬　保「富山県婦負郡小竹貝塚」考古学雑誌，55—3，1970

橋本　正『富山県埋蔵文化財調査報告書II』富山県教育委員会，1972

吉久　登・本江　洋『小竹貝塚写真集　骨角器編』1977

新潟県新谷遺跡

■ 前 山 精 明

新潟県巻町教育委員会

1 遺跡の立地

新谷遺跡は新潟県西蒲原郡巻町大字福井に所在する。新潟平野の西縁を南北に連なる弥彦，角田山塊の一角，樋曽山東麓に形成された小規模な扇状地（幅 250m，奥行 200m）上を立地とし，沖積平野（旧沼沢地）に隣接した南側緩斜面一帯（海抜 7〜17m）に広がりをもつ。周辺には沖積地，山地の他にも砂丘地，日本海といった多様な環境が展開しており，半径 5km の円テリトリーを想定した場合，これらすべてが範囲内に含まれることになる。ちなみに，遺跡付近における現在の最大積雪量は1m 未満の年が多く，新潟県下では寡雪地帯に相当する。

2 発掘調査

発掘調査は 1983 年 12 月から翌年 1 月にかけて，し尿処理場の増設が計画される扇端部（海抜 7.0〜8.5m），847m² で実施した。

確認された層序は，第Ⅰ層（上部粘土層）以下 6 層に大別できる。このうち，第Ⅱ層（未分解有機物層）直下にあたる第Ⅲ層（青色混礫粘土層）の下半部から第Ⅳ層（灰黒色粘土層），第Ⅴ層（明茶褐色硬質粘土層）下底部までの間に縄文時代前期を中心とする遺物が大量に包含されていた。なお，Ⅳ層とⅤ層は第Ⅵ層（灰褐色硬質粘土層）上に堆積し，前者は堆積レベルにして海抜 7m 以下，後者はそれ以上に分布する。

明確な遺構としては，Ⅴ層分布域で住居址状遺構，Ⅳ層分布域で土壙が 1 基ずつ確認されただけであったが，この点については発掘区の大半がⅣ層分布域にあたるためとみられ，未調査区域として残される高域部（現畑地）に居住空間が広がるものと推定している。

3 出土土器の様相

小破片を合わせれば総数 10,000 点以上に達する。このうち99% 以上は胎土に植物繊維を含み，前期前半に位置づけられるものである。これら一群の土器は，刺突文，爪形文などによる帯状文様

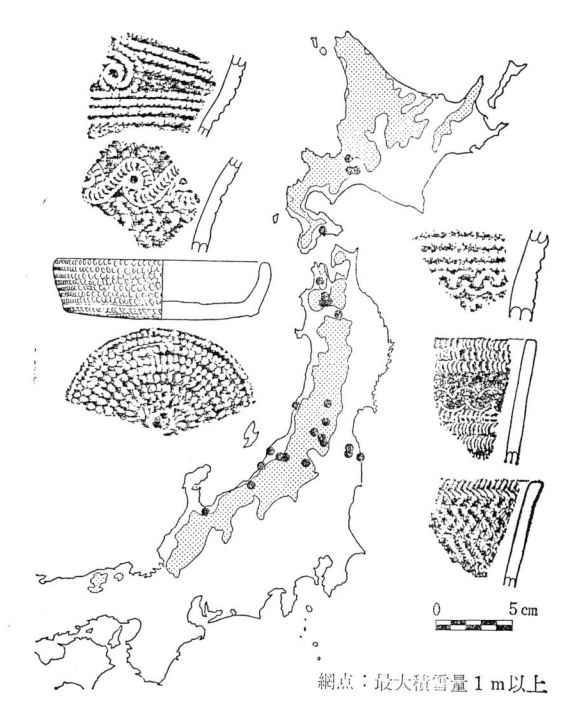

網点：最大積雪量 1m 以上

図 1 類似土器出土遺跡の分布

を器面上半と下底部に描き，平底の底面にも同一工具による同心円状，放射状の刺突文様を施す点に特徴がある。また，口縁部文様帯の中には円形竹管文，コンパス文をもつ個体も多くみられ，関東地方における二ツ木式，関山式土器と併行関係にあることをうかがわせる。器面には刺突文様などとともに多様な原体による縄文が施される。ただし，層状施文を基本とし，羽状構成をとる場合，結束されぬ原体が大多数を占める。小片が多いため全体的な器形は明確でないが，径の小さな底部から緩やかに立ち上り，大口径をもつ個体（深鉢）が多いようである。このほか，稀な例としては，器面全体に刺突文を施した浅鉢形土器が 1 個体ながら検出されている。

以上の土器群は，細かな相違を別とすれば，福島県宮田遺跡（貝塚）出土Ⅲ群土器や青森県芦野遺跡出土Ⅰ群土器などに類似し，図1のごとく日本海側を中心とした広域分布圏を形成している。

4 石器群の構成

製品だけで 14 器種，1,180 点あまりが検出された。いわゆる生産用具の内訳としては，磨石類 540 点，石皿 130 点，礫石錘 370 点（いずれも概数）が主体をなし，これら3器種で全資料の 90 % 近くを占める。反面，石鏃，石槍，石匙，スクレイパー，石錐といった剥片石器類は全体で

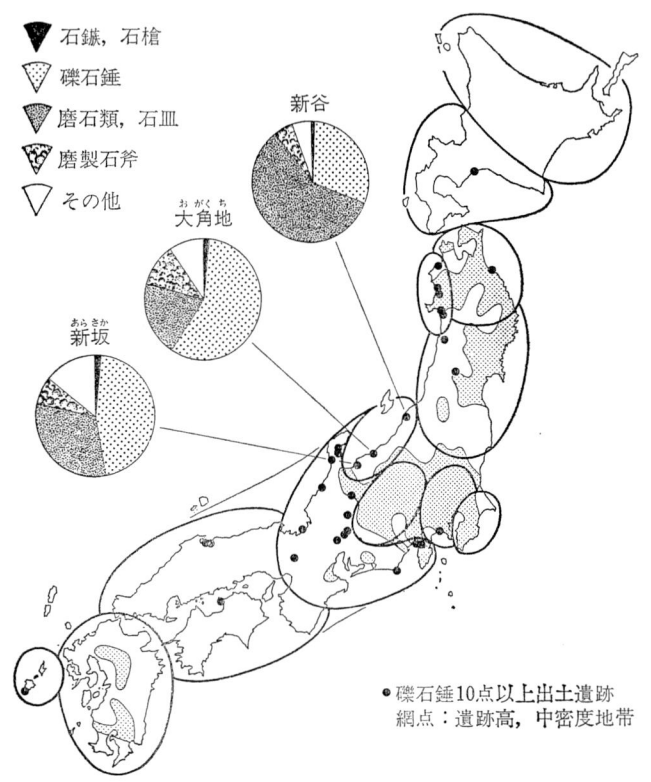

凡例:
- 石鏃, 石槍
- 礫石錘
- 磨石類, 石皿
- 磨製石斧
- その他

新谷

大角地（おおがくち）

新坂（あらさか）

● 礫石錘10点以上出土遺跡
網点：遺跡高, 中密度地帯

図 2　生産用具組成にみる地域圏と礫石錘多出遺跡の分布

30 点にも満たず, その寡少性が目につくところである。このほか, 磨製石斧の製品が 60 点程度, 未製品やハンマーが 70 点程度出土しており, 前期前半では数少ない磨製石斧生産遺跡である点も見のがせない。

図 2 は全国の縄文時代前期遺跡 200 カ所あまりでえられた石器組成をもとに作成した地域圏である。図のように, 新谷遺跡は北陸圏の一角に位置するが, 磨石類や石皿の出現率が高い点を除けばおおむね本地域における一般的な組成内容をもつことがわかる。

一方, 属性面で目立ったところとしては, 小型片刃石斧の安定的な存在, 磨石類の中における平坦面打痕保有個体（いわゆる凹石）の少なさが指摘できる。前者は北陸的, 後者は非東北ないし中部高地的様相として位置づけられよう。また, 石匙はすべて左右非対称の縦型形態で, この点に東北南部的要素も認めるが, 全体的には北陸的な石器様相を呈しているといえる。

なお, 生産用具以外では玦状耳飾とその未製品が 1 点ずつ出土している。後者は長方形をなした第 1 次成形品で, 白馬山麓産の滑石を石材とする。

5　新谷遺跡と積雪地帯

以上のべてきたように, 新谷遺跡は比較的短期間のうちに形成されながら, きわめて豊富な遺物が出土したところに特色がみいだせる。加えて, 生産用具組成のあり方が量的拡大に留まる点, あるいは磨製石斧の生産が行なわれている点を考慮すれば, 本地域の中にあって中心的役割を果たした大規模集落とみなすのが妥当であろう。それとともに, 新潟県における早期〜前期前半の遺跡の中で従来この種の遺跡はほとんど知られておらず, 少なくとも現時点では県内最古の定住集落として位置づけることも可能と考える。

ところで, 本遺跡から検出された土器群, 石器群の類例を周辺に求めてゆくと, いずれも積雪地帯や遺跡低密度地帯[1]とかなりの部分で重なり合う事実に気づく。この点は, 積雪地帯の中に居住域を拡大しつつあった当時の適応状態が各種遺物のあり方に何らかの形で反映されていることを物語るといえよう。紙数の都合上詳細は別の機会に譲るとして, ここでは雪との関わりを直接的ないし間接的に示すと思われる点を以下に列記しておく。

(1)　北陸圏では他地域に比べ磨製石斧の出現率が高い傾向にある。こうした現象は, 冬季を前にした薪の大量確保と関連づけて説明できるのではないか。

(2)　礫石錘多出遺跡の分布は, 遺跡低密度地帯や積雪地帯とおおむね一致したあり方を示す。このうち積雪地帯の遺跡では石鏃出現率が概して低率に留まっており, 越冬用保存食料の獲得手段として網漁が重視されていた可能性を示唆する[2]。

(3)　積雪地帯への適応初期の段階にあった縄文前期前半においては, いまだ人口密度が低く, このことが結果的に土器のダイレクトかつ広範囲に及ぶ伝播を促したとも解される。

註
1) Koyama, S.: Jomon Subsistence and Population. Senri Ethnological Studies. 2, 1978
2) 筆者は礫石錘の大半を漁網錘と考えている。その主たる根拠は, 遺跡間における出土量の差が著しく, 工具的な用具とは出現傾向を大いに異にするからである。

石川県真脇遺跡

■ 平口哲夫
金沢医科大学助教授

1 多雪地帯における小雪地域

日本海側の豪雪とのかかわりで能都町真脇遺跡の特色を論じるよう，編集部からの依頼を受けた時，筆者は若干の抵抗を感じた。確かに山陰から北陸をへて東北地方におよぶ日本海側は，太平洋側とは対照的な「豪雪地帯」として物の本にも色分けしてある。ところが，石川県にかぎってみても，能登と加賀，海岸部と山間部とでは積雪量にかなりの差が認められる。

金沢育ちの筆者が地元で直接体験した大雪のうち最大のものは，積算積雪 7,328 cm，最深積雪 181 cm を記録した「三八豪雪」である。これこそまさに豪雪の名にふさわしいが，当地ではまれな現象である。能登は加賀平野よりもさらに雪が少ない。奥能登の柳田村から珠洲市にかけての山間部では加賀平野並みか，それ以上の積雪を見ることがあるけれども，海岸部は雪が少なく，外浦でも内浦でもさしたる差がない。1944～1963 年の最深積雪平均値で

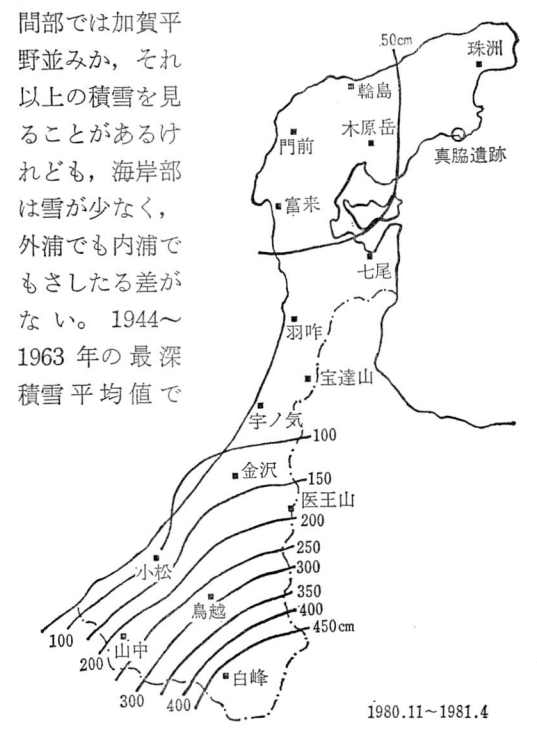

石川県における**寒候期**の**最深積雪**
（『石川県気象年報』1981 を改変）この年，加賀山間部では1963 年を上回る豪雪となった。

は，柳田村は 94 cm を越えるにもかかわらず，能都町は 60 cm 以下，能都町海岸低地では 40 cm 前後にすぎない。むろん，冬期を通じてこのような積雪があるわけではない[1]。真脇遺跡は，北陸にしては雪の少ない地域に位置するのである。

2 穏やかな好漁場

能登半島の北・西海岸すなわち外浦は，日本海の荒波に直接洗われて険しい海食崖が発達している。これに対し東海岸にあたる内浦は，湾や入江の連なる沈降性海岸の特徴を示す。冬の日本海といえば荒れ狂う波を連想しがちであるが，内浦沿岸海域は湖水のように波静かなことが多い。

石川県にある指定漁港 69 のうち，40 港（58%）までが内浦にあるというのも，内浦の立地条件をよく反映している。そのうち能都町には，鵜川・七見・矢波・波並・藤波・宇出津・羽根・小浦・高倉の計 9 港がある。最後の高倉漁港は1966年に真脇漁港と姫漁港とが合併改称したものである。

富山湾は世界有数の定置網漁場として知られるが，それ自体，あたかも天然の定置網のごとく外洋に口を開いている。真脇遺跡はちょうどその"天然定置網"の口元あたりに位置するのである。『能登志徴』宇出津の項には，「此浦は内海第一等の漁猟業場にて，生鯨を捕るは此浦に限る。其外海産多く，年中漁舟を出さざる日なき程の猟所なり」とある。鯨類については後述するが，藩政時代の漁獲物についての面影を宿す『水産物取調』（石川県，1879 年）には，その他の漁獲物として，ブリ（10～1 月）を筆頭に，マグロ（4～6 月，12～2 月），タイ（4～6 月），カレイ（12～4 月），カツオ（9～11 月），イカ（10 月），サバ（6～9 月），タラ（10～1 月），ボラ（4～5 月，8～9 月），ナマコ（2 月中頃～4 月中頃），アジ（5～10月）が揚げられ，イワシなどの雑魚も四季を通じて捕られたことがうかがわれる[2]。

真脇遺跡出土の魚類骨としては，サメ類・カツオ類・サバ類・カジキ類・エイ類・スズキ類・マダイ・カンダイ・カサゴ類・フグ類の存在が中間報告されている[3]。本報告ではさらに多くの種が名を連ねることになろう。真脇遺跡の縄文人も漁撈中心の生業を営んでいたことは，立地からしても出土遺物からしても疑う余地がない。

3 イルカ猟の盛行

真脇遺跡では，縄文時代前期後葉～中期初（蜆ヶ森式・福浦上層式・朝日下層式・新保式期）を中心

に，イルカ骨が多量に出土した。以降の縄文時代層にもイルカ骨が含まれていたが，上層になるほど保存状態が悪く，量的にも少ない。藩政時代はもとより[4]，昭和初期に至るまで大規模な追い込み漁が真脇で行なわれていたことからして，縄文時代中期以降も盛んにイルカ猟が行なわれたのではあるまいか。もしそうだとすると，上層からあまり骨が出土しなかったのは，保存条件が悪かったか，解体・廃棄場の中心が調査区外に移動したか，ないしはその両方が起因しているということになる。

　真脇遺跡出土の鯨類骨は，カマイルカとマイルカという体長2mほどの小型イルカ類が圧倒的多数を占め，体長2.5mほどのバンドウイルカがこれに次ぐ。オキゴンドウやハナゴンドウなど，体長4,5mの大型イルカ類（ゴンドウクジラ類）の骨もある。アカボウクジラ・コイワシクジラ・ナガスクジラ級の脊椎骨も散見する。ゴンドウやクジラを除く狭義のイルカでは，頭部から尾部まで各部の骨が満遍なく出ている。したがって，多量出土区はイルカの解体・廃棄場であり，かつイルカの水揚げ地点近くに位置するものと考えてよい。

　これら多量のイルカ骨は集団上陸（stranding）したものを利用したにすぎないのでは，との声を耳にしないわけではない。イルカ骨の出土状況は，まれに多量のイルカにありつけたというより，毎年決まった時節に回遊してくるイルカを何頭も捕獲した結果，多量の骨の集積ができたと考えた方がよい様相を示している。集団上陸がこの地域で生じたという記録はなく，また，縄文時代にそのようなことが頻発したとも考えがたい。

　地元の民俗的イルカ猟は，何そうもの舟で群を包囲し，竹ざおで水面を叩いたり，喚声をあげて舟板を叩くなどして入江に追い込み，網で入口をふさいだうえ，包囲網を縮めて海岸に近づけて行き，浅瀬に来たところを見はからって人が飛び込み，イルカを抱えるようにしてなぎさに引き上げる。そして，大きな包丁で頸動脈を切ってとどめを刺す[5]。イルカは素手で捕まえればおとなしいが，下手に傷つけると暴れて危険ともいう[6]。この方法では，相当の労働力と大掛かりな網を必要とする。

　一方，真脇遺跡のイルカ骨多量出土層からは，石鏃や石槍も多量に出土しており，しかもイノシシやシカなどの陸獣骨はごくわずかしか出ていな

い。そこで，当時のイルカ猟には弓矢や槍も用いられたのではと考えられるのである[7]。カマイルカは，網で追い込もうとしても，群の指導者が一度網を飛び越えてしまうと，他のほとんどのイルカも続いて逃げてしまう[8]。このような場合，網取法よりも突棒法の方が効率がよいということになろう。だが，真脇遺跡では逆刺のついた銛に相当する道具は出土していない。弓矢による射殺法や槍による突棒法のみでは効果的とはいえないが，これに網取法を併用することによってイルカの群の一部を捕獲したのではあるまいか。いずれにせよ，個人ではなく集団による協業体制でもって初めてイルカ猟が成し遂げられたことは言うまでもない。余すところなく利用できるという鯨類の用途については，紙数の関係で詳述することはできないが，保存食糧や防寒具など，越冬の備えという点でも今後検討していきたい。

4　多重遺跡の意義

　真脇遺跡は縄文時代前期から晩期までほとんど切れ目なく営まれた。水害の危険性はあるが，周辺一帯のなかでは総じてしのぎやすい場所であり，とりわけ漁撈活動上の利点に恵まれていたことが，多重遺跡を残した第一要因として考えられる。遺物分布範囲はかなり広範ながら，同一地点での集落規模はさほど大きいとも思えない。本的には周年にわたる居住地であろうが，春から夏にかけてのイルカ猟期には，近隣集落からも人が集まり，共同作業に従事した可能性も否定できない。イルカ猟のみならず，寄り鯨に対しても複数の集落の干与があったものと思われる。前期末の彫刻柱，中期後葉の巨大石棒，後期前葉の土製仮面，晩期の巨大木柱遺構などは，一集落を越えた集団的生業活動の精神面と深いかかわりがあるのかもしれない。

註
1)　斎藤晃吉「気象と災害」能都町史，1，1980
2)　斎藤晃吉「能都町漁業の概要」「環境と漁業資源」能都町史，2，1981
3)　山田芳和編『真脇遺跡』能都町教育委員会，1984
4)　田川捷一「能登国採魚図絵」能都町史，4，1982
5)　水産小木のあゆみ編集委員会編『水産小木のあゆみ』小木漁業協同組合，1977
6)　農商務省水産局編『日本水産捕採誌』（復刻），岩崎美術出版社，1983
7)　平口哲夫「北陸における縄文時代の動物遺体出土遺跡と水域環境」石川考古学研究会々誌，28，1985
8)　西脇昌治『鯨類・鰭脚類』東京大学出版会，1965

石川県チカモリ遺跡

■ 南　久和

金沢市教育委員会

1　調査の概要

　金沢市新保本町チカモリ遺跡は，旧称を八日市新保遺跡と言い，同町3丁目地内に所在する縄文時代後晩期の遺跡である。

　チカモリ遺跡は，1909年から着手した耕地整理の時に，すでに遺跡であることが気づかれていたものと考えられ，曲折の多い旧中川の中に土砂とともに土器・石器など多数を投げ込み，そして平坦化し，直線的な排水路に改修したという風聞が，今も生々しく伝えられている。

　1954年には，戦後発会した石川考古学研究会によって発掘調査され，その成果は，1964年に発刊された石川県『押野村史』[1] の中に報告された。

　1965年，『日本の考古学』[2] に，東北地方大洞B式の三又状文とかなりよく似た三又状連結文を施文する深鉢などを示標とする八日市新保式が紹介され，北陸の晩期初頭の標式的遺跡として一躍著名な遺跡となった。しかし，近年，この三又状連結文は，北陸の後期土器群の文様の中にその出自があり，東北地方晩期初頭の三又状文とは無縁であるという反論もある。

　1980年，地元新保本町では土地区画整理事業を計画した。遺跡の中心部分は金沢市と協議の上保存されることとなったが，新設道路により破壊せざるを得ない部分のあることが判明したため，金沢市教育委員会が調査することとなった。

　現在，遺跡の中心部分は，地元組合により都市児童公園として整備された。また，この公園の脇には金沢市が収蔵庫を建設中であり，本年7月1日の開館が待ち望まれている。

　標高7m前後を測る遺跡周辺は，地下水の季節的自噴水地帯となっており，区画整理前までは，植物遺体の遺存条件としては好適な環境を保持していたことは言うまでもないが，過去2回の小規模な調査では木柱が多数遺存していることなど知るべくもないことであった。金沢市による

1980年の第3次調査と1984年の第4次調査を待って初めて多数の木柱の遺存が明らかになり，発掘対象面積3,500m² から，木柱がおよそ400例，旧中川排水路の一部から丸木弓や不明木製品など多数の植物遺体が検出され，一躍，耳目を集めることとなった。以下に第3次調査の結果を要約してみたいと思う[3]。

2　木柱の性格

　チカモリ遺跡第3次調査の中で特筆すべきことは，やはり先にも記したように何と言っても約350例という多数の木柱と，30例以上の礎板が遺存していたことであろう。報道関係にあっては巨大な木柱のみが一人歩きしたような感があったので，350例の木柱の形状と大きさと数量の関係を以下に確認した上で木柱の性格を推理してみたいと思う。

　木柱の根元と考えられる遺存材すなわち木柱根は，その形状によって大きく3種類に分けられよう。すなわち，①丸い円柱形の材を縦割りにした「半截材」あるいは半割材と呼称すべきもの250例，②円柱形の材をそのまま用いた「丸柱材」45例，③円柱形の材を縦割りにし，さらに，刳り抜き外彎展開させて「板状材」あるいは展開板状材とでも呼称すべき形態に加工したもの52例である。以上3種類合計347例である。この他に「板材」があり，礎板として用いたものが20例以上ある。木材の遺存体は367例以上と計算される。

　以上3種類の木柱根のうち，直径が50cmを超える「巨大」と表現し得るものは，半截材で40例，丸柱材では10例以上，板状材では2例以上がある。

　3種類の木柱根のうち，半截材と板状材は巨大か巨大でないかを問わず，組み合わされて用いられているものが数例ある。半截材は，円形に，しかも線対称に配置されており，この同一の線対称軸に板状材が2枚1組で配置されるものである。この関係は，巨大木柱で構成されている「A環」と呼称した構造物にもっとも典型的に表われている。

　板状材は出入口部と考えられ，円形に配置された半截材は，出入口部を必要とする閉鎖的な構造物，すなわち家屋の主柱と推理しうるのではなかろうかと思う。

　丸柱材の巨大なもの10例は，ほぼ正方形に配置された4本の構造物と，ほぼ長方形に配置され

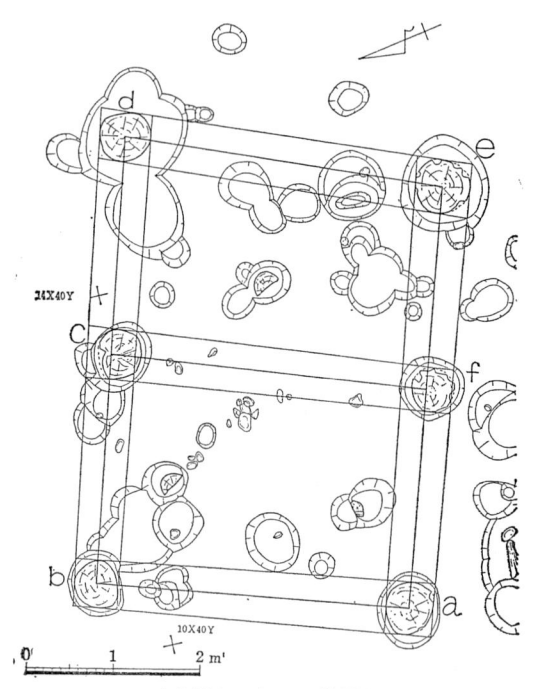

丸柱長方形プランの住居跡

た6本の構造物である。あるいは食料貯蔵のための共同倉庫のようなものかと想像されるが，全く定かではない。

　半載材の材質は 90% 以上がクリ材と考えられる。丸柱の材質は，素人目ではあるがクリ材のものとそうでないものが混じっているようである。また細い丸材のものでは樹皮をそがないで使用しているものもあり，樹皮の特徴から桜あるいはナラ属と考えられるものもある。

　以上の約350例の木柱根の性格については推理をたくましくすれば，様々な説が成り立つであろうと考えられる。ストーンサークルと対比的に考えれば，ウッズサークル説が成り立ち，配置のあり方を偶然そうなったものと考えればトーテムポール説が成り立ち，上屋がないと考えれば舞台説や看視所説，高床式墓所説，横桟を考えれば檻説なども成立しうるであろうと思う。また雪と結びつけるならば冬場の作業所説も成立して当然であろう。

　このように未だ多くの立論の余地がありながらも，筆者は，これらの木柱根群は，集落の跡であろうと推理した。

　半載材を円形にめぐらし出入口を持つ構造物は，男子集会所または若者宿，あるいは儀礼小屋のような特殊な家屋，丸材を方形にめぐらしたものは高床式倉庫のような建物を空想している。そ

して，50 cm に満たない半載材をやはり円形にめぐらし出入口を持つ構造物を一般住居と考えている。

　全体的には，中心部分に広場があり，一般住居はU字状に配置され，U字の底に，すなわち集落のカナメの部分に特殊な家屋が配置され，U字の右側に沿って倉庫的建物がやや広場よりに配置されていると考えている。

　すべての構造物の線対称軸は広場方向に向いているので，すべての建物の出入口が広場方向に向けて設定され，集落の開口部を意識していることが推理される。

　特殊家屋の出入口とU字状に配置されていた集落の開口部は一致し，東南方向と考えられ，線対称軸も一致するものと考えられる。U字になった集落の背後は旧中川排水路に囲繞された「後堅固」（ウシロケンゴ）の 占地 となっていることが了解されようか。

3　石器と生業

　以上の木柱のほか遺物では土器片およそ500ケース，石器はおよそ 200 ケース にも及んでいるが，土器片は耕地整理が原因と考えられる細片が多い。

　出土した石器のうち，生業を反映していると考えられる石器は，石鏃261点，石匙 16 点，打製石斧413点，磨製石斧 61 点，石錘20点，石錐31 点，凹石226点，磨石 354 点，石皿96点，砥石 25 点，擦り切り石器7点，計 1,510 点である。なお，石錐としたものはその形態が石冠に類似したものを含めてある。

　磨製石斧は，木柱根との関係でとくに注目すべきであるが，中期の磨斧に比べると 小振りであり，巨大な木柱根と対比的に考えて見た場合に余りにも貧弱であり，その数量も木柱根約350点に比して 61 点と極めて少ないことが指摘される。工具痕は果たして磨製石斧なのだろうか。

註
1）　高堀勝喜『押野村史』押野村，1964
2）　高堀勝喜「北陸」日本の考古学，Ⅱ，河出書房新社，1965
3）　金沢市教育委員会『新保本町チカモリ遺跡─遺構編─』1983
　　金沢市教育委員会『新保本町チカモリ遺跡─石器編─』1984
　　金沢市教育委員会『新保本町チカモリ遺跡─土器編─』1986

福井県吉河遺跡

■ 工藤俊樹

福井県教育庁埋蔵文化財調査センター

吉河遺跡は福井県敦賀市吉河に所在する弥生時代の集落遺跡であり，一般国道8号線敦賀バイパス新設に伴い実施した分布調査により 1981 年に確認された。本遺跡の規模は推定 25,000m² にもおよぶものと考えられ，1981～1986 年にかけて福井県教育庁埋蔵文化財調査センターが，このうち約 14,000m² について 6 次にわたる緊急調査を実施した。調査の結果，本遺跡が弥生時代中・後期に成立・展開した，比較的コンパクトな住居域と墓域の 2 域から成り立つ集落遺跡であることが判明した。なお，現在本遺跡出土遺物は遺物整理作業を継続中であり，ここではその概要について紹介するに止めたい。

1 遺跡の立地と周辺の弥生時代遺跡

吉河遺跡の所在する敦賀平野は，周辺山地から流入する諸川により形成された平野南部から東部にかけて広がる複合扇状地，北辺海岸線に伸びる沿岸洲としての松原砂堤，およびこれら両者に挟まれた平野中央部の低湿地から成り立っている。このうち本遺跡は，敦賀平野東縁に連なる標高 100～200m の丘陵西麓から，平野中央の低湿地に向って北方へ舌状に伸びる標高約 8m の微高地上に立地している。また調査から，同微高地東西両縁には北流する自然流路が存在していたことが判明している。

敦賀平野内において判明している弥生時代の遺跡は，本遺跡を含めて 4 遺跡と未だ少ない。これは当地における分布調査の不足とともに，平野の大半を沖積作用の著しい扇状地が占めているという地形的制約にもよっている。このうち海岸部に形成された松原砂堤上に立地する遺跡としては松原遺跡（中期）があり，吉河遺跡と同様に平野東縁の山麓に立地する遺跡としては中遺跡，坂ノ下遺跡（いずれも後期）がある。これらの各遺跡は平野中央に存在する低湿地縁辺の湿潤な土地を耕作地として利用し，各所に集落を形成したものと考えられる。

2 遺構

2条の自然流路に挟まれた微高地上を中心として展開する吉河遺跡は，北半の住居域と南半の墓域に大きく分けることができる。このうち住居域を構成する遺構としては，竪穴住居（6棟）・掘立柱建物（8棟）を中心に多数の柱穴・溝・土壙がある。竪穴住居の平面形には円形と隅丸方形の2種があり，その規模は大型例で径約 11m，小型例で辺長約 4.5m を測る。掘立柱建物では 1×1 間と 1×2 間の 2 種があり，その規模は大型例で桁行約 4.1m・梁行約 3.1m，小型例で桁行約 2.7m・梁行約 1.8m を測る。これら各遺構のうち時期を確定できるものは，中期では竪穴住居 6，掘立柱建物 3 が，後期では竪穴住居 1～4，掘立柱建物 1・2 がある。住居域は遺物整理作業の未着手が大部分を占め，未詳な部分が多いが，中期に位置づけられる遺構・遺物が住居域北部に偏在するのに対し，後期に位置づけられる遺構・遺物は一部墓域と重複する集落中央部および自然流路の東対岸にまで拡大する傾向を認めることができる。

墓域を構成する遺構としては，住居域と墓域を結ぶ墓道のほか，方形周溝墓（25 基）・壺棺（2基）・土壙墓（10 基）がある。このうち墓道は，方形周溝墓群中央を南北に縦断する「幹道」と，各方形周溝墓を結ぶ「枝道」から成っている。またこの墓道は，平野東縁に散在したであろう各集落を結ぶ道であった可能性をも有するものである。墓道（幹道）により東西 2 群に大きく分けられる方形周溝墓群は，周溝を共有または併設し整然と造営されている。東群は 10 基から成り，その規模は辺長 7～9m とほぼ一定しているのに対し，14 基から成る西群は，辺長約 12.5m と大型な例（方形周溝墓 14）から辺長約 4.4m の小型な例（同 21）まで，その規模に差異が認められる。また「枝道」の貫入や方形周溝墓 16 に認められるような軸方向を異にする例もあり，さらにいくつかの小群に分かれる可能性が高い。

埋葬施設としては，3 基（同 3・9・14）で木棺跡を検出したほか，周溝内から壺棺 2 基（同 10・20）などを検出した。各方形周溝墓の周溝内より出土した 1～4 個の供献土器から，これら方形周溝墓の大半は中期に造営されたもの（同 4・25 は後期）と判断される。土壙墓は方形周溝墓群の北縁，遺跡中央部で多く検出し，いずれも若干の骨片が出

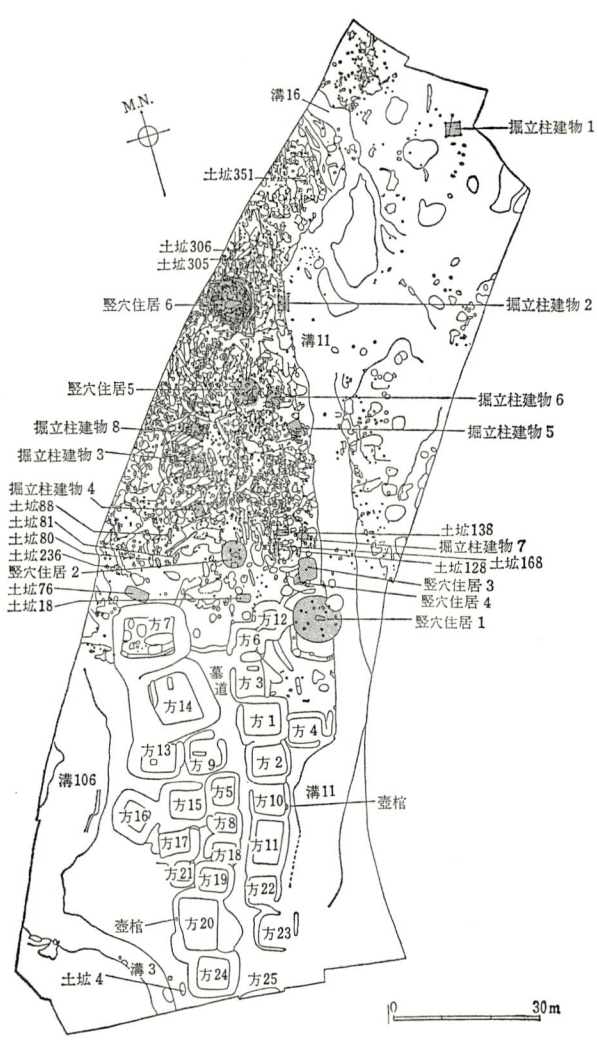

吉河遺跡遺構分布図

い土器のほか，東海地方に分布する岩滑式・大地式に相当する土器や中部高地地方に分布する阿島式に類似する土器の出土を見た。また壺の肩部に鹿を描いた絵画文土器（中期）の出土もある。出土土器の大半は弥生時代中期初頭〜後期末葉に位置づけられ，若干古墳時代以降の土器を含んでいる。石器では太型蛤刃石斧・扁平片刃石斧・柱状片刃石斧・石鏃（打製・磨製）・石庖丁（打製・磨製）・砥石・不定形刃器・磨製石剣などが出土しており，北陸地方の他遺跡に比して磨製石器の多い点は注目される。また金属器として銅鏃（後期）の出土がある。

さらに装飾品として翡翠製勾玉・ガラス製小玉・碧玉製管玉などが出土しており，北陸地方の遺跡を特徴づける玉作り関係の遺物として，碧玉片・石鋸・砥石・玉錐などその製作過程を復元できる資料が出土している。そのほか，土製品・石製品としては，鶏形土製品（中期）・土玉・紡錘車（土製・石製）などがある。木製品は東側自然流路下流部から約900点が出土した。主要な例として把手付槽・蓋・鍬・弓・火鑽臼があり，いずれも後期に位置づけられる。自然遺物としては，栗・桃・クルミ・瓜・稲などの種子類が出土している。

4 おわりに

福井県における弥生時代集落遺跡の発掘調査としては，福井市糞置，同上河北，同林，同荒木，同木田，敦賀市中，大飯町吉見浜，同宮留などの例がある。しかしこれら各遺跡の調査は大半が部分的なものであり，該期集落の全体像を把えるまでには至らなかった。本遺跡の調査では全掘はできなかったものの，住居域・墓域とこれを結ぶ墓道を検出し，その大要が把握できたことは大きな成果であった。出土遺物のうち土器では，とくに中期の土器編年を考える上で良好な資料を得，福井平野を初め近隣各地との対比も可能となった。土器以外では，北陸・山陰地方の地域的特徴とも言える玉作りに関連する良好な資料を得，本県における玉作り遺跡の出現を中期中葉まで引き上げることとなった。

なお本遺跡の遺物整理作業を福井県教育庁埋蔵文化財調査センターにおいて進めており，その詳細については作業の進行を俟ちたい。

土した。平面形には隅丸長方形と長楕円形の2種があり，その規模は大型の例で長さ4.9m，幅2.6m，深さ1.3m，小型の例で長さ2.0m，幅0.9m，深さ0.2mを測る。また壙底に石枕（土壙18）や土器枕（土壙76）を配した例があり，木棺の痕跡は認められなかった。土壙墓のうち時期を確定しうるものとしては，中期では土壙18・138が，後期では土壙76がある。

このように，北陸地方に弥生文化がもたらされた最古段階とも言える時期に成立した吉河遺跡は，その当初より計画的に集落を展開させたと考えられる。

3 遺物

吉河遺跡から出土した遺物は極めて多量なものがあり，さらに敦賀という地理的位置から多様な内容を有している。まず土器では畿内的色彩の強

富山県江上Ａ遺跡

■ 久々忠義
富山県埋蔵文化財センター

1 遺跡の概要

　江上Ａ遺跡は，1979年に北陸自動車道の建設に先立ち発掘調査が行なわれた，弥生時代後期の集落跡である。調査は，江上Ａ遺跡の他に，正印新遺跡（弥生時代中期・後期の集落），江上Ｂ遺跡（同後期の集落），中小泉遺跡（同中期・後期の水路と堰），飯坂遺跡（同後期の方形周溝墓群）もあわせて行なわれた。これら5遺跡は，各々100〜300mの距離をおくが，直径2kmの圏内にまとまるものとみられ，総体として，弥生時代中期から後期にかけての一村落をなすものと考えられる[1]。

　遺跡群は，県庁所在地富山市の東方約10kmにある上市町に所在する。上市町は，町域の約90%が山林で占められており，最高所に標高2,998mの剣岳がそびえる。遺跡群の南方には，このような3,000m級の山々が屏風のように連なり，平野部に多くの雪を降らす要因となっている。

　この山岳地帯から発する上市川や常願川などの川水は，一部伏流水となり，下流域で湧水となって噴出する。湧水帯は，標高1m，5m，15mのあたりにあり，そこは清水，小池，小泉などの地名からも知られる。弥生時代の遺跡は，ほぼこの湧水帯に沿って分布がみられ，当地方での稲作の開始が，そのような湧水帯で始まったことを示唆している。江上Ａ遺跡を含む遺跡群は，主に上市川に由来する標高15mの湧水帯に沿っている。

　江上Ａ遺跡は，発掘面積が約3,000m²で，その中に幅4mの水路を挟んで，竪穴住居跡1，高床倉庫2，その他の建物（倉庫もしくは住居）3，環状溝3，

柵2，井戸1などがあり，水路には板橋がかけ渡されていた。出土遺物には，弥生土器，鍬・鋤・えぶり・臼・杵・木製穂摘具・弓・鍬形木器・たも・火鑽臼・火鑽杵・紡錘車・斧柄・槽・桶形木器・琴柱・杓子・はしご・籠などの木製品，勾玉・管玉などの完成品・未成品，砥石，ひょうたん・炭化米・瓜・桃の種実などがある。

　約30点を数える鍬・鋤の出土，高床倉庫の存在，比較的粒の揃った炭化米（平均長4.8mm，幅2.73mm，長幅比1.76）の出土などは，江上Ａ遺跡が，稲作を生活の基盤とした農業集落であったことをよく示している。

2 自然環境

　現在，遺跡群の周囲は，見わたす限りの水田地帯である。弥生時代はどのようであったろうか。

　江上Ａ遺跡出土の種実遺体や泥土の花粉分析の結果は，当時の植生が，現在の丘陵地から山麓部の状況ときわめてよく似ていることを明らかにした。すなわち，コナラ・ミズナラなどを主体とする落葉広葉樹林と，ウラジロガシなどの常緑広葉樹の小林域が入り組んだ森林景観が想定される[1]。そして，そのような森林の中に，水田や畑に囲まれた1ないしは数家族の小集落と墓地が点在する散居村的な村落景観が思い描かれる。

　江上Ａ遺跡の木製品の樹種はスギが多く，先の植生の中にスギ林も混じってあったことが予想される。建物の柱材の利用をみると，正印新遺跡で

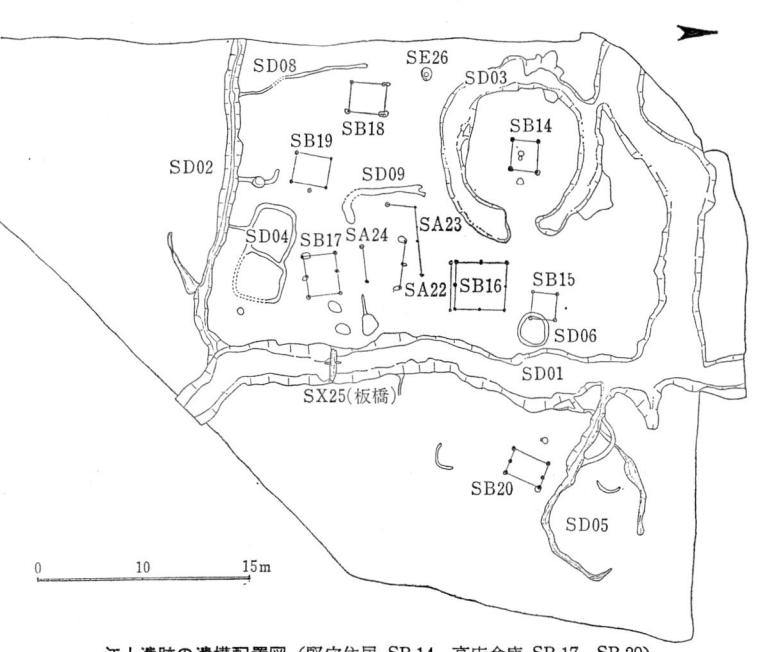

江上遺跡の遺構配置図（竪穴住居 SB 14，高床倉庫 SB 17，SB 20）

は，中期には常緑広葉樹であるが，後期にはスギが用いられている。江上Ａ遺跡 SD 03 や飯坂遺跡の周溝の泥土の花粉分析からは，後期にはいって，スギが次第に増加していることを知ることができる。

弥生時代後期の気候は，年平均気温が現在より2度ほど低く，やや冷涼であったと考えられている。海水面は約2m下降していたと推定されている[2]。昭和40年の上市における月平均気温は，7月が23度，8月が25.3度であった。また，1〜3月・12月の月平均気温は3.5度，平野部での平均積雪量は80〜110cmである。昭和10年から19年の間の平均値を出して求められた等積雪線および等温線の図では，0度〜2度のあたりで100〜150cmの積雪があった[3]。このような状況をみると，気温の低下は，現に稲が作られていることからみても，稲の結実期である7・8月の気温にはさほど影響がなかったようである。また，冬の積雪についても，現在と同じかやや多い程度であったと考えられる。

3 柱・鋤・玉

江上Ａ遺跡の中に，雪と関係するものがあるであろうか。以下3つの点について考えてみたい。

第1点は，建物について。雪の重みに耐えるために，雪の降らない地域に比べて，建物構造に違いがあるだろうか。静岡県登呂遺跡と比較してみたい。

江上Ａ遺跡の竪穴住居跡 SB 14 は，幅約2mの溝を巡らす4本主柱の建物である。柱根は4本とも残っており，礎板を敷いている。周溝の内側に幅2mの土堤を巡らしていたものと仮定すると，登呂遺跡第1号（47）住居跡とほぼ同じ規模のものと考えられる[4]。

SB 14 の柱根は，直径27cmである。第1号（47）住居跡は，柱根は残っていないが，礎板の大きさ（28cm×21cmの方形）から推定すると，直径20cm程度のものであったろうか。比較資料としては不十分すぎ，また柱の太さの違いをただちに多雪と結びつけられないが，同規模の建物とみられるのに，江上Ａ遺跡では一まわり太い柱を用いているように思われる。

第2点は，除雪道具について。木製品の中に，除雪のための道具があるだろうか。江戸時代の雪国の暮らしを描いたものとして著名な，鈴木牧之著『北越雪譜』に，雪掘りの道具として「木鋤（こすき）」と呼ばれる除雪具が出てくる。「形は鋤に似て刃広」い特徴をもった鋤は，雪国の必需品である。

江上Ａ遺跡では，鋤が16点あり，その内訳は，現在のスコップに似たもの（鋤Ａ）9点，踏鋤4点，ナスビ形をした細長いもの1点，把手2点である。鋤Ａは一辺25cmの隅丸方形の刃部をもつもので，刃部の縦・横断面形が湾曲している。樹種にカシやクヌギの硬木を用いていることなどから，本来土の掘削や移動などの土木具として生み出されたものとみられるが，身幅が広く除雪に際しても有効な形態といえよう。この種の鋤は，今のところ，石川県や新潟県などの北陸地方にみられ，以上のような事情と関係があるのかもしれない。

第3点は，農閑期である冬の仕事について。江上Ａ遺跡では，ヒスイや滑石を用いた勾玉，碧玉・鉄石英を用いた管玉，水晶を用いた小玉の製作が行なわれている。玉は未成品がほとんどで，剝片や原石とともに，竪穴住居跡 SB 14 の周溝からの出土が多い。しかし，完成品に近いもので20点程度，剝片・原石を数えても500点を超えない小規模なものである。専業の工人集団によるものではなく，農閑期である冬季に行なわれた家内労働の所産であったとみるのが自然である。

富山県では，縄文時代の早い段階から，玉生産が行なわれているが，縄文時代ではヒスイなどの原石の産地に近い県東部に集中している。しかし，弥生時代になると，例えば，高岡市石塚遺跡や小杉町上野遺跡など県西部の遺跡からも，玉の未成品や原石が出土する。

縄文時代における玉の生産は，その季節に集落ごと移動することもあったであろう。しかし，弥生時代における稲作を中心とした生活は，人々の定住化を促し，北陸地方における玉生産のあり方をも変化させたということができよう。

註
1) 上市町教育委員会『北陸自動車道遺跡調査報告―上市町遺構編―』，1981，同『同上―上市町土器・石器編―』1982，同『同上―上市町木製品・総括編―』1984
2) 藤井昭二・藤 則雄「北陸における後氷期以降の海水準変動」第四紀研究，21，1982
藤 則雄「北陸における新石器時代の海水面変動と気候変化」北陸の考古学，石川考古学研究会，1983
3) 上市町『上市町誌』1970
4) 日本考古学協会『登呂―本編―』1954

石川県寺家遺跡

■ 小嶋芳孝

石川県立埋蔵文化財センター

1 寺家遺跡の調査

　北陸の 11 月から 3 月までの 5 ヵ月間は，鉛色をした雲が空を覆い，雨や雪が降り続く。このような風土の中で，人々は古代から営みを続けてきた。ここに紹介する寺家遺跡は，日本海に恐竜が頸を持ち上げたように突出している能登半島の西海岸に営まれている。縄文時代前期から室町時代に至る大規模な遺跡で，金沢市の郊外にある内灘町から羽咋市まで約 40 キロにわたって続く砂丘の北端部が，羽咋市の滝岬に接するあたりに営まれている。とくに，飛鳥時代（7 世紀前半）から室町時代（15 世紀）の間は，能登一宮の気多神社に関係する宗教的な施設が検出されており，古代から中世にいたる神社の変遷を知る手懸りを得ることができた。以下は，遺跡の概要である。

　第一期：飛鳥時代（7 世紀）には竪穴住居が数棟あり，勾玉や金環などが出土している。この時代は，小さな集落で祀りを行なっていたにすぎないものと思われる。

　第二期：奈良時代（8 世紀）に入ると，砂丘の凹地の周囲を土塁と溝で区画し，その中で石組炉を築いて神に供える神饌を用意したり，燔火を伴った祀りなどの行事が行なわれていた。この周辺には，竪穴住居や掘立柱建物が 70 数棟検出され，各竪穴住居の竈から製塩土器が出土していることから，祀りに使う塩を作っていたことが窺われる。また，奈良三彩小壺・ガラス容器・海獣葡萄鏡・素文鏡・帯金具・ガラスの坩堝などが竪穴住居の中や掘立柱建物の付近から出土している。これらの状況から，祀りに携わって神戸と呼ばれた人々の集落が営まれていたものと考えている。

　第三期：平安時代の前期（9 世紀）には，神戸の集落に替わって片廂で 2×9 間の大型の掘立柱建物や，倉庫・井戸などが検出されている。この建物群から「宮厨」と墨書された須恵器が出土しており，気多神社の社務を管理する施設であったことを示している。

寺家遺跡の位置

　第四期：平安時代中期（10 世紀）になって砂丘が内陸に進行し，祭祀を行なっていた地区をはじめとして遺跡の半分が砂の下になっている。残った地区では，土塁で区画した中に多数の建物が作られて，神官の館的な様相を示している。この状態は室町時代（15 世紀）になって砂丘が再び内陸に向かって進み始めるまで続いている。

　第五期：室町時代（15 世紀）に入ると建物群は廃絶し，遺跡の上に畑が営まれているが，次第に砂丘が進行して，ついにはすべてを覆ってしまい，現在に至っている。

2 砂丘の移動

　寺家遺跡の調査では，平安時代中期と室町時代に砂丘の大規模な移動のあったことが明らかになった。第四期の移動の時は，約 24 ヘクタールの広がりを持つ寺家遺跡の内，半分以上の地域が砂の下となっている。また，第五期の移動にあたっては，第四期の砂丘の上にさらに砂丘が形成されるという大規模な移動が見られ，ついには，遺跡の上に厚いところで 10m も砂が堆積するといった事態になった。このような砂丘の移動は，どのような条件の下で生じるのであろうか。

　藤則雄によれば，砂丘の形成を規制するのは主に海水準と陸上の地形である[1]という。大規模な砂丘の形成期の前には，海水準の大幅な低下現象が認められ，海岸に広がる砂浜が砂丘の砂の供給源になった。しかし，平安時代中期や室町時代に，縄文時代のような大規模な海水準の変動があったとは考えられない。このような，大規模な自然現象以外に砂丘移動の原因となりうるのは，局地的な地盤沈下によって海水面が上昇したり，波による砂丘の侵食と侵食面の砂を飛ばす風の力などが合わさって砂を移動させたことが考えられる。波による砂丘の侵食は，冬期間の季節風による激しい波浪によって生じるのが最も著しい。ちなみに，1980 年の豪雪のときは，激しい季節風が起こした波浪の運んだ砂で，寺家遺跡の南を流れる羽咋川の河口付近が埋まってしまうという事件があった。激しい波が海浜を越えて外列砂丘の

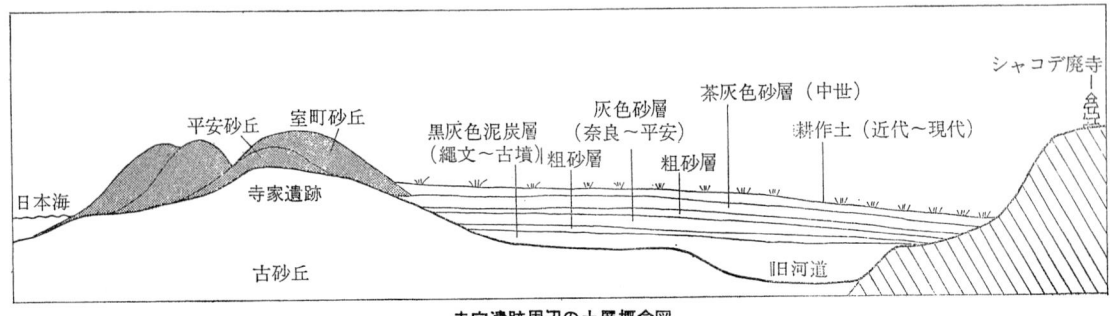

寺家遺跡周辺の土層概念図

基部を削り，河口まで砂を運んで堆積させる。河口に堆積した砂洲や，波で削られた砂丘の新しい崖面からは，春先の乾いた強い南風によって激しく砂が飛ばされる。その砂が内列砂丘の周辺に堆積して，砂丘の移動という現象が生じる。このような砂丘移動のメカニズムを見る時，冬から春にかけて吹く季節風が砂丘の移動と密接な関係にあることがわかる。

3 花粉分析から見た植生の変化

寺家遺跡で検出した砂丘移動が，環境からどのような影響を受けて始まり，また，影響を与えたのかを知るために，花粉分析を行なった。飛鳥時代以前から室町時代に相当する5つの包含層からサンプルを採集した。

飛鳥時代以前は，マツ・コナラ・スギなどの樹木が付近の砂丘後背地にあり，遺跡の上にはヨモギ属を主としてタンポポやイネ科の草本が茂っていた。

奈良時代から平安時代前期の間も，飛鳥時代以前の環境と余り変わらないが，ヨモギ属の草本が優勢を占めつつある。

平安時代中期には，植生は大きく変化して鎌倉・室町時代に続いている。樹木の花粉はほとんど検出できなくなり，ヨモギ属の草本が全く優勢を占めている。ヨモギの他にはタンポポ・アカザが生えていたようである。

花粉の分析から，砂丘が進行した平安時代の中期を境にして植生が変化して，樹木が付近から消えていることが明らかになった。現在の寺家遺跡付近の海岸の植生を見ると，ヨモギ属の草本は海岸線から約80mのあたりから内側の砂丘に生育している[2]。ヨモギ属が平安時代中期を境にして完全に優勢になるのは，海岸線が上昇して砂丘が内陸に進行するとともに樹木が衰退し，新内列砂丘の形成によって海岸からの風当たりなども弱くなるといった要因によって，ヨモギ属の生育条件

が整ったことによると考えられる。

4 まとめ

以上，寺家遺跡で検出した砂丘の移動についていろいろと検討してきたが，平安時代中期の砂丘移動については，類例が少ないので寺家遺跡や能登半島だけの局地的な現象なのかどうかわからない。しかし，室町時代には寺家遺跡の他に金沢市普正寺遺跡[3]，鳥取県長瀬高浜遺跡[4]などの遺跡が砂の下になって廃絶していることから，少なくとも，この時代の砂丘移動はかなり広範囲な現象であって，日本海側の砂丘に立地していた集落のほとんどが砂丘移動の被害を被っていた可能性が強く，砂丘の移動がもたらす歴史的な影響は無視できないものがある。平安時代中期や室町時代の砂丘移動が，地盤の沈下や季節風などとどのように関係して発生したのか，その実体はほとんどわかっていない。この問題を解くためには，まず，砂丘遺跡の廃絶過程を分析して検討しなければならない。これまで進められてきた地質学的な研究を踏まえて，より細かいデータが得られるように「砂丘考古学」とでもいうべき新しい調査方法を確立して行く必要に迫られている。

註

1) 藤　則雄「北陸の海岸砂丘」第四紀研究，14—4，1975

2) 木村久吉「羽咋地方の植物」『羽咋市史』原始・古代編所収，羽咋市史編さん委員会，1973

3) 『普正寺』石川考古学研究会，1970

4) 『長瀬高浜遺跡発掘調査報告書』鳥取県教育文化財団，1980～1981

参 考 文 献

橋本澄夫「石川県の砂丘遺跡とその調査」『遺跡保存方法の検討―砂地遺跡』所収，文化庁，1981

小嶋芳孝・荒木孝平『寺家』羽咋市教育委員会，1984

小嶋芳孝「砂丘と人間」『考古学と移住・移動』同志社大学考古学シリーズⅡ所収，1985

福井県朝倉氏遺跡

■ 藤 原 武 二
朝倉氏遺跡資料館

1 遺跡の立地と自然環境

特別史跡一乗谷朝倉氏遺跡は，戦国大名朝倉氏が 1471 年から 1573 年織田信長に亡ぼされるまで，5代100年余にわたって山城と城下町を築き，越前の政治，経済，文化の中心として栄えたところである。

遺跡は，越前中央山地の西縁部近くに位置し，日本海に面する三国湊から，九頭龍川，足羽川と川沿いに約33km 遡ったところにあり，東，南，西側は，海抜 200〜700m の小高い山々で囲まれている。防禦に重点をおいて山城や城下町を構えたことがわかる。

一乗谷の中央を一乗谷川が南から北に流れ，遺跡の北端で足羽川に合流する。平地部の幅広いところでも 500m ほどの，狭小な谷間に城下町があった。またこの一乗谷川に流入する小さな川がいくつかあり，蛇谷や八地谷，道福谷などの支谷を形成している。東側の山腹斜面の傾斜度は約 20°〜30° で，山麓部には 現河川との比高差が 15m ほどの段丘（状）地形がよく残存している。

気候は日本海側の 低地多雪地域で，10 数年に一度は，積雪 2m 以上の豪雪にみまわれる。1977 年の年平均気温は 13.1℃ で，福井平野部より 1℃ 位低い。降水量[1] も 370mm ほど多く，2,388mm であった。相対湿度も高く，夕方 6 時頃になるとすでに 100% 近くに上昇し，その状態が翌朝の 6 時頃まで続くのが普通で，湿潤な気候を呈している。

山城の千畳敷（海抜 406m）の気温[2] は，平地部よりさらに平均 1℃ 位低く，降水量[3] も 120mm ほど多い。また例年 4 月上旬においても積雪がある。冬期山城に詰めた人たちの生活のきびしさがしのばれるのである。

遺跡周辺の山林は，植林されたスギやヒノキ林が圧倒的に多く，山腹部ではその間にクリーコナラ林の低山帯夏緑広葉樹林の代償林が散在する。蛇谷などの谷すじには，典型的な峡谷陰地性環境により蘇苔類が豊富である。東側山麓部には，ヤブコウジースダジイ群集要素の萌芽がみられ，一乗城山を中心とする山頂部附近には，クリーミズナラ林が良好に発達している。

城主の館の北側外濠は，3.5m の堆積土で埋っているが，一部を発掘し，堆積土の壁面から資料を採取して，土中の花粉分析を行なった。その結果，館の造営時には，ニレ，ケヤキ，エノキ，クリなどを中心とする広葉樹が，館周辺の山地斜面に生育する景観であったことがわかった。またスギの花粉は堆積土の最上部で増加しており，スギの植林はきわめて新しい時代に始まったことを物語っている。往時は，現在のような整形的，暗緑色の人工林と異なって，雑木林に覆われた明るい山容であったと推察される。

2 戦国城下町のくらし

城下町の中核は，一乗谷の山裾がせばまるところに築かれた下城戸と上城戸に画された区域で，現在城戸ノ内と通称されている。両城戸間は，直線距離にして約 1.8km である。城戸内には，街路がほぼ 30m の倍数の間隔で配置されていた。南北方向の道路幅は 4.5m，東西道路は 7.5m と幅広く，大部分は側溝を備えている。幹道からさらに幅 3m 前後の小路が派生し，中には袋小路になるものもある。

城主や一族の居館は東側山麓にあり，平地部や谷間には，武家屋敷や寺院，商家，職人の町屋などが，道路に面して整然と並んでいた。また館の北側山裾には，年中枯れることも，凍ることもない爪割清水がある。城主の館は広さ約 1ha で，幅8m の水濠や高さ 2〜5m の土塁に囲まれている。西南側の山際には，基部が石垣の土塁で囲まれた，間口 30m 内外の重臣の屋敷跡が並んでいる。また中央部西側の八地谷から北よりの山裾にかけては，多くの寺院跡が推察されていたが，実際3ヵ寺連続して発掘され，墓地跡も検出されている。なお寺院の周辺には，小さな町屋や中級の武家屋敷が混在していたことも判明した。

下級武士や町人の場合は，となりとの境界を溝で仕切っただけで，間口 6〜10m の敷地一杯に家屋を建てていた。おそらく隣家の屋根どうしがつながり，長屋風にみえたであろう。屋根の積雪の処理からも，棟が道路と平行な平入の形式であったと推定される。柱も太くなく，積った屋根の雪は「バンバ」で，広い道路に捨てたことだろう。

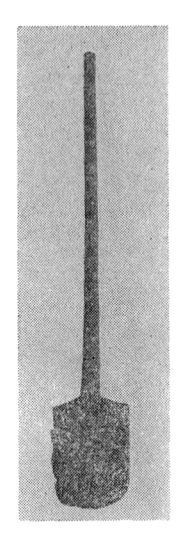

羽子板

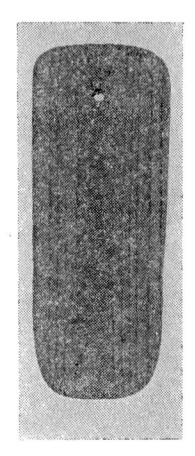

雪下駄

雪ばんば

バンドコ

雪ばんばは，これまで4丁出土している。図の
ものは長さ 123 cm で，ヒラ（刃先）の部分の面
積を広く薄く仕上げている。

町屋ではわずかに裏庭が確保された場合でも，
便所や井戸が設けられ，観賞慰楽の庭をつくる余
裕はなかった。しかし中級以上の武家屋敷では，
いくつかの枯山水庭がつくられている。建物と塀
との間の小区画に花崗岩の小礫や小砂利を敷い
て，立石や伏石を配した平庭である。京都の庭園
の影響が大であるが，植込が少なく，建物が櫛比
した雪国の都市の庭園としては，管理が容易な利
点がある。また居館の林泉庭園も石組や蘚苔類を
主体としたもので，豪雪地帯にふさわしい庭園と
いえよう。

発掘した礎石の配列からだけで，当時の住環境
を理解していただくことは難しいと思われるの
で，30m 四方の敷地の武家屋敷をそっくり原寸
で立体的に復原してみた。できるだけ往時の意匠
で，類似した材料を用い，また同じ手法で構築し
たものである。遺跡から，瓦は1点も出土してい
ないので，屋根は一応板葺とした。主屋の開口部
には舞良戸や明障子を用い，柱は4寸3分角で，
壁は土壁で復原してある。

冬期間においては，雪囲いがなされ，戸をあけ
ても家の中はかなり暗いと思われるが，降雪が続
けば当然舞良戸や板戸はしめられ一層暗く，炉の
あかりや灯明のほのかな明るさだけがたよりの生
活であっただろう。土間の家も多かったようで，
炉辺での手仕事や語らい，食事など静かな冬籠の
生活がしのばれるのである。遺構・遺物から存在
が確認される職人たち，檜物師や，塗士，鉄砲鍛

冶，数珠屋，紺屋などは，相変らず仕事に精出し
ていたことであろう。また前述の濠の堆積土から
は籾殻も出土している。脱穀などは冬仕事であっ
たかもしれない。

一乗谷の冬は寒かったせいか，こちらでは「バ
ンドコ」という暖房用の石製品が多数出土してい
る。福井の笏谷石（火山礫凝灰岩）でつくられてい
る。前面に窓を切り，上に蓋をのせる構造になっ
ている。中に炭火を入れ，さらに木組のやぐらな
どに入れて使用したものであろう。また笏谷石製
や瓦質の丸い火鉢も出土するが，バンドコに比べ
るとその数は少ない。なお瓦質の火鉢は畿内で作
られ運ばれてきたものと思われるが，笏谷石製の
バンドコが朝倉氏と同盟関係にあった，滋賀県湖
北町の浅井氏の小谷城からも出土している。

井戸枠も全部笏谷石でつくられている。井戸は
屋外に作られる場合もあった。屋外の井戸や便所
の使用は，冬期ことに夜間では大変難儀したこと
だろう。広く明るい窓や電気，水道，水洗便所，
暖房器具などが完備した今日のわれわれの住宅
は，いかに快適なものか認識を新たにさせられる。

衣食住においては決してめぐまれていたとはい
えない彼らにとって，冬期における楽しみはお茶
や聞香，将棋，双六，あるいは連歌や能などの文
化的遊芸や賭事であっただろうか。一方出土した
羽子板や雪下駄からは，正月子供たちが雪の上で
羽根つきをして遊んでいる様がしのばれる。

註
1) 1977 年 4 月～1978 年 3 月までの比較である。
2) 1977 年 4 月～12 月にかけて断続的に行なった
   102 日間の比較である。
3) 1977 年 5 月～11 月の比較である。

参 考 文 献
福井県教育委員会『特別史跡一乗谷朝倉氏遺跡環境
整備事業報告書 I』1978
足羽町教育委員会・福井県教育委員会『特別史跡一
乗谷朝倉氏遺跡 I～XVI』1969～1985

縄文晩期の水田跡————————大阪府牟礼遺跡

宮 脇 薫 茨木市教育委員会

昭和 60 年 6 月から 9 月にかけて発掘調査を実施した大阪府茨木市中津町牟礼遺跡において縄文時代晩期の自然流路と，それに伴う井堰，それに付随する取水路，また一方の調査区において取水路と平行する溝と水田跡が検出された。

北部九州で，縄文時代晩期「稲作」を実証する遺構・遺物がみつかるなかで，今回の牟礼遺跡の調査によって，北部九州と同時期に近畿地方でも稲作が行なわれたことになり，注目される調査であった。

1　遺跡の位置と環境

牟礼遺跡は，淀川右岸大阪平野北端の三島平野の安威川流域に位置しており，遺跡の北を安威川が南東方向に流れている。また北に式内牟礼神社，東約 1km には式内溝咋神社が鎮座している。

南西約 2km には弥生時代からはじまる東奈良遺跡があり，南東約 1.5km の安威川沿いに弥生時代前期〜中期の目垣遺跡がある。

2　遺跡の調査

今回の調査は，当地域においてショッピングセンターの建設が計画された。当地域には今まで遺跡の存在は知られていなかったが，今回の計画は大規模であるということから，試掘調査を昭和 60 年 5 月に茨木市教育委員会が実施した。

その結果，部分的ではあるが開発地区の現地表下 1.2 m の耕土・床土 および 無遺物層の下層の黄濁色砂層・灰濁色砂層に須恵器・土師器・瓦器などの中世雑器を主とした遺物が出土した。それにより「牟礼遺跡」と命名し，文化庁に「遺跡発見届出」を行ない，事業者と協議を行なって，今回の開発に伴い埋蔵文化財に支障の生じる地域において発掘調査を，昭和 60 年 6 月 10 日から 9 月 15 日まで実施した。

3　遺　　構

試掘調査で出土した中世雑器を主とする遺物は，現地表下約 1.2 m から調査区全域に広がり，約 1.7 m までの約 50 cm 堆積している砂層から出土している。試掘調査時と同様に黄濁色砂層・灰濁色砂層の 2 層の堆積が認められたが，出土遺物においてまったく時期などは異なるものでなかった。出土遺物はいずれも摩滅が著しいものであった。それに伴う遺構は全く検出されなかったので，当調査地域の北を流れる安威川などの洪水などで流下した遺物であったと考えられる。

その砂層の下に約 40〜60 cm の無遺物層 の青灰色粘土層が調査全域に堆積しており，その下層に自然流路および水田跡を検出した。

自然流路は，調査区の北の地域においては，北西から北東へ，さらに南東方向に大きく蛇行しており，調査区の南の地域においては，北東から南へ，さらに南東へ蛇行している。調査区の関係により，一部の欠落がみられるが，堆積などから同一の自然流路と考えられる。自然流路は，幅が約 6〜7m，深さが約 1m である。そのような形状から人工の水路でなく，自然流路と考えられる。その自然流路の北の地域において北から東方向への位置するところで，粘土・木で構築された井堰が検出された。

井堰は，水路の底に台形状に粘土を置き，そして粘土に丸太材の杭を垂直に打ち，粘土にそうかたちで丸太材を隙間なくならべ斜めに打ち，さらに上に約 5cm のあいだをあけて横に約 30〜40 cm の間隔に矢板状の杭を斜めに打ちつけ，築かれている。この井堰は自然流路の北から流れる水を一旦せきとめるようになっている。井堰は，中央部において一部の欠落が認められるが，水が供給する必要のない時期に井堰によりせきとめた水を落した状態で検出した。

井堰に使われた丸太材は，径が約 5〜10cm の樹皮がついたままつかわれている。矢板材は樹心から放射線状に割りとる「みかん割り」と呼ばれる方法で作られた板材を用いてつくられている。杭の丸太材においては水路の底に約 1/2 近く打ち込まれていて，矢板材は約 1/3 が打ち込まれていた。

また井堰のすぐ西側の横で，せき止めた水を取り入れるための幅 2m 20 cm，深さ 45 cm の取水路を検出した。取水路は西へ向かって掘られているものであり，おそらく等高線に平行に掘られているものと推定され，水田に水を供給するのに最も適した方法と考えられる。

井堰の上流側の砂層からせきとまったかたちで滋賀里Ⅳ式の縄文時代晩期の深鉢・浅鉢とともに壺形土器が出土している。また自然流路から下層においても滋賀里Ⅳ式の縄文時代晩期の土器が出土している。またその他，

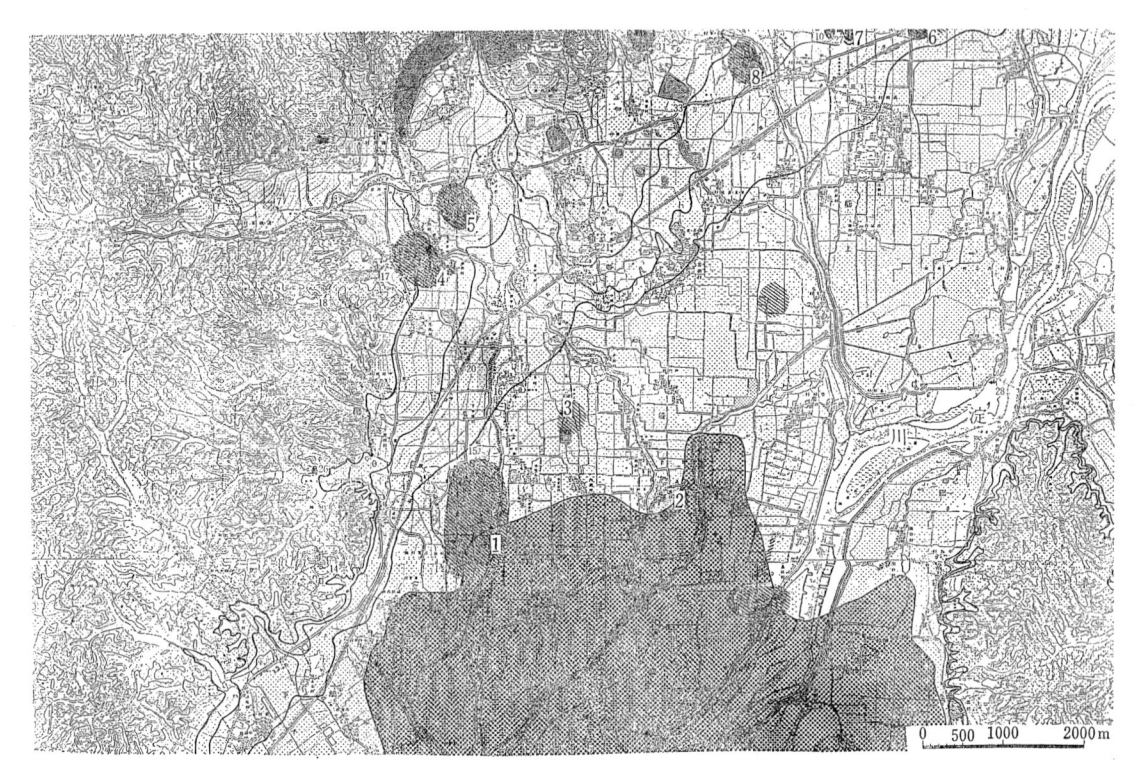

牟礼遺跡周辺の主要な弥生遺跡（『弥生文化の研究』7，田代克己原図より一部改変）
1. 東奈良遺跡　2. 目垣遺跡　3. 牟礼遺跡　4. 郡遺跡　5. 耳原遺跡　6. 安満遺跡　7. 天神山遺跡　8. 郡家川西遺跡

トチ・オニグルミの種子が出土している。

　井堰の上流・東側においては木組みを検出した。その木組みが構築物の一部ではあるが，構造が前述の井堰に類似しているところから，古い井堰であると考えられる。

　新旧の井堰が近接地に設けられたのは，古い井堰時期に取水路をも整備され，井堰がおし流されたりしたことにより使用できなくなった後においても，取水路をそのまま利用するために，新しい井堰が近接したかたちでつくられたものであろうと考えられる。

　取水口と井堰の近くから，井堰に使用された丸太材の杭と同様の材が7本検出された。それらの材は，自然流路の水が少なくなった時，取水路の水が自然流路に逆流するときに，それらの材とともに近くの土をつかって取水口を閉鎖するために使われたものと考えられ，取水路に自然流路の水を取水するときには必要がないので取水口の近接におかれていたものを検出したものである。

　南西部の一方の調査区において，西側の一部は中世の溝で削られてはいるが，井堰の西側で検出した取水路とほぼ平行する幅2m，深さ約30cmの水路を検出した。その水路をさかいとして黒色粘土層の水田跡を検出して，全域において足跡と考えられるくぼみがみられる。

4　むすび

　今回の牟礼遺跡の調査によって，畿内においても縄文時代晩期の時期に稲作が実証されたことになる。

　牟礼遺跡の調査される以前から，大阪市長原遺跡および兵庫県伊丹市口酒井遺跡の調査より籾の圧痕をとどめた土器が出土しており，畿内においても縄文時代晩期の時期に稲作が行なわれていたのではないかと予想はされていたが，実証されるところまではいかなかった。今回の牟礼遺跡の調査によって，畿内においても，縄文時代晩期の「稲作」が実証された。

　稲作においても安威川の支流と考えられる自然流路に井堰を作り，取水路がつくられるという灌漑施設の検出である。稲作が始められた時期にはほぼ完成された稲作技術により行なわれたことがうかがわれる。

　今回検出された遺構の時期は，出土した土器より滋賀里IV式の時期であり，北部九州の佐賀県唐津市菜畑遺跡と同時期であると考えられ，その時期において北九州地域だけでなく畿内においても稲作が実証されたことにより，今後「稲作」の時期，伝播ルートに関しての1つの問題を提供する調査であった。

　現在整理作業中であり，今後堰用材による放射性炭素による年代測定，水田の土壌のプラントオパール分析，および花粉分析を実施し，総合的な判断をすることにより，より牟礼遺跡の調査を通じて「稲作」の開始期の様子が明確になるであろう。

縄文晩期の「稲作」跡
大阪府牟礼遺跡

昭和60年6月から9月にかけて調
査された大阪府茨木市中津町の牟
礼遺跡において，縄文時代晩期の
「稲作」を実証する，自然流路と
ともに「井堰」・「取水路」および
溝・水田跡が検出された。これら
の遺構は縄文時代晩期滋賀里Ⅳ式
土器を伴っており，近畿地方の稲
作開始期の様子を如実に示すもの
である。
　　構　成／宮脇　薫
　　写真提供／茨木市教育委員会

水田跡

取水路

井堰

調査区全景

井堰

取水路

自然流路と井堰

大阪府牟礼遺跡

井堰と取水路

井堰（西側から）

水田跡（足跡らしいくぼみがみられる）

出土土器（縄文晩期滋賀里Ⅳ式土器）

27～29次調査が行なわれた
群馬県上野国分寺跡

上野国分寺の寺域は，金堂を中心として北・東・西へ109m（1町），南へ113～123mと推定されるが，南辺と西辺は，地形の制約により屈曲している。また塔跡の南側で創建期のものとみられる二面廂の掘立柱建物跡（SB12）が検出され，この付近に造営関係の施設が設置されていた可能性を示している。

　　構　成／前沢和之
　　写真提供／群馬県教育委員会

北辺築垣推定位置
西辺築垣推定位置
東辺築垣推定位置
金堂跡
塔跡
29次
27次
南大門跡
南辺築垣
28次

史跡上野国分寺跡全景
（1986年2月）

第27次調査区全景
上部中央の土壇は塔跡（南から）

ＳＢ12周辺の検出状況（北から）

ＳＢ12とＳＪ24の重複状況（南から）

ＳＢ12とＳＪ16の重複状況（西から）

南辺築垣周辺の検出状況（西から）

南辺築垣とＳＪ21（下），ＳＪ22（上）の切り合い状況（

衰退期を示す竪穴住居跡——群馬県上野国分寺跡

前沢和之　群馬県教育委員会

1 位置と環境

史跡上野国分寺（僧寺）跡 は 前橋市街地 の 西方約 4 km，群馬郡群馬町大字東国分・同引間・前橋市元総社町に跨がる位置にある。地形的には棒名山東南麓の末端にあたり，標高は寺域北西部で 129.0 m，南東部 127.5 m で，寺域南側はテラス状の平坦地が約 100 m 続き染谷川に至る。北側は町道を隔てて東国分の集落が接するが，周囲は畑地で比較的良好な環境を保っている。史跡地内には畑地が多く，金堂跡と塔跡とが土壇状に残り，塔跡には礎石がよく遺存している（口絵参照）。

2 上野国分寺の意義

国分二寺は天平 13 年（741）に創建が命じられたが，造営は難航したらしく，天平 19 年（747）には郡司層の力によって早期の完成を目指す方針がとられ，3 年以内に塔・金堂・僧坊を完成させたならば子孫は代々郡領に任用するとの条件が出 された。『続日本紀』天平勝宝元年（749）5 月と閏 5 月の条に，当国国分寺に知識物を献じたことによる叙位が 5 例掲げられているが，これは先の督促促に対応する記事であるとみられる。この内の 2 例が上野国分寺で，このことから上野国分は 749 年頃には塔・金堂などの伽藍主要部は一応完成したものと推定でき，諸国の中でも最も早期に創建されたものの 1 つと言うことができる。また「上野国交替実録帳」（1030 年に作成された不与解由状草案）には，寛仁 4 年（1020）頃の上野国分寺の状況がかなり詳細に記録されている。それによると本尊である釈迦丈六仏などの諸仏は，破損はあるものの良好な状態を留めていることから，金堂はまだ健全な状況にあったとみられる。これに対して，周辺の築垣および南大門・東大門・西大門・萱葺僧房・大衆院の建物などはすでに無実（滅失）となっていたことが記されている。この記録によって，創建から約 270 年を経た時期には，伽藍主要部に較べて，周囲の構造物の損壊が相当に進んでいたことが知られ，律令制下における国分寺の変遷を窺う上で貴重な史料である。

3 発掘調査に至る経過

上野国分寺は 1926 年 10 月 20 日付で史跡に指定され，保存が図られた。しかし 1968 年に計画が発表された関越自動車道の建設に伴い，周辺の開発の進展が予測

されたため，これの公有地化が検討された。そして 1973 年度から群馬県教育委員会により史跡地の買上げ事業が開始され，1980 年度に史跡上野国分寺跡整備委員会を発足させるとともに，その指導の下に発掘調査が開始された。これまでに 29 次調査（1〜15 は トレンチ調査）を終了し，寺域の範囲の確認，金堂・塔・南大門跡などの検出を行なった。

4 1985 年度の調査をめぐって

1985 年 7 月から 1986 年 3 月にかけて，第 27，28，29 次の発掘調査を実施した。この内，第 27 次調査の状況について概要を記す。

第 27 次調査は七重塔跡の南側で，旧地形 および 造成状況の確認，遺構の存在状況の確認を目的として行なった。その結果，塔の中心から南南西 56 m を中心とする位置で，身舎 4×2 間で南北に廂をもつ掘立柱建物 1 棟（SB 12）とこれに伴うとみられる 柱穴列 1 基（SA 03）を検出した（図 1）。身舎 は東西約 930 cm・南北 530 cm，廂の出は南北とも 240 cm で，柱間は桁行が 210 cm および 240 cm，梁間は 265 cm を測る。方位は E-1°45′-S 付近を示す。柱穴掘形は，身舎は 100×105 cm 前後の方形，廂は 80×75 cm 前後の方形で，埋土は黄褐色土混りの黒褐色粘質土を主体とし，固められるようにしてあった。そして建て替えの痕跡はみられず，柱痕は抜き取られた後で埋められた状況が認められた。この柱穴掘形の中の 6 個は 3 軒の竪穴住居（SJ 16・17・24）の覆土およびカマドを切った状態で造られていた。このカマド内および床面上から出土した土師器の坏・甕などから，これらは 7 世紀末〜8 世紀中頃のものであると判断された。さらに SJ 24 の埋没状況をみると，周辺の造成盛土と同質の軽石混り黒褐色粘質土で，短時間の内に埋められたものと推定された。SA 03 は SB 12 の東妻側柱列から 456 cm 付近にあり，柱穴 5 個が南北端の柱穴掘形を SB 12 の南・北廂の位置に揃えるようにしてあった。方位 は N-1°45′-W 付近で SB 12 に一致する。柱穴掘形は 60×80 cm 前後の長方形を呈し，柱間は 240 cm と 270 cm である。掘形および柱痕の埋土の状況は SB 12 と同様である。

以上の検出状況から，SB 12 の設置された上限は 8 世紀中頃であることが知られるが，柱穴掘形の形状および

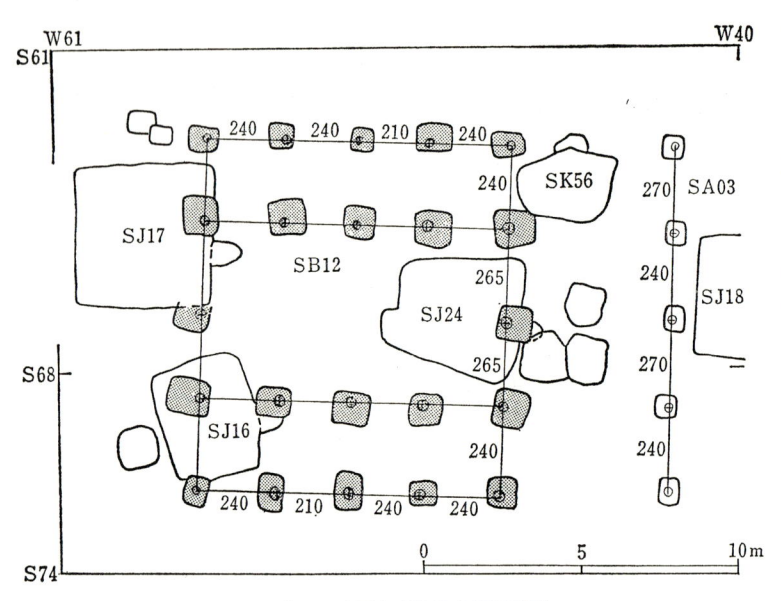

図 1　第 27 次調査 SB 12 周辺遺構図
（図中の調査基準線の方位は南北方向が N-4°-W を示す。柱間寸法の単位は cm。）

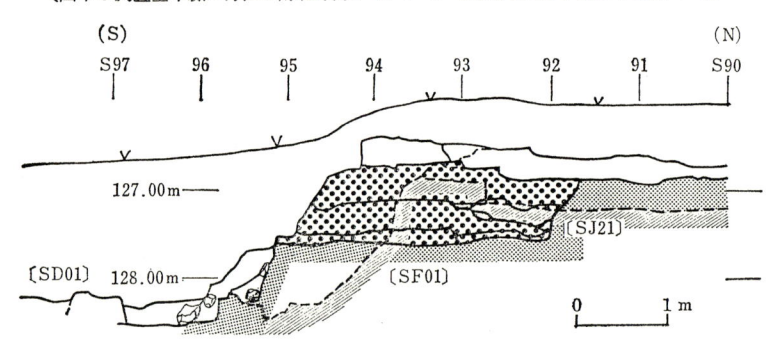

図 2　南辺築垣（W 40 ライン）断面図
（図中細いアミは自然堆積層，粗いアミは築垣基部盛土を示す。
破線は W 36.5 ラインの SJ 21 の掘り込み状況を示す。）

の北半部を掘り込むように，2 軒の竪穴住居が東西に並んで造られているのが検出された（SJ 21・22）（図 2）。SJ 21 は 420×370 cm の方形で，深さ 40 cm，北東隅と南東隅とにカマドをもつが，後者の焚口には瓦が使用されている。カマド周辺から出土した土器から 11 世紀前半のものとみられた。SJ 22 はこの西側に接してあり，340×295 cm の方形で，深さ 50 cm，東側壁南寄りに瓦を使用したカマドをもっている。カマド周辺から出土した土器から 11 世紀初頭のものとみられた。

以上の検出状況から，南辺築垣は 11 世紀初頭には本体および基部の上部は削手を受けていたことが明らかとなり，基部残部の直上に浅間 B 軽石の堆積が認められたことから，これ以降再建されることはなかったと判断できる。これと同様な状況は東大門推定地の北側でも見られ，11 世紀初頭には寺域周縁部には竪穴住居が多数造られる状況の進んでいたことが知られる。これに対して中心部ではこの時期の竪穴住居の進出は認められない。これらのことは前述の「上野国交替実録帳」に記載される内容に符合しており，史料を遺構によって検証できた貴重な例となった。なお SF 01 基部は，ここでは南大門東側に対し北へ約 6 m 寄った位置にあり，南辺築垣は南大門から西側では屈曲をしていたことを示している。

埋土の状況（瓦片を含まないなど），SJ 24 はこの付近の造成時に人為的に埋め戻されていることなどから，SB 12 はこの時期に建てられたものである可能性が考えられた。またこの方位が塔（N-1°22'-W）に近似していること，東妻側柱列が塔西側柱列の南側延長線の近くに位置していることから，塔の造営に関連するものであると推定された。さらに建て替えの認められないこと，二面廂掘立柱建物は寺域内では初の確認例であることを考慮すると，SB 12 は国分寺に固有の施設ではなく，塔付近の造営に伴って設営された施設の中心的な建物であったとみられた。SA 03 はこれの目隠し塀か，区画のために設けられたものと考えられる。

塔跡の南 82 m 付近で南辺築垣（SF 01）の残部が検出された。築垣は自然堆積層を掘り込んで，その上に軽石混り黒褐色粘質土を盛って基部を造り，その上に本体を築いていたものとみられる。現状では本体は削平され，基部の上面も削平を受けている。この SF 01 基部

国分寺跡は，それが創建された状況と変遷とを明らかにすることによって，その地域の律令支配の実現度とその変質，そこに展開した氏族や個人の動向を知る上での重要な手懸りを与えてくれる。さらにそれらの諸様相を他地域のそれと比較検討する上での指標となる遺跡でもある。上野国分寺の場合，全国的にも最も早期に一応の完成をみたことが史料上から推測されたが，今回の調査によって遺構の上からもこの時期の状況を窺う緒を得ることができ，さらに史料によって知られた衰退期の様相を遺構の面からも確認することができたと言える。

〔**参考文献**〕　群馬県教育委員会『史跡上野国分寺跡―寺域確認発掘調査概要―』（1981 年），同『史跡上野国分寺跡発掘調査概要　2〜6』（1982〜1986 年）

連載講座

日本旧石器時代史
1. 火山活動と人類活動

東北歴史資料館考古研究科長
岡 村 道 雄

● は じ め に ●

日本の旧石器時代研究は，岩宿遺跡の発掘以後40年になろうとし，方法的にはすでに一定の到達点を迎えている。つまり遺跡から発掘される石器・礫・炭粒などから各種の情報を引き出す方法は，これまでにほぼ出揃い精緻になった。今後は高水準に達した方法を普遍化・共有化してゆく必要がある。

旧石器研究の歴史は浅く，研究者も少なく，ほとんど研究が進展していない地域もある。また古くなればなるほど遺跡の発見は容易でなくなり，地中深くなればなるほど調査にかかわる障害・制約は多くなる。後期旧石器時代終末期の遺跡は，全国で3,000か所以上知られているが，約2万年以前の遺跡数はきわめて少ない。古い時期ほど人口密度も希薄ではあったろうが，遺跡が発見される機会もまれなのである。今後も著しく情報の欠落している地域や，時期の資料を目的的に収集するとともに，精度の高い情報をさらに蓄積していかなければばらない。

またこれまでに練成してきた方法を再検討したり，さらに磨きをかけ，あわせて自然科学的手法をとりいれるなど新たな方法の開拓を進め，より確実な情報を獲得していかなければならない。一方では命題や仮説の設定によって，新たな情報の抽出や論理の組み立てを進めるなど，研究の枠組を整備していく必要がある。これらのことを念頭に置いて，日本の旧石器時代についていくつかの話題をとりあげてみたい。

まず連載を始めるに当って研究の基盤となる石器が包含されている地層について考えてみよう。地層は累積し，その層位は石器群の変遷を知るた

めの時間的枠組となる。また地層の境（層理面），すなわち旧地表面は一時期の生活舞台となり，自然環境や人間活動の痕跡が印されている。したがって，地層の生成過程を知ることは，資料を整理・研究する大枠を設定する上できわめて重要である。とくに旧石器時代研究では，石器を包含する地層の多くが火山灰土であるから，火山活動のメカニズム，各種火山噴出物の堆積状況，堆積後の変化・変質などについて熟知しておく必要がある。

● 火山活動と人類活動 ●

1. 噴火の形式とテフラの堆積

火山活動には，マグマがより深い所で発泡して爆発し，火口から火山礫・軽石・スコリア・火山灰などを上空高く噴き上げる形式と，それら噴出物と火山ガスが混合して火口からより小さい速度で噴出して流れ出す火砕流などがある。火砕流は液体のように谷に沿って流れ下るが，大規模なものは高さ1,000m以上の噴煙の幕となって山稜を越え，高温のままで谷を埋めて100km以上も流れる。これら噴出物はテフラと呼ばれ，前者の形式を経て堆積したものは降下テフラと呼ばれる。またカルデラ湖などの浅い水底で噴火が起こるとマグマと水が接触して水蒸気爆発を起こし，噴煙柱の基部からガスやテフラを含む低温の横なぐりの噴煙（ベースサージ）が発生する[1]。宮城県座散乱木遺跡で「前期旧石器」を包含していた累層（安沢下部）の下半（13・14層）は，早田勉の教示によればこの噴火・堆積様式によるという。

火山は，1日から数年ほどの比較的短い活動期の後に数10年から数100年の長い休止期間があり，これを繰り返す。一回の爆発によって噴き上

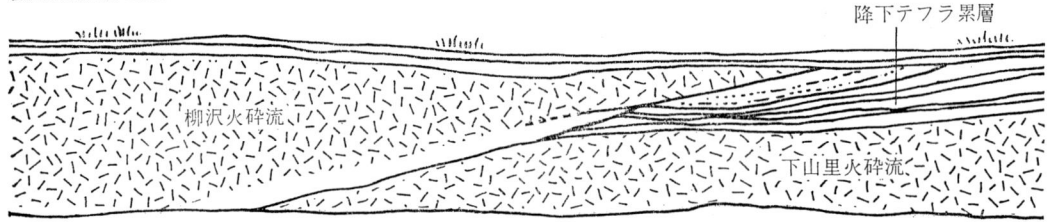

図1 降下テフラと火砕流（宮城県岩出山町安沢の大露頭）

20万年前ごろ，この周辺一帯には下山里火砕流が，ひとかかえもある軽石までも多量にとり込んで高温のまま時速200km近いスピードで押し寄せてきた。その後は，14万年前ごろまで4枚の降下テフラが並行に累積した。またその後に開析された大きな谷は，約7.3万年前に荷坂火砕流，約5万年前には柳沢火砕流によって8m以上に厚く埋め立てられている。この地域には主に鳴子（約17km北西）を起源とする大規模な噴火がしばしば襲った。

げられたテフラは，噴煙柱となって上空に達した後，上層の風に運ばれて横に流れる。その間にテフラは分級を受けて，粗く重い粒子から地表に降下・堆積する。すなわち火山礫，軽石・スコリア，「火山砂」，火山灰などの順に降下し，組み合わさって鮮明な縞状の堆積状態を示す。この組み合わせをフォールユニット（降下単層）という。この場合，いかに層位が明瞭に区分できても，その間に人間活動の痕跡が残される可能性はなく，考古学的にはほとんど意味のない層位区分である。逆にローム層・火山灰土などと呼ばれる土壌化を受けた地層は，層位的な細分はきわめて困難であるが，それらは後述するように徐々に生成された土壌・地層であり，そこはきわめて長期にわたって人間活動の舞台になった可能性をもつ。

なお火山は噴火以前に各種の前兆を示すこと，噴火の規模と災害などについての研究もある。そのような成果をもとに当時の人びとと火山との係わりを考察する必要もある。

2. 土壌の生成

一度堆積して安定したテフラの上面には，つぎの噴火までの間，植生が復活し，動物や人類が舞い戻る。一般にひとたび破壊された植生が復元するに要する時間は，火山の位置する気候条件によって異なり，暖かいほど早い。北海道南部の駒ヶ岳の場合は，1929年大爆発して裸地を生じたが，6年後には20種の植物がみられ，36年後の1965年には高さ10〜15mほどの樹林が形成されている[2]。

このような生物の諸活動と，気候・地形といった環境による諸作用はその地表面＝生活面を徐々に風化し，土壌化していく。すなわち，新鮮なテフラ層の上部は，腐植（炭素・チッ素）やプラントオパール（植物珪酸体）の含有量が高くなって黒ずんだり，温暖湿潤な環境下で地層中の鉄分が著しく酸化して赤味を増して古赤色土を形成したり，風化によって亀裂（クラック）が入ったり塊状構造をなしたり，あるいは風化が進んで土壌粒子が細かくなって粘土化したり，地表水の影響によって風化・磨滅した火山礫が混入する。逆にこのような特徴を発見することによって旧地表面が復元・推定できるのである。風化の状態は，環境や時間の長さ，土壌母材などによって決定されるが，土壌学では地層上部の風化・腐植が顕著な部

92

分をA層，下部の新鮮な部分をC層，その中間部をB層と呼び，それぞれをさらに細分している[8]。

以上のような土壌学的層位もわれわれの目には識別しやすい。しかし，この層位区分は時間差を示すものではない。また土壌は，単にそれ以前に堆積したテフラを母材にして作られるだけでなく，小噴火によるテフラや，遠隔地の火山が噴出したテフラが飛来して薄く堆積したり，あるいは風塵が積ることなども土壌生成作用に加わり火山灰土が形成される[4]。

つぎに宮城県古川市馬場壇A遺跡の例をあげてテフラの堆積とその後の土壌化について図2で説明しておこう。この遺跡の地層は，すでに発掘された部分だけでも合計54層に細分されている。しかし，フォールユニットをなす各層や風化帯（A層）とB・C層との境など地表面ではありえなかった地層の境界面がある。われわれは，このような細分層をアルファベットの小文字を付して区別し，層理面＝旧地表面の上下を境に層名称の番号（数字）を変えることを原則としている。

なお，日本の火山灰土は，雨水などの浸透水によって土壌中に吸着されていた塩基（カルシウム，カリウム，マグネシウムなど）の大半が洗い流されてしまい，pH(H_2O) 5前後の強い酸性を示すことになる。そのため骨や木などの有機質の物はことごとく腐ってしまう。

3. 層理面＝旧地表面＝生活面の設定

宮城県江合川流域での地層区分では，フォールユニットや風化帯をみつけて地層の生成過程を解釈しようとしている。旧地表面と認定された面からは，きわめて高い頻度で石器が発見されている。逆に新鮮な状態に近いテフラ中には腐植，プラントオパールは全くといってよいほど含まれていない。それらの堆積速度が早かったことを示している（図2）。

宮城県でも北西部の江合川流域などに限っては，石器が前述のような理論どおりに層理面＝旧地表面にほとんどレベル差をもたずに並んで発見される（図3）。石器が残された当時の状態がきわめて良好に保存されたためと考えられる。すなわち，この地表面上には砂・礫の混入など強い水流を示す痕跡もなく，石器出土のレベルあるいは層理面の凹凸からみても，石器出土地点はむしろ周囲よりやや高い所にあり，石器が大きく2次的に動いている証拠はない。植生あるいは土壌の特色によって，撹乱が軽度だった

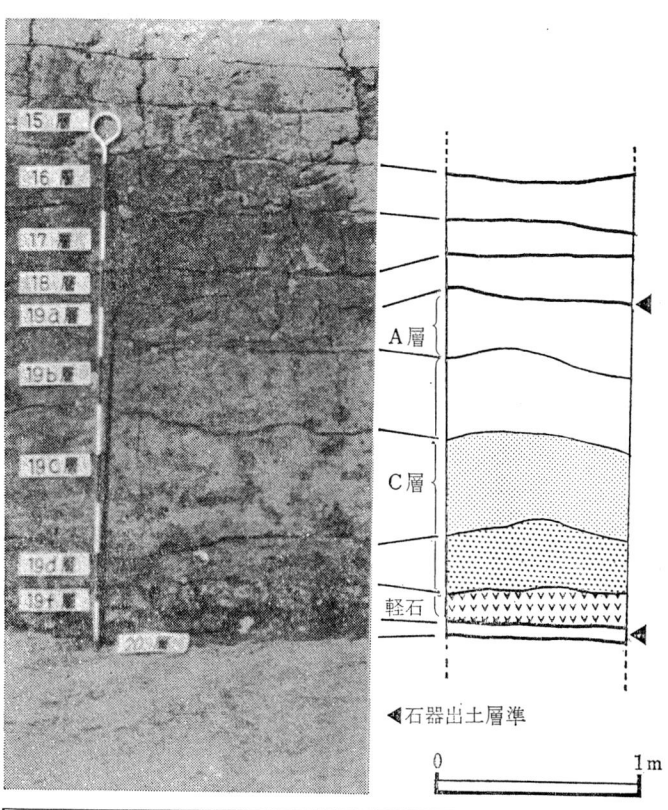

◀石器出土層準

0   1m

層	土 色	土性	粒径組成				※植物珪酸体	PH (H_2O)
			粗砂	細砂	シルト	粘土		
16	7.5YR5/8 明　褐	粘質シルト	6	17	29	48	4.2	5.71
17	10YR5/6 黄　褐	シルト	6	14	26	54	4.2	5.83
18	10YR5/8 〃	砂質シルト	5	12	28	54	2.3	5.83
19a	10YR5/6 〃	〃	4	22	26	47	2.9	5.67
19b	〃 〃	〃	7	30	28	35	1.2	5.94
19c	2.5Y6/4 にぶい黄	〃					0	
19d	2.5Y6/3 〃	シルト質砂	10	20	39	31	0	5.96
19f	均質でない	岩片混り軽石	17	22	23	39	0	5.92
20	10YR6/6 明黄褐	粘質シルト	16	10	29	37	12.6	5.96

※10μ～100μフラクション中の粒数%、腐植含量は約5万年を遡ると検出されない。19f層は一迫軽石層と呼ばれている。

図2 テフラの堆積と生活面（宮城県馬場壇A遺跡）

図 3　層理面（旧地表面）からまとまって出土する石器
（宮城県馬場壇A遺跡 19 層上面）

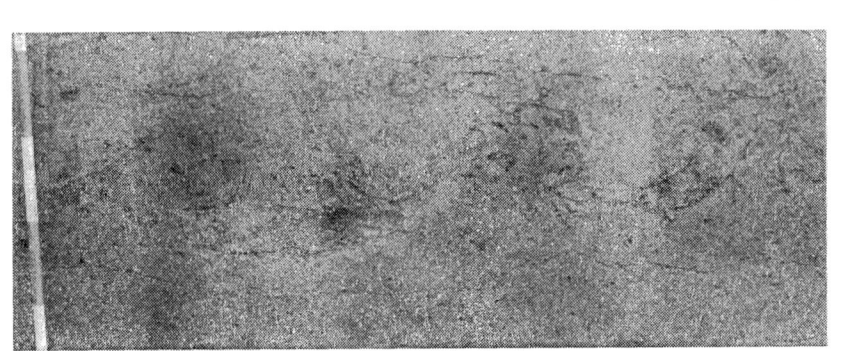

b．宮城県座散乱木遺跡 12 層上面のインボリューション（断面）　下部は軽石・火山礫を多く混じえるベースサージ起源の土壌。凹みの底部に白粘土がみられる。

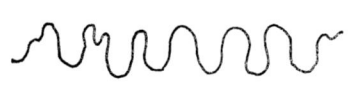

A. Pocket and plug involutions

B. Flame and club shaped involution

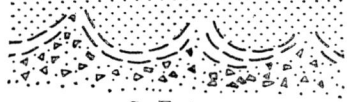

C. Festoons

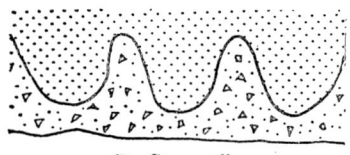

D. Stone pillars

a．インボリューションの型式分類

c．宮城県座散乱木遺跡 12 層上面のインボリューション（横にしたピンポール左向きが北）

図 4　インボリューション

のだろう。

しかし，全国的にみると，石器は通常火山灰土中に数 10 cm の高低差をもって分布しており，それらが本来残されていた地表面は特定しにくい。そこで石器出土レベルを礫群の残されていた深度を基準にグラフ化すると，礫群から 5～10 cm 上位で極大値を示し，礫群の下になると急激に石器が出土しなくなり，「ヴィーナス曲線」と呼ばれる分布状況を示す[5]。重くて比較的動きにくい礫のすぐ上に多くの石器が集中する状態は，ほぼその付近の深さに旧地表面があることを示していよう。

また近年は，このような分布状況に同一母岩や接合資料の分散状態を加えて，旧地表面から上下に分散した石器群を捉えようとしている。しかし，このような資料操作が実施されない場合も多いし，先述したような旧地表面あるいは土壌の生成過程との関連で石器の出土状況が考慮されないことも多い。姶良 Tn 火山灰（AT）の降下によって遺跡や石器群などの様相が大きく変化したという意見がある。このような場合ですら，AT 層準の石器群という莫然とした捉え方をして，それらが厳密には AT の直前なのか直後なのかという層位的新旧を検討しないで議論を進めているという指摘は重要である[6]。このような石器の拡散が起こった原因は各種の地表面撹乱現象による。

4．旧地表面の撹乱

旧地表面は，動物・植物・人間，周氷河作用，

流水や風，重力，粘土の膨張収縮，地下水などによって撹乱を受け，そこに残された遺物はさまざまに移動する[7~9]。また逆にこれらの撹乱を受ける地層の性状・構成物質，微地形，あるいはその上をおおう堆積の量や速度も，撹乱の状態や程度を決定する大きな要素となる[10]。ここで各々の要素について検討を加える余裕はないが，日本の旧石器は最終氷期に残されたものが多いので，周氷河作用による土の凍結融解について若干触れておこう。それは土層の体積変化，地表の伸縮，氷の析出などにより，表層土の複雑な動き，撹乱をひき起こし，インボリューション，石畳，アースハンモック，構造土などの微地形を作る[11]。

宮城県座散乱木遺跡の12層上面では，約3.3万年前に起こったインボリューションを断面と平面で記録した[12]。この現象は上下に堆積した土壌の粒径の大小，あるいは水の含まれ方によって微地形とその程度が異なり，いくつかのタイプに分類される。窪みの規模はときには直径1.5mにも及ぶ[13]。その窪みの底や中間には水の影響によってレンズ状に粘土層を形成することもある（図4）。また大野憲司の教示によれば，秋田県の風無台I・II遺跡，松木台II・III遺跡では，石器は径15mほどの範囲から出土するが，そこには径1m前後で深さ70cmほどの窪みがいくつも残され，インボリューションと考えられるという。そして，その窪みには周囲から落ち込んだと思われる石器が，平面的にみると密集している。

ところでインボリューションなどの撹乱現象は，軽石・スコリア層など特徴的な地層の場合は確認しやすいが，ローム・火山灰土の累層では発見しにくい。また石器の集中あるいは皿状や小竪穴状の落ち込みのなかにはインボリューションによるものが含まれていよう。なお極寒期に堆積したAT層準付近には，インボリューションが多発しているという指摘がある[14]。

● テフラ編年と遺跡間対比 ●

テフラは短時間に広く地表をおおうので，堆積物の間に挟まれたテフラは，鍵層として過去のある時間面を示すことになる。そこでテフラを対比することによって離れた地域の地層を対比することができる。これらの層は固有なフォールユニットをもったり，色調，マトリックスなどでも野外で識別できるものも多い。またテフラは給源に近づくほど厚く，粒径も大きくなり，層相が明瞭になって対比が容易になる。研究室内では岩質，鉱物などの組成や火山ガラスの形・化学組成・屈折率などが分析され，種々の面からテフラの同定・対比が進められる[15]。

近年，町田洋・新井房夫らによって汎日本的に広く分布する広域テフラの存在が指摘され，考古学的にも注目されている。それらは段丘や他のテフラとの層位関係などを軸に相対編年され，理化学的年代も与えられつつある。更新世（洪積世）のものとしては，約9~12万年前に降下した洞爺火山灰，約7万年前に降下した阿蘇4火山灰，約2.2万年前のATがある。とくにATは後期旧石器時代の中ごろに位置し，その時代の編年研究上きわめて重要である。また両氏らは，全国各地のテフラについてカタログを作成している[4]。

このように地層の遺跡間対比は，鍵層となるテフラを用いて実施され，また黒色帯・古赤黄色土もその現象が起きる環境が及んでいた範囲内では対比の基準となる。しかし，石器を包含しているローム・火山灰土の区分や対比は，同一の堆積環境下で土壌生成が起こる狭い地域内では通用するかもしれないが，慎重であるべきだ。

たとえば南関東の武蔵野台地内での層位区分と対比は，ほぼ一律に行なわれていること，その周辺の埼玉・千葉県などでも武蔵野台地での区分がほぼそのまま適用されていることに疑問を感じないわけにはいかない。個々の遺跡や地域による差を考慮し，生活面の認定を含めた厳密な層序区分と遺跡間の対比作業を再検討する必要はないのであろうか。

● テフラと遺跡の年代 ●

旧石器時代遺跡の年代を推定する方法には，層位的な相対年代，石器の型式的特徴の比較などの方法と理化学的な年代測定法がある。ここでは理化学的年代測定について多少言及しておこう。

その方法としては，放射性炭素（^{14}C）法，フィッショントラック法，熱ルミネッセンス法，カリウムアルゴン法，電子スピン共鳴法，ラセミ化法，古地磁気法，ウラントリウム法，黒曜石水和層法などがある。これらのうち^{14}C法が最も多用され，ほぼ安定した実績と体系をもっている。また北海道では，多数出土する黒曜石製石器を用いて水和層年代を測定することが多い。各方法は

測定用のサンプルも異なり，それぞれ有効性と限界をもっている。黒曜石製石器の水和層測定法や焼礫や土器を用いる熱ルミネッセンス法，焼けた黒曜石を用いるフィッショントラック法，あるいは炉跡の熱残留磁気測定などは，その当時の人間が手を加えたものを直接測定するという利点がある。ただし，石器などに共伴した炭粒・骨などを用いる^{14}C法，ウラントリウム法，ラセミ化法などと同様に，それらが残されていた生活面の認定と共時性，一括性が問題になろう。

また各方法には，測定に適した年代の範囲がある。たとえば，^{14}C法は，2.5万年前を越えると不確実になり，約3万年前を過ぎると通常の方法では測定不能となる。

つぎにテフラそのものを測定し，それらに挟まれた生活面をその上下のテフラの年代から推定する方法がある。それは，テフラ中の火山ガラス（黒曜石・パーライト）やジルコンを用いるフィッショントラック法，また石英を用いる熱ルミネッセンス法などである。この場合，土壌化の過程で多くの混入物を取り込むローム・火山灰土が，年代測定には不適当であることは言うまでもない。

ところでテフラの場合でさえも，火山の爆発時などにマグマに由来しない噴火口などにあった古い異質岩片を取り込んでいる。したがって，異質岩片をとり除かなければ，水増しされた実際より古い年代が測定されることになる。そこで肉眼および顕微鏡下でそれらを注意深く除外しなければならないが，ときには判別が困難な場合もある。

たとえば馬場壇A遺跡に堆積していた一迫・岩出山軽石層は，成層をなし撹乱の痕跡は認められなかった。しかし，年代測定用に抽出したジルコンと石英には，明らかに風化した古い混入物が認められた。それらについては測定前に除外した。さらにフィッショントラック法でジルコンを粒ごとに測定すると明らかに古いものが3〜4割混入しているという。これを統計的に処理して年代を算出しているが，一次堆積のテフラでさえ年代の古い混入物があることを如実に示している。そこでマグマ由来の本質物であり，噴出年代を直接的に示す軽石・スコリアなどを可能な限りサンプルに用いる慎重さが必要である。なお，新鮮で混じりのない部分が採集でき，層の対比も容易である噴源に近いテフラをサンプルとするのが望ましい。

また一方法で年代を推定するよりはできるだけ多くの方法を用い，各々の結果をクロスチェックする必要がある。たとえばフィッショントラック法の場合，他の方法で測定された基準資料を5件ずつ7人の研究者が測定したところ，測定誤差範囲を95％にとってさえ約3割の的中率しかもたなかった[16]。この点テフラ編年，段丘対比などによる相対年代，地質年代が基軸であることは言うまでもない。その基軸によって年代の矛盾などが明白になる。また各種の植物化石，古赤色土，周氷河現象などで示される環境・気候の大きなサイクルとの年代的対比も重要な裏づけとなる。

これまではややもすると遺跡から切り離された石器・礫群などを細かく観察することに研究が偏りがちであった。ここでは層位と生活面の認定あるいは年代測定について，筆者が諸分野の自然科学者との共同研究および遺跡から経験的に学びとった一端を紹介した。今後この方面での理解と研究を進めることによって研究の大枠と細部が秩序だてられ，より鮮明に文化のまとまりと変遷について言及することができよう。

註

1) 成瀬　洋『第四紀』岩波書店，1982
2) 伊藤浩司「有珠山噴火の森林植生に及ぼす影響について」有珠山噴火と環境変動，北海道大学，1978
3) 松井　健『ペドロジーへの道』蒼樹書房，1979
4) 町田　洋・新井房夫「テフラと日本考古学」『古文化財の自然科学的研究』所収，1984
5) 明治大学考古学研究室・月見野遺跡群調査団『概報月見野遺跡群』1969
6) 山中一郎「白石論文に対する論評」第四紀研究，22—3，1983
7) 加藤晋平「遺物はなぜ動くか」考古学ジャーナル，179，1980
8) 加藤晋平「ひとつの疑問」新編埼玉県史だより，資料編 1，1980
9) 塚田良道「石器群の原位置性・一括性に関するノート」旧石器考古学，30，1985
10) 林　謙作「層序区分—その現状と問題点—」物質文化，21，1973
11) 小疇　尚「化石周氷河現象」『第四紀研究』所収，1977
12) 石器文化談話会編『座散乱木遺跡』1983
13) H. M. French :『The periglacial Environment』London，1976
14) 町田　洋『火山灰は語る』蒼樹書房，1977
15) 町田　洋・新井房夫「広域テフラと考古学」第四紀研究，22—3，1983
16) 鈴木正男「過去をさぐる年代測定法の光と影」科学朝日，45—8，1985

書評

小田富士雄編

西日本古代山城
の研究

日本城郭史研究叢書　13
名著出版
Ａ５判　489頁
6,500円

　昭和60年12月に名著出版から，小田富士雄編『西日本古代山城の研究』が刊行された。この本は「日本城郭史研究叢書」の第13巻で，同シリーズ第10巻『北九州瀬戸内の古代山城』（小田富士雄編）の姉妹編ともいうべきものである。

　まず『北九州瀬戸内の古代山城』は，第1編　総説―西日本古代山城跡研究の歩み，第2編　古代山城遺跡の個別調査・研究，第3編　余論―韓国の古代山城―，によって構成されている。そのうち第2編では古代山城を，神籠石系山城と，朝鮮式山城，奈良時代の山城の3タイプに分類し，神籠石系山城では，高良山神籠石をはじめ13基を，朝鮮式山城では大野城をはじめとして7基，奈良時代の山城では3基についてそれぞれ現況や調査の概要が紹介されている。

　さて古代山城の類別について斎藤忠氏はチャシ式砦，神籠石式山城，朝鮮式山城，東北式城柵の4タイプに分類し，小田氏の神籠石系に対し神籠石式の名称を用いている。

　古代山城をどのような視点でとらえ，どのように類別していくかは，今後の研究の進め方を左右する。坪井清足氏は占地形態と石塁のタイプによって九州型と瀬戸内型に分類し，葛原克人氏はこれを傾斜囲繞型と頂上鉢巻型と呼んでいる。

　このことは第10巻第1編の「神籠石系山城研究の歩み」の中で小田富士雄氏が詳細に論述しているところであり，このような研究成果を踏まえた上であえて「神籠石系」とした背後には，従来の長い神籠石論争そのものの歴史を肯定し，次に期するものを感ずるのである。「古代における一大土木工事の全貌は，いまなお謎に包まれたまゝ，次の世代に解明を継承しようとしているのである」。まずこの小田富士雄氏の一文を引用しておきたい。

　『西日本古代山城の研究』は以上のような個別研究・調査の成果を踏えながら，改めて開いて見るべきものといえよう。学問のどのような分野において

も必ず研究史があり，研究史をたどりながら自分の位置を定め，進むべき方向を見出すものである。そうしてみると，城郭の研究においては城郭史研究ははなばなしいものがあったが，城郭研究史という点になると，いささか考えざるを得ない（『日本城郭大系』別巻1，日本城郭研究史，石丸煕）のである。

　本書はその点を見事に満たしたものといえる。本書は第1編　神籠石論争―明治・大正期の研究―，第2編　山城研究の新展開―昭和期の研究―，第3編　古代山城の研究・追補，の3部構成となり，26編の論文・調査報告（うち書き下ろし4編）などが収載されている。

　本書の「西日本古代山城関係文献目録」によれば，明治以来，昭和59年3月までのおよそ400編の文献があげられているが，そのような多数の文献の中からわずか26編にしぼることは至難なことであったと思われる。明治30年代に開始された神籠石聖域説と山城説のいわゆる神籠石論争は，以来今日まで90年に近い歳月を費やしてようやく一つの方向性を見出したといえよう。それは考古学本来の科学的発掘調査の成果としなければならないが，第2編の山城研究の新展開では，神籠石聖域説が日韓関係古代史の見直しと，計画的組織的な発掘調査の積み上げによって次第につき崩されていく過程をたどることがきる。

　いま古代山城の研究は，神籠石論争を脱皮して構築技術論，年代論，編年論，日韓関係論などさまざまな展開を見せようとしている。いずれにしろ韓国の南韓地域には1,120カ所近い城址があるということであり，韓国の山城研究が進展を見ないことには，わが国の山城研究もまた大きな展開を期待することができない。このことについて成周鐸氏は「百済人によって築城されたという基肄城の水門と，金田城の三ノ木戸にみられる長方形石材の使用は，未だ百済領内では発見されていない特殊性をもっている。特に神籠石が渡来民族によって築造されたかという問題に対しては，未だ韓国内では，それに結びつく類型が見つかっていない……」としている。

　韓国においてもわが国においても古代山城の構築は，他に類例を見ない一大土木工事であり，しかもそれが周辺の宮殿や寺院の建築，巨大石室の構築などと微妙に交差しながら古代史の中で存在感を保っているのである。

　常に重要視されながらあまりにも広範であるために本格的な調査が遅れ，保存措置も満足すべき状態ではない古代山城について，本書によってこれを総合的に把握し，今後の研究のための指針が得られることを大いに期待するものである。

（松本豊胤）

書評

末永雅雄 著
日本考古学への道
一学徒が越えた

雄山閣出版
A5判 800頁
22,000 円

著者末永雅雄博士は，日本考古学界の最高峰である。その人となりについてはここで紹介する必要もなく，考古学界以外での知名度も高い。

その博士が 70 年以上という永きにわたる考古学研究の自分史を刊行された。この書は単に考古学研究の成果だけを得意満面と記したものではない。それは博士が一人の人間としてどう生きて来たか，学問研究とは何か，を後に続く者に「古老曰」くの心境で語りかけているのである。その驕りを知らない博士の人間性が文章のいたる所に表現されており，誹謗や中傷なども多いこの世界にあって心の安まる好著といえる。

そんな著書を私が紹介することは，恐れ多いことであるが，本書の刊行に少しは関係したことでもあり，弱輩を顧みずその責を果たさせていただくことにした。

本書の構成は，
第一部　道を求める
第二部　調査と研究（Ⅰ）　先史遺跡
第三部　調査と研究（Ⅱ）　古墳時代
第四部　調査と研究（Ⅲ）　古墳時代・以後
付　編　近世・近代を歩く
からなっている。

第一部は 7 節からなり，博士の人間性が最もよく現われた部分であり，哲学的部分でもある。その章から二〜三を紹介しておきたい。

第1節は，「常歩無限」と題し，ここでは博士に学問を与えた師に対して述べておられるが，「私はすべて人生の因縁と諦めなければならないと思って暮らして来たが，いま過来し方を顧てますますこの感を深くするものがある」と「さとり」の境地を披露されている。

第2節は「砂利道」と題し，博士自身が謙遜から，学問の幅が狭く，起伏の大きかった時代をあらわすという意味で使用したようであるが，一家をなした博士をして，「私は考古学への道を歩き，よしそれはどのような道であるにしても目標に到達する

のはいつかわからないと思った。日本考古学への道を求めても，やはりはるかに遠く，たやすく近づくことはむずかしい」と結んでおられる。この文章に人間末永雅雄の学問への執拗なまでの執念を見ることができるだろう。

第3節は「道の中に道を求める」と題し，すばらしい文章が続く。「徒歩のもの がてくてく と道の中央を歩いていては他の邪魔をすることも多いので，私は道側を歩くこととした」も私たちに多くのことを教示している。

第7節は「歩み来し道を顧る」と題し，自己を次のように規定している。「それは 世の中の 事のすべてはその人の能力と環境が支配することを知り，人間はひたすらその分を守って努力をするより仕方がないと覚った」としており，最後に「私はいま人生の終着点に立ち，前進の研究はできずようやく本書は書下し記述としてわが人生最後のものとなった。静かに時の至るを待つことである」。

第二部〜第四部は博士の 70 年に及ぶ研究の裏面史であり，生きた日本考古学史といえる。この部分には考古学研究の基本となる考え方や方法論が博士の後に続く若い学徒のためにわかりやすく詳述されている。それらはいずれも重要な提言であり，広く読者にじっくりと読んでいただきたい部分である。

第一部で紹介した博士の人間性を発揮した調査研究がいかにして行なわれたか，克明に記録されている。

実証の考古学に従うとされた博士の「高松塚調査」の項に気になる一文がある。「しかし成果が上がると坦々とした道でも横合いから意外なマムシやサソリが出て来る。ここでもその被害があった」という一節であるが，淡々と書かれているだけに，考古学の世界の最も恥辱な部分を見る思いである。これは博士が次の世代にはこうしたことが日本考古学界にあってほしくないと念じたためであろう。

第四部第 14 節の「研究の発表」も若い研究者に対する戒めである。

付編は「近世・近代を歩く」とあり，10 節から成り立っている。この章は博士の学問領域の広さと深さを物語るものである。

最後に，「おそらく考古学学徒 としての 纏まった最後の書下し原稿と思うと，さすがに胸を打つものがある。顧みて思えば 越えて 来た道は 長く遠かった」と筆を置いておられる。

私はこんな時代であればこそ，大義名分をことさら主張され，学問に対してはきわめて激しく，人間的にはきわめて慈悲深い博士が自分の追い求める学問の世界に，巨星の如く健在することを何よりも心強く，誇りにさえ思っている。博士のあの少年のような探究心によって末永学をさらに前進させていただきたいと思う。

（茂木雅博）

論文展望

選定委員
（敬称略　五十音順）
石野博信
岩崎卓也
坂詰秀一
永峯光一

荒巻　実・設楽博己

有髯土偶小考

考古学雑誌　71巻1号
p.1～p.22

狩猟採集をその基本的ななりわいとする縄文社会を裏から支えた呪術体系—その一貫の中で，土偶は重要な役割をはたしてきたことが先学によって説かれている。狩猟採集民が農耕の民へと変貌をとげるなかで，こうした呪具がどのように変質してゆくのか。数ある土偶型式の中でも，いわゆる有髯土偶は東日本におけるその転換期に位置し，その消長，地方ごとの展開には興味深いものがある。

有髯土偶は今日までに21遺跡，28例が知られる。それらを頭部形態によりⅠ～Ⅲ類に分類し，その変遷を土器型式との対応から縄文晩期終末のⅠ，Ⅱ期，弥生前期末～中期初頭のⅢ，Ⅳ期の4期に区分して考察した。

Ⅰ，Ⅱ期にはⅠ類が三河，美濃と下野，房総にまたがって分布。信濃ではⅡ期に東西の影響下にⅡ類が出現する。Ⅲ期にいたり，三河，美濃では有髯土偶は消滅し，容器形土偶を用いた儀礼が流布するが，信濃ではこの段階以降，容器形土偶と有髯土偶が並存し，上野，房総ではⅢ類が複雑な交流関係から出現。そしてⅣ期にはこれが南東北にまで伝播する。

Ⅰ，Ⅱ期では特殊な出土状況は窺えず，他の多くの型式の土偶と同様，その性格を把握するのは困難であるが，Ⅲ期にいたると中部地方ではその出土状況や容器形土偶との形態の類似性から，有髯土偶にも墓制に伴う性格が付与されたらしい。Ⅲ期，Ⅳ期の北関東および南東北地方のものにも，再葬墓などに伴う例が散見されるな

ど，副葬品的な役割が強まってきたといえる。

以上，有髯土偶が成立し，しだいに西の地方から消滅。墓制に伴うという性格変化をへて，容器形土偶とも関連しつつ南東北地方にまで伝播するという変遷をあとづけ，その性格の変化はⅡ期とⅢ期の間にあるとした。そして，今後の課題として，そうした変遷の背景にある，墓制，葬制の研究を指摘したのである。　（設楽博己）

森岡秀人

弥生時代暦年代論をめぐる
近畿第Ⅴ様式の時間幅

信濃　37巻4号
p.11～p.32

東日本と西日本の弥生時代の研究動向を比較して，最近とみにギャップを感ずる点の一つに暦年代の策定・修正作業をめぐる情勢がある。近畿・北部九州の両地方では早くから独自の年代観を保持しており，東日本のそれらに対する従属化は否定できない。

本小論では，まず近畿・北部九州それぞれの弥生暦年代観の推移と方法論的特質を研究史の整理を企てつつ，対比表を掲げて整理する。九州年代観では，大陸文物との変遷状況の相互対比，その論拠がどのような形で定式化していったかを探り，楽浪郡介在に対する研究者の評価の変容に注意を促す。近畿説では，主軸となってきた佐原真の考説を批判し，近年の変質過程を通じ，九州年代観との連動性を説いている。

そして，両地方の相対時期に調整点を見出しながら，近畿第Ⅴ様式の経過時間に関する私見を主張することによって弥生時代全体の実時間をより真実な姿に近づけようとする。調整への足懸りは，①

土器様式の併行関係，②銅銭・新・後漢鏡・特殊青銅器など漢代舶載文物の対比，③第Ⅴ様式伸張化の内因性（土器絶対量の検討，住居増改築・移築例の分析，集落の消長，第Ⅲ・Ⅳ様式の編年問題など），④銅鐸の原料問題，等々であり，今後に論議を残すいくつかの問題と視角を提起した。

また，暦年代変貌後に残された課題についても私なりに整理し，畿内第Ⅴ様式をAD40～220年に比定することの難しさに関しても言及したつもりである。いずれにせよ，弥生後期を最も古く，かつ長く考定する年代観を提示したことになり，今後の反論と年輪年代学の成果を待つものである。

なお論証の根幹は，拙稿「大阪湾沿岸の弥生土器の編年と年代」『高地性集落と倭国大乱』（雄山閣）と関連する。　（森岡秀人）

駒見佳容子

葬送祭祀の一検討

土曜考古　10号
p.27～p.40

墳墓が権威を象徴するものとして築造された時代において，墳墓に伴う葬送祭祀は，当時の社会情勢を知る上で重要であると考える。そこで本稿では，墳墓が権威を象徴した弥生時代から古墳時代にかけての葬送祭祀の変遷を検討し，その社会情勢を模索した。

前半では，まず底部穿孔などの穿孔土器の意義について考えた。穿孔土器は墳墓に供献される以外に，農耕生活における重要な祭祀にも使われており，方形周溝墓や古墳に供献される場合は，被葬者が農耕生活を左右する力を有した者，すなわち司祭者的性格を有した者であったと想定した。また，穿孔土器の中でも穿孔方法が土器

の底部に小孔を穿つものや乱雑に打ち欠いたもの，使用された土器が日常什器・赤彩土器・焼成前穿孔土器と多様に認められる。これは，穿孔土器の使用する目的，被葬者の社会的・身分的な相違と理解した。

後半では，前半で検討した穿孔土器が使用された葬送祭祀と墳墓の変遷を弥生時代中期から追い，一口に方形周溝墓と呼ばれる墓制でも，各時期でそのあり方が変化していることを述べた。とくに弥生時代終末期からは，前方後方形周溝墓や外来系土器の墳墓への供献といった，外部勢力の侵透と受けとれる現象が見受けられるようになり，在地の墓制も大きく変化する。そして，やがて古墳が出現するのであるが，出現期の古墳はいずれも底部穿孔壺を供献する祭祀を行なっており，埴輪をほとんどもたない。このことは，外部勢力の波及に段階があることを示している。やがて，関東に埴輪祭祀が盛行した時，在地の祭祀は否定され，方形周溝墓は消滅する。この時期は，須恵器生産の開始，滑石製模造品による住居跡内祭祀の盛行，住居跡内でのカマド設置などの時期とほぼ同時期であり，ここにおいて畿内政権が在地社会の奥深くに浸透し，確立したものと見たい。　　　　　（駒見佳容子）

白石太一郎

神まつりと古墳の祭祀

国立歴史民俗博物館研究報告　7集
p. 79〜p. 114

この論文は，古墳と祭祀遺跡の双方にみられる共通の遺物である石製模造品を手がかりとして，神まつりと古墳における祭祀の同異を検討したものである。

古墳にみられる石製模造品は，大きく4期に分けてその変遷をとらえることができる。第1期は，主として農工具の精巧な模造品が造られた段階で前期末葉の4世紀後半，第2期は形式化した農工具に加えて勾玉などの模造品が多量に用いられるようになった段階で中期前半の5世紀前半，機織具や酒造具が造られたのも主としてこの時期である。第3期はさらに有孔円板（鏡）や小型粗製の剣などが加わり粗製化が進んだ段階で中期後半の5世紀後半，第4期は全体に粗製化がいちじるしく，農工具もみられるがむしろ有孔円板や剣が中心となる段階で後期初頭の6世紀前半である。一方，祭祀遺跡や集落に石製模造品がみられるようになるのは古墳の模造品の変遷段階の第2期からで，滑石製模造品の製作は4世紀後半にまず古墳の副葬品である農工具のセットから始まったことは明らかである。祭祀遺跡で石製模造品の供献が始まるのは5世紀に入ってからで，とくにその中頃から6世紀前半にかけて有孔円板，剣，勾玉などがさかんに用いられるのである。

古墳に副葬された農工具については，農耕儀礼の司祭者としての古墳の被葬者が使用する祭器と考えられる。古墳の農工具の石製模造品化は，そうした農耕儀礼の司祭としての権能がその死後においても発揮されることを願ってなされたものであろう。やや遅れて石製模造品化する機織具や酒造具なども本来神まつりの祭具であり，同じような意味をもつものであろう。一般に前期古墳における祭祀については神まつりと未分化であったとする意見が多いが，石製模造品の出現のあり方は，神まつりの司祭であった首長に対する葬送祭祀と神に対するまつりが本来別個のものであったことを示唆している。　　　　（白石太一郎）

金子裕之

平城京と祭場

国立歴史民俗博物館研究報告　7集
p. 219〜p. 290

古代の律令的祭祀のうち，毎年6月と12月の晦日に行なわれた大祓は，皇都をあらゆる穢，災厄から守り，天皇の寿命を全うするための重要祭祀だった。大祓は7世紀後半の天武天皇の代に始まる祭祀で，恒例のほかに臨時の大祓もたびたび行なわれた。この日天皇と中宮は内裏で，文武百官は朱雀門（大伴門）前で祓を行なった。

8世紀の平城京の街路側溝や運河跡からは，木の人形や馬形，鳥形，武器形，斎串，厄病神の顔を描いた人面土器，土馬，模型カマド，青銅鏡，鈴などこの大祓に用いたと考える無数の祭祀具が出土する。こうした祭祀具は，古墳時代以来の伝統を引くものに，道教思想などに基づく新たな祭祀具を加えて再構成されたもので，人形は7世紀後半に，大和型土馬や人面土器，模型カマドは8世紀前半に出現する。これは記録にみえる大祓の創始と盛大化の時期に，ほぼ一致している。平城京の大祓の祭場（祓所）は，宮内と京内外に10数ヵ所が見つかっており，今後さらにふえる見込みである。数が多いのは京の住民も大祓に参加したことと，効果を上げるため同じ祓を，場所を変えて何度も行なったことによるのであろう。後者は，平安京における七瀬祓が有名である。七瀬祓とは，平安京の宮廷で毎月あるいは臨時に行なった祓で，7ヵ所の瀬または海に臨んで行なったことからこの名がある。七瀬には3種があり，それらは平安京を重層的にとり囲む位置に設定されている。

平城京における無数の祭場は，七瀬祓の原形で，その芽生えは藤原京にあるが，平城京で本格的に展開し，長岡京を経て平安京で七瀬祓として儀式化した，と考えている。都城におけるこうした祭場の追究は，かかる祭祀によって皇都を守護せんとした古代都城の歴史的特質の一端を明らかにすると共に，藤原京から平安京という都城発達史を再構成する上に，新たな視角を提供するものである。　　　　　（金子裕之）

文献解題

岡本桂典編

◆遠賀川流域の考古学　上野精志著　上野精志遺稿集刊行会刊　1985年5月　B5判　176頁

昭和52年に福岡県宗像郡福間町手光古墳群発掘調査中、急逝された上野精志氏の遺稿集。「鞍手郡若宮町・宮田町所在遺跡について（付遺跡地名表）」「犬鳴る川流域の古墳の分布」「火葬墳墓の研究」「感田栗林横穴群」「直方市内の埋蔵文化財破壊の経過と現状」の5論文などよりなる。

◆美利河1遺跡　北海道埋蔵文化財センター調査報告書　第23集　北海道埋蔵文化財センター刊　1985年3月　A5判　406頁

北海道渡島半島を流れ日本海に注ぐ後志利別川の支流ピリカベツ川の左岸丘陵上に位置する遺跡。旧石器時代の石器・石片など約11万点を検出、うち石器2,600点・玉7点である。石器は3段階5群に編年・分類でき、細石刃の剥離工程が復元できる。

◆垂柳遺跡発掘調査報告書　青森県埋蔵文化財調査報告書　第88集　青森県教育委員会・垂柳遺跡発掘調査会刊　1985年3月　B5判　519頁

青森県東部に広がる津軽平野の南東端、浅瀬石川の左岸に位置する日本最北端の弥生時代中期、田舎館期の水田遺跡の報告。水田跡656枚・畦畔・水路・足跡などが検出されている。遺物は土器・石器・米のほか奈良・平安時代、中・近世の土器・陶磁器類・金属製品なども出土している。

◆山王囲遺跡調査図録　宮城県一迫町教育委員会刊　1985年3月　A4判　53頁

宮城県の北部を流れる一迫川の支流長崎川にはさまれた自然堤防上に位置する。1965年に東北大学考古学研究室により調査された著名な遺跡。遺構は埋設土器・地床炉・石囲炉などが検出され、縄文時代晩期から弥生時代中期の土器

391点・石器938点・装身具・藍胎漆器・土偶・獣骨・編布などが出土している。報告書にさきだって公開された発掘調査の記録写真を中心とした図録。

◆藪田遺跡　上越新幹線関係埋蔵文化財発掘調査報告　第4集　群馬県教育委員会・群馬県埋蔵文化財調査事業団刊　B5判　526頁

群馬県の北部中央、南流する利根川の右岸に位置し藪田東遺跡に連続する遺跡。弥生時代後期の住居跡1軒・平安時代の住居跡10軒・粘土採掘坑とされる土坑11基・溝1本、中・近世の掘立柱建物跡28軒・土坑56基・井戸3基・溝2本などが検出されている。出土遺物は縄文土器・弥生土器・須恵器・銅印・土製印・烙印・瓦などが出土している。須恵器生産工人の集落とされる遺跡。

◆鶴来町白山遺跡・白山町墳墓遺跡（II）——一般国道157号改良事業に係る埋蔵文化財緊急発掘調査報告——　石川県埋蔵文化財センター刊　1985年3月　A4判　213頁

福井県の南部を流れる手取川の中流右岸の河岸段丘上に位置する遺跡。縄文時代の住居跡・炉跡・埋甕、中世の礫積施設をもつ墳墓・道跡・配石遺構・土坑墓などが検出されている。遺物は縄文時代後・晩期の土器・土偶片、中世の土師質土器・陶磁器類・石製品・石造物・鉄製品・銅製品のクツワ・燭台などが検出されている。

◆那智経塚遺宝　東京国立博物館編　1985年3月　B4判　345頁

和歌山県東牟婁郡那智勝浦町で大正7年に発見された仏教遺物は『那智発掘佛教遺物の研究』（帝室博物館学報第5冊）として公にされている。また、昭和43・44年には大場磐雄氏により神社参道地域の発掘調査がされている。本書は昭和58・59年に実施された「熊野三山仏教美術の総合的調査研究」

の一端として纏められたものである。遺跡は経塚と修法遺跡よりなるものである。付載として『那智山瀧本金経門縁起』を収めている。

◆荒神谷遺跡銅剣発掘調査概報　島根県教育委員会刊　1985年3月　B5判　33頁

島根県東部宍道湖の西岸、低丘陵に挾まれた小谷の最奥部に位置する、358本の銅剣が埋納されていた遺跡の調査概報。銅剣は東西方向に4列で出土、東側2列は谷奥に鋒部を向ける。鋳造後短期間のうちに埋納されたと考えられる。

◆石鎚権現遺跡群・茜ケ峠遺跡発掘調査報告　広島県埋蔵文化財調査報告書　第39集　広島県埋蔵文化財調査センター刊　1985年3月　B5判　165頁

広島県福山市を流れる芦田川の下流右岸の丘陵上に位置する遺跡群。石鎚権現遺跡A・B・D地点では弥生時代中〜後期の住居跡9軒・貯蔵穴3基・土坑、8世紀の土坑墓1基、その他の土坑墓13基・石組遺構、5世紀後半〜6世紀前半の方墳2基、茜ケ峠遺跡からは、弥生時代中期の住居跡・建物跡31・住居跡群4群・貯蔵穴3基・土坑4基などが検出されている。

◆大里古銭報告書　徳島県海部郡海南町大里出土古銭の調査報告書　海南町教育委員会刊　1985年3月　B5判　27頁

徳島県の南東部、海部郡海南町で家屋改築時に出土した埋納銭の報告。出土地は海岸に沿った砂丘上南端に位置し、上限の銭貨は五珠、下限は至大通宝で計70,070枚が出土している。

◆金立開拓遺跡　九州横断自動車道関係埋蔵文化財調査報告書（4）　佐賀県教育委員会刊　1984年7月　B5判　583頁

佐賀市の北部、背振山山系の一つ金立山南の中位段丘上に立地する縄文・弥生・古墳、中・近世に

学界動向

「季刊 考古学」編集部編

――――――九州地方

塚原古墳群の主墳は前方後円墳

熊本県下益城郡城南町塚原の国指定史跡・塚原古墳群の主墳とみられていた琵琶塚古墳は従来よりいわれていた柄鏡型とは違い，前方部に比べ後円部が肥大するタイプの前方後円墳であることが城南町教育委員会 の 調査で確認された。5〜10m 幅の周濠を伴っており，この部分まで含めた全長は約64m，前方部 24m と後円部 40m の長さを測る。琵琶塚古墳の周囲に分布する小型の円墳も新たに8基発見され，同古墳は一帯の主墳に間違いないとみられている。塚原古墳群一帯には方形周溝墓や古墳など，古墳時代前期後半から後期へかけての墳墓推定 500 基（確認数 167 基）が集中している。

広瀬向窯跡から 3 基目の窯跡

佐賀県立九州陶磁文化館が西松浦郡西有田町広瀬山の広瀬向窯跡で行なってきた発掘調査で膨大な破片が堆積した物原の下層から新たに遺存状態のよい古窯跡が発見された。同窯跡には17世紀に築かれた向窯 7 号窯と，17世紀中葉に築かれ明治時代まで続いた広瀬本窯跡（同 2 号窯）があり，今回本窯跡とその物原を調査した結果，3基目の窯跡が発見されたもの。表土をはぐと明治期の製品が多くみつかり，その下から 1800 年〜幕末ごろの染付碗・鉢類，そしてその下層には 1m 以上の厚さで18世紀中葉〜末葉の外側が青磁，内側が染付の茶碗類が出土，さらに地表下 3.2m から 3 号窯が発見された。17世紀後半から18世紀前半に築かれた窯と推定される。

上津土塁は「水城」

福岡県久留米市上津町の上津土塁跡で調査を進めていた久留米市教育委員会は土塁跡の東側から堀とみられる湿地帯跡などを発掘し，7 世紀中半に大宰府に築かれた水城とほぼ同じ構造をもつ遺跡であることがわかった。土塁はほとんど形を残していないが，推定では 2 つの丘陵を結ぶ位置にあり，長さ約 450m，幅 30m，高さ 4〜5m。版築工法の存在や城門の礎石とみられる巨石の出土から水城の可能性が強いとされていたが，今回土塁跡に 2 本の トレンチを掘ったところ，幅 50m にわたってかつて湿地であったことを示す厚さ1〜3m の泥炭層がみつかり，しかも泥炭層の下の砂層から弥生土器が出土したことから，この湿地が弥生時代以降に人為的に造られたことがわかった。2 年にわたる調査の結果，上津土塁は有明海から大宰府へ通じる古代の道路を防ぐ形で築かれていたらしく，唐や新羅に対する大宰府の南側の防衛ラインと考えられる。

カメ棺墓からガラス璧

福岡県朝倉郡夜須町東小田の峯遺跡で夜須町教育委員会による発掘調査が行なわれ，発見されたカメ棺墓65基，土壙墓 5 基，箱式石棺墓 2 基，竪穴住居跡80軒のうちの10号カメ棺からガラス璧 2 個が発見された。このカメ棺は弥生時代中期後半 の 合口式 で，連弧文清白銘鏡，連弧文日光銘鏡各 1 面と鉄剣 1 本，鑷 1 点とともに直径 3.7cm と 3.4cm の璧が副葬されていた。璧は緑色の半透明のガラスで，中国の出土品と比べると小型だが，これまでに三雲南小路遺跡と須玖岡本遺跡で出土した 2 例と異なり再加工品。さらに棺外からは長さ 41.5cm の鉄戈 1 口も出土した。現場は福岡平野と筑後平野を結ぶ交通の要所で，この地における強力な権力者の存在が推測される。

――――――四国地方

弥生後期の木製品多数

徳島県教育委員会が発掘調査を進めている徳島市蔵本町 3 丁目徳島大学医学部構内の庄遺跡から，板状木製品や鍬など弥生時代後期の木製品が 1,000 点余発見された。現場は集落の東端部を流れていた幅10〜18m の川跡とみられ，流れの変換点にあたることから遺物の種類も多く，保存状態も良好だった。木製品のなかには，線刻人物画板状木製品（長さ 18 cm），や木製の舟型（長さ 21 cm），舟の櫂（長さ 115 cm），朱塗りの砧のミニチュア（長さ 9.5 cm），梯子，6 本の歯がある鍬，鋤，横槌，スコップ状用具，臼，盆など農具や生活用具が多数含まれていた。

――――――近畿地方

5 世紀中葉の古墳から革製盾

豊中市教育委員会が発掘調査を進めている豊中市南桜塚 2 丁目の御獅子塚古墳で，綾杉文や鋸歯文を刺繍した革製の盾をはじめ 264 点以上もの副葬品が発見された。古墳は 2 段築成の前方後円墳で，周溝も含めた全長 70m，後円部径 35m。後円部中央に木棺 1 基が埋葬されており，長さ約 5.2m の割竹形木棺から副葬品がみつかった。頭蓋骨の断片と歯が残されており，被葬者は 40 歳代の男性とみられる。頭の近くには布で覆われた青銅鏡，剣，三角板鋲留短甲，体の両脇に鉄刀と剣，足の付近に多数の玉類，また棺の南端に鍬や鎌，ノミなどの農工具 17 点，鉄鏃などが置かれていた。さらに棺の脇に 2 面の盾があり，1 面はほとんど原形をとどめていなかったが，1 面は完形 で 長さ 1.69m，最大幅 65 cm であった。木枠に張った革に丹念に刺繍して綾杉文や鋸歯文をつけ，表面を黒漆で塗っていた。また被葬者の足元の棺外には前輪，後輪，杏葉，雲珠など馬具一式が納められていた。

難波宮跡から五間門跡　大阪市教育委員会と大阪市文化財協会が発掘を進めている大阪市東区法円坂の難波宮跡で，後期難波宮（8世紀）の大極殿院西部から五間門跡が発見された。現場は大極殿，朝堂院がある宮殿の中央から西へ 158m の地点で，門は桁行 19.5m，梁間 6.0m あり，南北に長く 3 列，6 本ずつ計18個の柱穴がみつかった。柱の材質は高野槇とみられ，また正面からの外観を引き締めるため，柱間寸法は中央 3 間分が 4.5m であるのに対し，両端の柱間は 3.0m と狭い。五間門はさる59年に発見された門と全く同規模，同形式のもので，1 つの辺に 2 ヵ所の五間門を配した区画は単なる官衙などではなく，非常に格式の高い重要な施設があったとみられる。

臼玉など 4,000 点　大阪府教育委員会が発掘調査していた東大阪市との境に接する八尾市福万寺町北 4 丁目の池島・福万寺遺跡で，古墳時代後期の勾玉や臼玉など滑石製の石製品約 4,000 点と錐，斧などの鉄製工具類が出土した。玉類は 3m×5m の調査範囲に散らばっていたもので，臼玉は直径 8～5mm の完形品が約 3,600 点のほか，未製品や欠損品も約 400 点あった。長さ 12cm と 9cm の子持勾玉 2 点と，一端に孔があけられた板状石製品約 130 点も発見された。鉄製農工具は 8 点みつかり，玉の製作に使われたとみられる。現場は中世には玉串荘とよばれていた地で，大規模な玉作工房跡の存在が推定される。

鞍金具の亀甲文様は 50 余個　奈良県生駒郡斑鳩町法隆寺の藤ノ木古墳（6 世紀中葉）から動物や鳥などを精巧に透し彫りした金属製の鞍金具が出土した。前輪（幅 51cm，高さ 41cm）と後輪（幅 57cm，高さ 43cm）に計50余個の亀甲文があり，その中に象，亀，鳥，竜，虎，兎，獅子，獣，獣形魚，鬼神，鬼面，唐草文など動物文様だけで35個が配されていた。多くは忍冬唐草文 と 組み 合わせ，前輪，後輪ともにほぼ左右対称に配置されていた。四神思想に通じる文様もあり，古代アジア芸術の粋を結集した馬具として注目される。藤ノ木古墳は直径 40m の円墳で，奈良県立橿原考古学研究所が地元斑鳩町の要請をうけて調査を行なっていた。その結果，未盗掘とみられる朱塗りの家形石棺が発見され，石棺と奥壁の間から鞍金具のほか，障泥の飾り金具，雲珠，杏葉，轡の鏡板，鐙，歩揺付き飾り金具，挂甲の一部，鉄鏃などが出土している。

カメの中から土馬　奈良県立橿原考古学研究所が発掘調査を進めていた奈良市西九条町の工場建設予定地から，奈良時代後期の土馬多数を入れて捨てた土師器カメが発見された。現場は左京九条一坊にあたる平城京の南端部で，幅100m ほどの川跡と，カメ，壺などが灰とともに詰まった直径 1～2m の楕円形の土壙22基が発見され，そのうちの 1 つから土馬の入ったカメが検出された。カメは直径40cm ぐらいで，土馬は破片で約 60 片，個体数にして30体以上あるとみられる。背たけが 10～15cm ほどのもので，大量の土器と一括投棄されていることを考え合わせると，大規模な祭祀が行なわれていたらしい。

唐古・鍵遺跡から人骨　奈良県磯城郡田原本町唐古の唐古・鍵遺跡で田原本町教育委員会が発掘調査したところ，同遺跡の中心部にあたるとみられる唐古池の東岸から一部腐食した組合式木棺が 2 基出土，その中から頭蓋骨がみつかった。木棺は長さ約 1.5m，幅約 40cm，高さ約 30cm で，南東方向に頭を向けていた。成人男性の骨らしい。時期は弥生時代中期とみられるが，同遺跡ではこれまで甕棺出土例が 3 例あるだけで，木棺などの出土は初めて。

高麗寺の金堂跡を発掘　京都府内でも最古の寺院の 1 つである相楽郡山城町上狛にある国の史跡・高麗寺跡で山城町教育委員会による発掘調査が行なわれ，金堂の基壇と中心伽藍 の 規模 が 解明された。金堂跡では 3 ヵ所から瓦積み基壇が発見された。基壇はよく残った所で35段前後，高さ約 80cm あり，周囲には幅 1.65m にわたって河原石を敷きつめた犬走りも発見された。建物は間口 11.7m，奥行 9m の入母屋造りと推定され，規模は法隆寺金堂に近い。金堂は講堂より10年早い 670 年前後に建てられたとみられるが，寺の創建については 7 世紀前半にさかのぼる可能性も残している。また，これまで不明だった西回廊の位置が確認され，回廊に囲まれた中心伽藍の規模は 60m 四方で，寺院としては，比較的小規模であることもわかった。遺物としては大量の軒丸瓦，鴟尾片 4 点，一辺 28cm，厚さ 10cm の正方形の塼などがあった。軒丸瓦は川原寺式系のものが全体の 9 割を占め，川原寺出土の川原寺 A 型と同笵のものが 5 割，あとの 4 割が川原寺 A 型の退化型式と思われるいわゆる高麗寺式のものだった。また塼は瓦積基壇上部に並べた葛石の役割を荷うものとして注目される。

天武朝の和文体木簡　滋賀県野洲郡中主町西河原の森ノ内遺跡で天武朝の役人が近江の豪族に差し出した木簡と，奈良時代前半の戸主名を29人連記した木簡が発見された。天武朝の木簡は 41×3.5cm の短冊型で，表裏に和文体の48文字が記載されている。「(表) 椋直□之我□□福者園以得故我者反来

学界動向

之故是汝卜卩　（裏）自舟人率而可行也　其福在慶者衣知評平留五十戸且波圀士家」。内容は椋直（くらのあたへ）が野洲郡にいた豪族の卜部にあてて稲の移送について指示した手紙文とみられる。一方，奈良時代前半の木簡は52×6.4cmで「戸主石邊君玉足」など当時の世帯主29人が4段4行で書かれている。一部の人物名の下には「正丁」の文字もみられ，奈良時代の律令制度をよく示している。

木板の柵列遺構　滋賀県教育委員会が国道161号高島バイパスの建設に伴って発掘調査を進めている高島郡新旭町針江の針江川北遺跡で，板状の柵で囲った弥生時代末期から古墳時代にかけての円形柵列遺構が発見された。同遺跡では5〜6棟の住居跡と8基の木棺墓群の間に幅7〜8m，深さ1〜1.5mの環濠が発見され，同遺跡の南部に連続する針江北遺跡の環濠と合わせ，両遺跡が大規模な環濠集落をなすことがわかった。とくに集落の核部（中心位置）からは，一般の住居跡とは区画された長径30〜40mの楕円形になると推定される柵列遺構がみつかった。この柵列は厚さ約4cm，横幅約20〜30cmの尖頭状の木板が打ち込まれていた。柵列内の中心部には板状の柱をもつ建物が1棟検出された。また柵列遺構の東側には神殿跡とも考えられる建物の棟持柱の柱根と柱穴がみつかった。

平安期の人面墨書土器　三重県斎宮跡調査事務所が進めていた第61次西加座地区斎宮跡（多気郡明和町斎宮）の発掘調査で，直径3.2〜2.8m，深さ4.8mの井戸跡から平安時代後期の井戸廃絶の際に行なわれた祭祀品と思われる馬歯4本や多量に投棄された土師器皿や台付皿などが出土していたが，さらにその下を掘り進めたところ，井戸底に近いところから平安時代前期の土師器杯・皿とともに人面墨書土器，全長32cmの刀形木製品や直径20cmぐらいの曲物，竹の編み籠など約10点が発見された。とくに人面墨書土器は脚高9cmの杯部が欠損した高杯で，脚裾部の内外面，脚柱部に唇や粗雑な13面の顔が描かれている。

──────────中部地方

丸岡町から大型前方後円墳　福井県坂井郡丸岡町上久米田から下久米田の尾根づたいに広がる六呂瀬山古墳群は4基からなり，九頭竜川流域を支配した広域首長墓と考えられている。これまで墳形が不明確であった3号墳について，史跡指定のための範囲確認調査が丸岡町教育委員会によって行なわれた。本墳に東接する六呂瀬山1号墳は主軸長140m，後円部径78mを測る。今回調査した3号墳は主軸長85m，後円部径67mで，墳丘は2段築成をなし，葺石・埴輪をそなえ，後円部に張り出し，陪塚を有する。くびれ部と前方部にトレンチを設定した結果，墳頂部平坦面の端に円筒埴輪列が確認され，前方後円墳であることが立証された。埴輪の大半は上部が欠けているが，残存高約25cm，直径30cmほどのもので，埴輪列の外部にも大型の朝顔形埴輪が数本おきに配置されていることがわかった。

弥生中期の玉作跡　愛知県西春日井郡清洲町朝日の朝日遺跡で愛知県埋蔵文化財センターによる発掘調査が行なわれ，管玉などを作っていたとみられる玉作工房跡がみつかった。遺構は10m×9mの大型の円形住居跡で，弥生時代中期前葉に比定される。住居内の床面や土壙からは凝灰岩製の管玉完形品1点（長さ5mm）と未製品100点以上，ヒスイを含む原石20点のほか，穿孔具や砥石，切断具などの工具も十数点出土した。さらに住居跡の東を流れる河道からもヒスイ製3点を含む勾玉5点がみつかった。また同時に調査が行なわれた清洲町廻間の土田遺跡から古墳時代前期の線刻文壺形土器，同松ノ木遺跡からは弥生時代末期から古墳時代前期にかけての60軒をこえる集落跡が発見された。

縄文中期の環状集落跡　塩尻市教育委員会が発掘調査していた市内片丘北熊井の俎原（まないたばら）遺跡で縄文時代中期の環状集落跡が発掘された。遺跡は塩尻市街地の東，台地状の尾根にあり，住居跡は縄文時代中期147軒，平安時代19軒に達し，小竪穴約170基も検出された。とくに縄文時代の住居は中央に直径約30mの広場とみられる円形の空間があり，住居跡はその周囲に20〜40mの幅で環状に分布している。出土品は土偶20点のほか，吊手式土器なども含まれていた。集落の全体像がわかる遺跡として注目される。

泥塔を焼いた窯跡　山梨県南巨摩郡増穂町教育委員会が発掘調査していた同町春米の権現堂遺跡で泥塔を制作した窯跡とみられる遺構が発見された。泥塔は平安・鎌倉時代に数千，数万の単位でつくられた小型の土製塔。権現堂遺跡出土の泥塔は宝塔形で，全体が相輪部，層塔部，塔身部から成っている。泥塔が出土した遺構は平安時代後期から末期とみられているが，焼成面が硬く炭が多いことや出土した500点以上の泥塔が同一の形をした型でつくられ，しかもほとんど割れていることから失敗作を捨てたと考えられ，窯跡とみるのが妥当とされる。泥塔のほか高台付の坏や碗10点もみつかったが，ミニチュア土器が多く，いずれも信仰にかかわる遺物とみられる。

甲府市内から経塚群 甲府市史編さん委員会（磯貝正義委員長）が学術調査を行なっている甲府市下積翠寺町一の森経塚遺跡で，わずか12m²の地域から3基の経塚がみつかった。経塚は平安時代末期から鎌倉時代初めにかけてのものと考えられ，口径19cm，高さ27cmの陶製経筒外容器も出土した。渥美古窯で焼かれたものと推定される。そのほか，幅3cm，長さ5.3cmで小孔のある青銅製の飾り金具や釘などもみつかった。現場は白山神社から1kmほど上の通称一の森の山頂。

──────────関東地方

「梅之御殿」跡を発掘 東京都文京区本郷の東京大学本郷キャンパス内の加賀藩邸（加賀藩江戸上屋敷）跡の発掘調査が東京大学遺跡調査室の手で進められ，10代藩主前田重教夫人の住居として建てられた梅之御殿北半部分の礎石列などが良好な状態で検出された。調査は東大百年記念の建物新築工事に伴う事前調査として進められているもので，御殿下グラウンドの北半約6,000m²が対象区域である。梅之御殿は享和2年（1802）に建てられたもので，重教夫人の没後文政2年（1819）まで11代藩主治脩夫人が居住し，この御殿で没する。遺物には「梅殿膳所・福印」の墨書がある瀬戸系の鉢，九谷系の「民山窯」で焼かれた赤絵上絵付の椀などがある。東京大学遺跡調査室ではこの他に，支藩の大聖寺藩，富山藩邸があった医学部，本郷邸の一部があった理学部などの調査を終了している。これらの調査では地下式坑が数十基発見されており，伊万里や瀬戸系の焼物を中心に多くの遺物が発見されている。

石製模造品が大量出土 茨城県那珂郡東海村教育委員会が発掘調査を進めている同村村松釜付の釜付古墳から，石製模造品が大量に出土し注目されている。同墳は，直径8m，高さ1.5mの円墳で，久慈川河口に近いところ。剣形，円板形，勾玉形の石製模造品300点余りが出土したもので，いずれも3cm前後の水成岩を加工している。石棺などの埋葬施設はみつかっていないが，同時に出土した直刀，土器などから5世紀代の古墳とみられている。

6世紀後半の農村集落 群馬県北群馬郡子持村北牧の黒井峯遺跡で子持村教育委員会が進めている発掘調査で，6世紀後半の集落跡が厚さ1〜2mの軽石層に埋まってほぼ完全な形で発見された。現場は子持山麓に広がる標高約252mの丘陵地で，西暦560年ごろの榛名山噴火当時まで使用されていた3軒とそれ以前のものを含めた20軒の竪穴住居跡，納屋の役割を果たしていたとみられる平地住居跡4軒，それらを結ぶ幅30cmほどの道，2×1mほどに区切られた小規模な畑などが発見された。境界を示すような敷があって平地住居や中庭を含めた区画がはっきりしていることと，個々に耕作していたとみられる畑の発見はとくに興味深い。

弥生〜古墳期の環濠集落 群馬県営ほ場整備事業に伴って勢多郡粕川村教育委員会が同村深津の西原遺跡で行なっている発掘調査で弥生時代後期後半から古墳時代前期に比定できる環濠集落が発見された。集落は20軒の住居跡を幅2m，深さ1mの箱形の溝がとり囲んでいるもので，東西200m，南北100mの楕円形。溝には2ヵ所の出入口があり，集落の全体像がわかるものとして貴重である。住居跡から赤城山南麓に特徴的な赤井戸式土器が多数みつかったことと，溝の中間部に浅間C軽石層が発見されたことから時期が知られた。さらにこの集落の北東300mでも弥生時代中期後半の集落（13軒）がみつかったが，ここでは7基の方形周溝墓を伴っていた。

──────────東北地方

盛岡城の変遷を示す遺構 盛岡市教育委員会が石垣修復工事にあわせて行なっている，盛岡城跡腰曲輪の発掘調査で，石垣構築前の腰郭や土塁，柵と見られる材木列跡などが検出され，今まで不明確だった築城初期の様相を垣間見ることができた。遺構の時期はⅢ期に分けられる。第Ⅰ期は，斜面を削平した階段状腰郭で，最下段の縁辺部に幅1.3m内外，高さ0.5mの土塁が盛られている。第Ⅱ期は大規模な造成で腰郭を拡げ，縁辺部に材木列をめぐらす。時代はおよそ桃山〜江戸初期と考えられる。第Ⅲ期は石垣造りの段階で，二階櫓が構築される。大きく，石垣完成期（寛永前半？），改修期の2小期に細分され，改修期には櫓台が拡張されているが，年代については現在検討中である。

──────────学会・研究会ほか

日本考古学協会第52回総会 4日26日（土），27日（日）の両日，東京・世田谷区駒沢の駒沢大学を会場に開催される。第1日目は総会と記念講演会，第2日目は9時から研究発表のほか，図書頒布もあわせて行なわれる予定。

古墳文化研究会見学会 5月18日（日），埼玉県さきたま古墳群，さきたま資料館を見学。午前10時30分高崎線吹上駅集合，参加費2,000円，昼食持参。申込先─茨城県稲敷郡牛久町田宮146─3　岡野方　古墳文化研究会事務局

特集　古墳時代の社会と変革

1986 年 7 月 25 日発売
総 108 頁　1,500 円

編集室より

◆環境が考古学の重要な課題のひとつになってきたことは，1980年代の成果といえましょう。単に人間の作った遺跡や遺物そのものの研究から，広くそれを成立させている環境に目を向けそれを掘り下げることは，環境との相関関係にある文化の根幹を究めることになるからです。

日本海文化は，大陸との交流，接触の条件をもち，それは結果的に日本文化の総体に大きな影響を与えているということになります。それをもっとも具体的例示をもって追求したのが本号です。そして創造性の多面的特質を読むことができたら成功といえましょうか。　　　　　　（芳賀）

◆人間を研究する考古学という学問が，当時の環境を無視して存在しないのは明白であるが，さてその理解のためには非常な困難が伴う。そこでは多くの自然科学者の協力をえなければならないのである。

本号の特集では鳥浜貝塚や真脇遺跡など，これまでの常識をくつがえすような重要な調査が続けられている日本海沿岸地域をとりあげてみた。今回は環境考古学の第一弾として企画したもので，この特集からその成果を読みとっていただければ幸いである。（宮島）

本号の編集協力者──安田喜憲（広島大学総合科学部助手）1946 年三重県生まれ，東北大学大学院理学研究科修了。『環境考古学事始』『ブナ帯文化』「気候変動」（縄文文化の研究1）「環日本海文化の変遷」（国立民族学博物館研究報告）などの著書・論文がある。

■ 本号の表紙 ■

福井県鳥浜貝塚の土層断面

表紙に掲げた写真は鳥浜貝塚の縄文時代前期の泥炭層と貝層の断面である。丸木舟，うるしぬりの櫛，真珠など，目をうばう出土遺物とともに，エゴマ・ヒョウタン・ゴボウなどの栽培作物の種子が，これらの泥炭や貝層のなかから検出され，縄文時代前期の農耕の存在を確実にした。こうした断面は森山哲和氏によってはぎとられ，福井県立若狭歴史民俗資料館に展示されている（写真提供・森川昌和氏）。

（安田喜憲）

▶本誌直接購読のご案内◀

『季刊考古学』は一般書店の店頭で販売しております。なるべくお近くの書店で予約購読なさることをおすすめしますが，とくに手に入りにくいときには当社へ直接お申し込み下さい。その場合，1年分 6,000 円（4 冊，送料は当社負担）を郵便振替（東京 3-1685）または現金書留にて，住所，氏名および『季刊考古学』第何号より第何号までと明記の上当社営業部までご送金下さい。

季刊 考古学　第15号　　　　1986年5月1日発行
ARCHAEOLOGY　QUARTERLY　　　定価 1,500 円

編集人　芳賀章内
発行人　長坂一雄
印刷所　新日本印刷株式会社
発行所　雄山閣出版株式会社
　　〒102　東京都千代田区富士見 2-6-9
　　電話 03-262-3231　　振替　東京 3-1685
◆本誌記事の無断転載は固くおことわりします。
ISBN 4-639-00564-4　printed in Japan

季刊 考古学 オンデマンド版　第15号　1986年5月1日　初版発行
ARCHAEOROGY QUARTERLY　　　　　　　2018年6月10日　オンデマンド版発行

定価（本体 2,400 円＋税）

編集人　　芳賀章内

発行人　　宮田哲男

印刷所　　石川特殊特急製本株式会社

発行所　　株式会社　雄山閣　http://www.yuzankaku.co.jp

　　　　　〒102-0071　東京都千代田区富士見 2-6-9

　　　　　電話 03-3262-3231　FAX 03-3262-6938　振替　00130-5-1685

◆本誌記事の無断転載は固くおことわりします　　ISBN 978-4-639-13015-4　Printed in Japan

初期バックナンバー、待望の復刻‼

季刊 考古学 OD　創刊号〜第 50 号〈第一期〉

全 50 冊セット定価（本体 120,000 円＋税）　セット ISBN：978-4-639-10532-9

各巻分売可　各巻定価（本体 2,400 円＋税）

号　数	刊行年	特集名	編　者	ISBN (978-4-639-)
創刊号	1982 年 10 月	縄文人は何を食べたか	渡辺 誠	13001-7
第 2 号	1983 年 1 月	神々と仏を考古学する	坂詰 秀一	13002-4
第 3 号	1983 年 4 月	古墳の謎を解剖する	大塚 初重	13003-1
第 4 号	1983 年 7 月	日本旧石器人の生活と技術	加藤 晋平	13004-8
第 5 号	1983 年 10 月	装身の考古学	町田 章・春成 秀爾	13005-5
第 6 号	1984 年 1 月	邪馬台国を考古学する	西谷 正	13006-2
第 7 号	1984 年 4 月	縄文人のムラとくらし	林 謙作	13007-9
第 8 号	1984 年 7 月	古代日本の鉄を科学する	佐々木 稔	13008-6
第 9 号	1984 年 10 月	墳墓の形態とその思想	坂詰 秀一	13009-3
第 10 号	1985 年 1 月	古墳の編年を総括する	石野 博信	13010-9
第 11 号	1985 年 4 月	動物の骨が語る世界	金子 浩昌	13011-6
第 12 号	1985 年 7 月	縄文時代のものと文化の交流	戸沢 充則	13012-3
第 13 号	1985 年 10 月	江戸時代を掘る	加藤 晋平・古泉 弘	13013-0
第 14 号	1986 年 1 月	弥生人は何を食べたか	甲元 真之	13014-7
第 15 号	1986 年 4 月	日本海をめぐる環境と考古学	安田 喜憲	13015-4
第 16 号	1986 年 7 月	古墳時代の社会と変革	岩崎 卓也	13016-1
第 17 号	1986 年 10 月	縄文土器の編年	小林 達雄	13017-8
第 18 号	1987 年 1 月	考古学と出土文字	坂詰 秀一	13018-5
第 19 号	1987 年 4 月	弥生土器は語る	工楽 善通	13019-2
第 20 号	1987 年 7 月	埴輪をめぐる古墳社会	水野 正好	13020-8
第 21 号	1987 年 10 月	縄文文化の地域性	林 謙作	13021-5
第 22 号	1988 年 1 月	古代の都城―飛鳥から平安京まで	町田 章	13022-2
第 23 号	1988 年 4 月	縄文と弥生を比較する	乙益 重隆	13023-9
第 24 号	1988 年 7 月	土器からよむ古墳社会	中村 浩・望月 幹夫	13024-6
第 25 号	1988 年 10 月	縄文・弥生の漁撈文化	渡辺 誠	13025-3
第 26 号	1989 年 1 月	戦国考古学のイメージ	坂詰 秀一	13026-0
第 27 号	1989 年 4 月	青銅器と弥生社会	西谷 正	13027-7
第 28 号	1989 年 7 月	古墳には何が副葬されたか	泉森 皎	13028-4
第 29 号	1989 年 10 月	旧石器時代の東アジアと日本	加藤 晋平	13029-1
第 30 号	1990 年 1 月	縄文土偶の世界	小林 達雄	13030-7
第 31 号	1990 年 4 月	環濠集落とクニのおこり	原口 正三	13031-4
第 32 号	1990 年 7 月	古代の住居―縄文から古墳へ	宮本 長二郎・工楽 善通	13032-1
第 33 号	1990 年 10 月	古墳時代の日本と中国・朝鮮	岩崎 卓也・中山 清隆	13033-8
第 34 号	1991 年 1 月	古代仏教の考古学	坂詰 秀一・森 郁夫	13034-5
第 35 号	1991 年 4 月	石器と人類の歴史	戸沢 充則	13035-2
第 36 号	1991 年 7 月	古代の豪族居館	小笠原 好彦・阿部 義平	13036-9
第 37 号	1991 年 10 月	稲作農耕と弥生文化	工楽 善通	13037-6
第 38 号	1992 年 1 月	アジアのなかの縄文文化	西谷 正・木村 幾多郎	13038-3
第 39 号	1992 年 4 月	中世を考古学する	坂詰 秀一	13039-0
第 40 号	1992 年 7 月	古墳の形の謎を解く	石野 博信	13040-6
第 41 号	1992 年 10 月	貝塚が語る縄文文化	岡村 道雄	13041-3
第 42 号	1993 年 1 月	須恵器の編年とその時代	中村 浩	13042-0
第 43 号	1993 年 4 月	鏡の語る古代史	高倉 洋彰・車崎 正彦	13043-7
第 44 号	1993 年 7 月	縄文時代の家と集落	小林 達雄	13044-4
第 45 号	1993 年 10 月	横穴式石室の世界	河上 邦彦	13045-1
第 46 号	1994 年 1 月	古代の道と考古学	木下 良・坂詰 秀一	13046-8
第 47 号	1994 年 4 月	先史時代の木工文化	工楽 善通・黒崎 直	13047-5
第 48 号	1994 年 7 月	縄文社会と土器	小林 達雄	13048-2
第 49 号	1994 年 10 月	平安京跡発掘	江谷 寛・坂詰 秀一	13049-9
第 50 号	1995 年 1 月	縄文時代の新展開	渡辺 誠	13050-5

※ 「季刊 考古学 OD」は初版を底本とし、広告頁のみを除いてその他は原本そのままに復刻しております。初版との内容の差違は ございません。

「季刊 考古学　OD」は全国の一般書店にて販売しております。なるべくお近くの書店でご注文なさることをおすすめしますが、とくに手に入り にくいときには当社へ直接お申込みください。